U0517718

本书为国家社会科学基金项目"和谐社会下的税收公平的价值重构及制度选择"（10XZX0014）结项成果

贵州财经大学经济学研究文库

税收公平的三重维度：
价值重构及制度选择

杨 杨 姜 群 王 立／著

中国社会科学出版社

图书在版编目（CIP）数据

税收公平的三重维度：价值重构及制度选择/杨杨，姜群，
王立著.—北京：中国社会科学出版社，2017.11
ISBN 978 – 7 – 5203 – 1254 – 7

Ⅰ.①税…　Ⅱ.①杨…②姜…③王…　Ⅲ.①税收管理—研
究—中国　Ⅳ.①F812.423

中国版本图书馆 CIP 数据核字（2017）第 261091 号

出 版 人	赵剑英	
责任编辑	卢小生	
责任校对	周晓东	
责任印制	王　超	
出　　版	中国社会科学出版社	
社　　址	北京鼓楼西大街甲 158 号	
邮　　编	100720	
网　　址	http：//www.csspw.cn	
发 行 部	010 – 84083685	
门 市 部	010 – 84029450	
经　　销	新华书店及其他书店	
印　　刷	北京明恒达印务有限公司	
装　　订	廊坊市广阳区广增装订厂	
版　　次	2017 年 11 月第 1 版	
印　　次	2017 年 11 月第 1 次印刷	
开　　本	710×1000　1/16	
印　　张	16.5	
插　　页	2	
字　　数	243 千字	
定　　价	70.00 元	

凡购买中国社会科学出版社图书，如有质量问题请与本社营销中心联系调换
电话：010 – 84083683

序　言

近年来，随着现代国家治理理念越来越深入人心，将公平正义作为参照系讨论问题的场合和频率逐渐多了起来。比如，教育机会的公平正义、就业机会的公平正义、收入分配中的公平正义等，都是人们关注且热议的话题。然而，除此之外，似应以此为基础，将公平正义的分析视野引申一步——税收的公平正义。

其实，相对而言，税收的公平正义可能是更深层面、更基础层面的。因为，它既直接涉及老百姓的切身利益，又直接关系到国家事业的发展全局。

在以往，我们眼中的税收，主要功能就是组织收入。因而，把各项税收及时、足额并且可持续性地征收到国库当中来，往往是主要着眼点。至于税收制度的设计是否公平，税收负担的分配是否正义，虽说并非没有考虑，但确实考虑得不多，至少考虑的不是那么充分。如果说以往考虑不多或考虑不够充分，是因为我们尚不具备考虑的条件，我们的税制建设尚在初级阶段，那么，随着中国经济规模的扩大并成为世界第二大经济体，特别是在总目标定位于国家治理体系和治理能力现代化的全面深化改革越来越向纵深挺进的背景下，税收制度的现代化已经成为一个极其重要的课题摆在我们面前。从这个意义上讲，中国的税制建设已经进入了一个新的阶段。税收的公平正义已不再是可考虑可不考虑的问题，而是一个必须考虑、必须作为一个异常重要的要素融入税制建设整体设计中的大问题。

这样说，是有一系列根据的。如果说税收是一个融资范畴，那么，税制就是一个分配范畴。它是一个关于收入分配的制度，只不过它分配的对象是政府收入所引致的负担。税制改革实际上就是税收负担分配结构的调整。建立现代税收制度，实质就是要让税制结构更加公平、更加公正。我非常高兴地看到杨杨同志围绕这样一个重要课题所取得的成绩。在本书中，她将税收公平问题与税制改革结合，综合采用伦理学、经济学、法学的分析方法，对税收的公平正义这样一个既熟悉又陌生的论题，进行了较为深入的研究。

人类历史上的税制是不断变化的。这其中一定有一种深藏于税制之中，并且不断推动税制变迁的力量源泉。这种力量源泉，其实就是人类社会对于公平正义的不懈追求。这个变迁的过程大概分为三个阶段：第一是简单原始的直接税阶段。在这个阶段，收税的办法非常简单，但用今天的眼光看，就不那么符合公平正义了。因为现实生活中每个人的经济状况是不同的，完全按照"一刀切"的标准来纳税，显然不够文明。第二是间接税阶段。就是把税收隐含于各种商品的价格当中，人们在消费中不知不觉地把税交了。政府既取得了收入，社会上又没有特别深的纳税痕迹。征收效率上提高了，人们对于税负的痛苦程度却减弱了。但是，这也有副作用。由于人们的消费状况并不完全代表人们的纳税能力，消费的支出规模大并不一定意味着他的收入水平高，消费水平和他的财产状况并没有直接联系。间接税等于累退税，收入越高的人消费支出反而占其总收入的比例越低。于是，就出现了第三阶段具有现代意义的税种——发达的直接税。发达的直接税有别于传统、简单、原始的直接税，它直接和人们的收入挂钩、直接和人们的财产状况挂钩。或者说，直接和人们的支付能力挂钩。

这本书聚焦于"税收公平与税制改革"这个主题，实际上就是要讨论如下重要问题：本轮税制改革究竟要解决什么问题？或者，我们可以寄希望于本轮税制改革解决什么问题？比较本轮税收制度改革和以往我们所经历的税收制度改革之间的差异或不同。也就是说，相对于以往，眼下的这一轮税收制度改革的理念、思想和战略大不相同。

其一，这是中国在新的历史起点上布局的税收制度改革。关于新的历史起点，在党的十八届三中全会决议中有两句经典的描述，叫作发展进入新阶段，改革进入"深水区"。讲发展进入新阶段，更多讲的是中国经济的发展，改革讲的是国家治理所面对的复杂局面。不管是哪一种情形，在此背景下所推动的税收制度改革，肯定是在新的国情背景下布局的。我们必须认识到这一轮税收制度改革和现实国情之间的关系。

其二，本轮税制改革是致力于匹配国家治理现代化进程的税收制度的改革。在这种改革框架之内所推出的税收制度改革，显然两者之间是匹配的。那就是以现代税收制度的建立，来推动现代国家治理体系的建立。

其三，这一轮税收制度改革，是立足于发挥国家治理基础性和支撑性作用的税收制度改革。一个国家治理的基础其实就是税收，只有税收，才能最大限度地牵动全体公民的意志或者说是利益，从而聚集成推动国家治理现代化的滚滚洪流。如果我们能在税收制度上朝着更公平、更公正的方向迈进一步的话，那么，我们所面对的国家治理现代化的格局，就会更符合最初设定的目标。这一条也是非常关键的。

其四，这一轮税制改革，是在经济发展步入新常态背景条件下所推进的税收制度改革。我们看到最直接的现象是经济下行，税收的增速随之下行。但是，我们必须要认识到，税收增速的下行恰恰是一种正常状态，它不可能会脱离经济的运行走出自己的轨迹来，两者之间是有密切联系的。

其五，本轮税制改革是建立在认知现代税收文明基础上的税收制度的改革。现实税收制度或税制结构的变迁是有着自身的规律的，这个规律就是源于人们对公平正义的追求，也就是人类文明的发展和进步。把对公平正义的追求放在税收上来，就是对税收负担分配公平与正义的追求，也可以把它理解为税收文明。

作为具有基础和支柱意义的现代税收制度，它的建立，实在重要，我们需要做出巨大的努力。杨杨同志完成的这本书，无疑在这方面迈出了一步。

是为序。

高培勇

2017 年 6 月 1 日

前　言

　　作为人类社会崇高的价值追求，公平问题总是被古今中外的思想家们反复探讨，在探讨的过程中，形成了各种各样的公平思想。税收，是政府调控宏观经济运行和国民收入分配与再分配的重要手段，与社会经济生活各领域密切相关，并对社会生活和经济运行发挥着巨大影响。税收公平与否，将直接影响到社会公平，进而甚至对社会稳定产生重要影响。税收公平，也对整个税收体制的完善起到了基础性和前提性的作用。首先，税收公平会在一定程度上影响税收立法的进程。如果税收相关法律法规由财税部门起草，很容易在平衡利益方面出现不公平，形成本位主义、部门利益。其次，税收公平的概念极大地影响着现实经济生活中税制的建设与改革。比如，本书中提到的税收人际公平要求对我国现行个人所得税、企业所得税进行改革和完善；税收区域公平要求我国现行的流转税制改革必须要有所突破；税收代际公平原则要求填补目前税制中缺失"代际"意味的税种，如房地产税、遗产税等。最后，税收公平原则也会对税收征纳方式产生很大影响。如果税收公平原则贯彻得较彻底，则征纳双方之间更多可能呈现"合作型"的征纳关系，这对构建"和谐税收"大有裨益。

　　正因如此，古今中外，诸多思想家和经济学者都对税收公平问题进行了不断探索，提出了很多重要的税收公平思想或价值理论。然而，从目前国内外的情况看，传统税收公平价值存在一定的局限性，难以体现广泛的公平。鉴于构建社会主义特色和谐社会背景下"和谐税收"的多层次内涵，加之税收公平的复杂性，本书选择税收公平问题进行深入研究，进行了以下探索：

　　第一，探索了一些新视角。古今中外，诸多思想家和经济学者对税收公平问题进行了不断探索，提出了很多重要的税收公平思想或价值理论。不过，目前这类研究成果仍存在或缺乏深度，或缺乏系统性，或缺乏"税收公平"所置的特定语境等问题：一是研究层次较单一。研究者习惯于仅从税收负担本身来讨论税收公平，就课税而论公平。事实上，税收公平不仅是一个财政问题，也是一个伦理学问题和社会问题。二是考察维度不丰富。已有的大量文献多是涉及税收公平社会维度中税负如何在纳税人之间的公平分配问题，而同时研究税收的区域公平、税收的代际公平的成果则少见。本书的研究试图突破传统税收公平研究视野的局限性，从更宽广的学科视角、更丰富的研究维度去探讨税收公平问题，具有一定的创新性。

第二，提出了一些新见解。如笔者通过研究指出，税收公平目标应该是多维度、多层次的、立体的目标架构，具体包括体现社会维度的税收人际公平目标、体现地理维度的税收区域公平目标，以及体现历史维度的税收代际公平目标，且每个维度的税收公平又被解构为两个子维度进行了深入剖析。笔者认为，在经验层面上，税收公平的三个维度之间具有相对独立性，某一个维度的税收公平并不决定其他两个维度的税收公平。但是，税收公平的三重维度之间仍然会相互作用，某一个维度的公平（不公平）会支持（强化）其他两个维度的税收公平（不公平）；反之亦然。

再如，本书指出，税收人际公平目标中的"人"是广义上的概念，其外延不仅包含法律上的自然人、法人，更包含"征税人"与"纳税人"群体。因此，意欲实现税收人际公平目标，不仅要解决纳税人之间权利与义务的公平分配问题，更要解决征税人与纳税人之间权利与义务的公平问题，也即要实现公民的纳税义务与政府的整体履责义务之间的对等。

又如，本书选择以税收与税源的关系为主要研究视角对我国区域间的税收公平问题进行了较为深入的研究。同时，对两个层面的税收代际公平内容进行了探讨：第一个层面，通过实证研究分析了我国现行税制下税收代际公平是否实现的问题。第二个层面，也是更为重要的一个层面，本书试图梳理出政府怎样使用税收这个工具，从而更快、更好地逼近自然资源传承的代际公平目标和社会财富沿袭的代际公平目标。

第三，提出了相应的政策建议。本书在第二章中选取了分税制改革以来的数据，通过实证研究，分别深入探讨了我国直接税与税收公平之间的关系、间接税与税收公平之间的关系，得出的基本结论包括：我国全部直接税比重的逐年提高并没有发挥理论上的缩小居民收入差距的作用，反而进一步扩大了居民收入差距。相应的税制改革的政策建议有：降低增值税税负、规范消费税征税范围、逐步调整税制结构，使我国税收主体由间接税向直接税过渡等。

通过前面五个章节的分析研究，本书第六章集中探讨了欲实现三维度税收公平目标体系可能的制度选择。就税收人际公平目标来看，需要从三个角度进行考虑，即征税人与纳税人之间权利与义务的公平问题、自然人之间的税收人际公平问题和法人之间的税收人际公平问题。首先，讨论征税人与纳税人之间的公平问题，又必须分为三个视角来完成："征税人"角度，即政府的角度；"纳税人"角度；以及"征税人与纳税人之间应该存在怎样的关系"的相关规定的角度。其次，分析自然人之间的税收人际公平问题，重点应放在个人所得税制的改革和财产税类税制的完善上。最后，要想达到法人之间的税收人际公平目标，必须关注对企业法人所属行业无差异征收、对企业法人规模无差异征收以及对企业法人所属生命周期阶段无差别征收的税收政策建议这三个方面的内容。

本书在讨论我国税收区域公平问题时，将着力点置于"区域税收与税源的关系"上，因此，在我国现行税制下，欲达到税收区域公平，以下几个方面的改革势在必行：首先，要从制度上完善税收横向分配。具体包括建立税收归属权制度和完善区域横向分配制度。其次，应完善跨区域经营管理机制。最后，还应该改革初级资源产品定价机制。当分析到我国税收代际公平问题，本书提出，需加大资源税类税制的改革力度，以逼近自然资源的可持续传承的税收代际公平目标；同时，我国财产税类的"查缺补漏"也非常重要，因为这不仅体现了税收人际公平中自然人之间的税收公平目标，更是税收代际公平目标中对于社会财富在代际利益分配的要求。

"税收公平"是个古老而又崭新的课题。近年来，我国经济改革不断深化，相应地，税制改革也发生了深刻的变革，作为理论研究与应用研究相结合的本书成果，自然要与时俱进，汲取相关研究领域最新的前沿知识，以提供最符合当下经济背景的政策建议以资决策参考。路漫漫其修远兮，笔者将力图继续深入研究税收公平在哲学层面与税收实践之间的内在联系，并对具体税制和各个税种的改革保持追踪。

目　录

第一章 价值重构：三维度的税收公平目标

第一节 公平观的历史演进

一 国外公平观的历史演进

公平，既是深奥的哲学命题，也是人类永远的追求，但是，何为"公平"？其外延、内涵如何阐释？却至今没有一个放诸四海而皆准的答案。伏尔泰曾说："了解前人是如何想的，比了解他们是如何做的更有益。"因此，本节力图梳理人类思想史上公平观的演进，从而试图对构建和谐社会背景下的公平内涵进行理性思考。

（一）古希腊的公平观

古希腊哲学家苏格拉底（Socrates）、柏拉图（Plato）、亚里士多德（Aristotle）均对公平问题进行了研究，其中，苏格拉底提出，正义就是守法。[1][2] 柏拉图认为，正义是心灵的德行，国家设立的目标就是实现全体公民的幸福最大化，保障正义的实现，商人、行政管理者、警察和军队各自履行自身的职责就会实现真正的正义。[3]

亚里士多德从政治学、伦理学等角度对公平问题进行了探析。如"分配公平"这个词即来自亚里士多德，他将其和关注惩罚的"矫正公平"进行对比。分配公平要求根据美德按比例分配荣誉或政治职务

---

[1] ［古希腊］色诺芬：《回忆苏格拉底》，吴永泉译，商务印书馆1984年版，第164页。
[2] 包利民：《生命与逻各斯——希腊伦理思想史论》，东方出版社1996年版，第176页。
[3] ［古希腊］柏拉图：《理想国》，郭斌和等译，商务印书馆1986年版，第156页。

或金钱；而矫正公平要求做错事者按造成伤害程度给予受害者赔偿。他提出，公平包括两种含义：第一种是所有相同事物在不同人之间的绝对数量（容量）相同，第二种是所有相同事物在不同人之间的相对数量（真实价值比例）相同。①

其中，有两个关于公平的关键问题在亚里士多德的论述中得以体现：第一，什么样的公平分配原则才能最好地指导实际的分配活动；第二，假定大家都同意按相对数量公平原则进行分配活动，分配比例如何确定？依据出生、天赋、能力还是财产？而这两个问题也引发了当代著名学者罗尔斯和诺齐克对公平正义的争论，我们将在下文中继续讨论。

当然，由于时代背景的局限性，上述古希腊学者关于公平的认识仍不深刻，如对公平的诠释与分析往往只是通过一些直觉或是简单的现象归纳，还没有将公平作为一个独立的领域进行研究，因此，对公平的研究缺乏本体论的研究和深厚的学理根基。② 当然，虽然有着种种不足，古希腊学者对公平问题的探索，如公平是最大的德行、公平的两个问题等阐述对近现代，尤其是现代的公平观念产生了深远影响。

（二）西方近代资产阶级的公平观

进入 17 世纪以后，以格劳秀斯（Hugo Grotius）为代表的欧洲近代思想家遵循"自然法"理论，对公平问题进行了分析，尤其是在英国，格劳秀斯的思想得到了进一步发展。他提出，自然权利符合人性，因此是人们正义的理性行为的准则，进而形成公平的、为大家广泛遵循的普遍法则。③

托马斯·霍布斯（Thomas Hobbes）继续发展了格劳秀斯的思想，认为自然法是人类理性的普遍法则，在此法则之下，人人平等，人人需要，公平正义就是遵守自然法。④

其后，社会契约等理论对公平理念产生了深刻影响，其中，卢梭

① ［古希腊］亚里士多德：《政治学》，吴寿彭译，商务印书馆1965年版，第234—235页。
② 吴忠民：《社会公平论》，山东人民出版社2004年版，第50页。
③ ［美］萨拜因：《政治学说史》下册，刘山等译，商务印书馆1986年版，第485—486页。
④ ［英］霍布斯：《利维坦》，黎思复等译，商务印书馆1985年版，第97—99页。

（Jean – Jacques Rousseau）便是最为典型的代表人物之一。他指出，私有制是造成社会不平等的根源，人们要获得自由平等的生活，可以通过对自身权利的部分转让，通过建立社会契约，体现人们的公共利益和意志，人人平等，实现每个人的生命、自由和财产安全，实现分配公平。①

（三）当代西方公平观之争

进入 20 世纪，公平问题得到了进一步的发展，人们对公平的认识也日益深刻。这其中，尤以罗尔斯（John Rawls）和诺齐克（Robert Nozick）的学说最具有代表性。

如前文所述，古希腊亚里士多德对公平问题做出了杰出贡献，也留下了两个永恒的难题：首先是公平分配的方法问题，到底按算术平等原则进行分配还是按比例平等原则进行分配；其次是如果比例平等原则获得了大家的一致认可，什么是用于分配的真正的价值也是个难题。由于对这两个难题的不同认识，产生了对公平问题的不同理解。罗尔斯和诺齐克对公平问题的争议也聚焦于此。罗尔斯认为，按算术平等的原则进行分配是公平的分配方法，有利于社会的公平正义；而诺齐克却认为，按比例公平原则才是公平的分配方法，有利于对弱势群体的补偿，才能真正实现社会正义。

具体而言，罗尔斯的理念体现在他的两个公平原则上。罗尔斯的正义论，1971 年由哈佛大学出版社出版，该书的出版，引起了广泛的研究、争论和批评，对哲学、伦理学、法学、社会学、政治学和经济学等许多科学领域产生了巨大的影响。罗尔斯在《正义论》中，以"契约"这个概念作为建立正义（或公正）理论的基石，由"原始状态"② 作为联结点，而推导出组织社会所需要的两个正义原则。为了

① ［法］让 – 雅克·卢梭：《民约论》（社会契约论），何兆武译，法律出版社 1958 年版，第 40 页。
② 原始状态：大体相当于社会契约论中的自然状态，但它并不被假定为历史上的真实存在，而只是思维中的存在，特指社会成员订立组成社会基本结构的原始契约的状态。原始状态作为研究分配结构乃至整个社会契约的起点包含许多条件。这些条件大体可以分为主观条件和客观条件两类（石元康，2000）。主观方面的条件是对立约者所做的描述，包括其知识与信仰、参与订立契约的动机，以及立约时所期待获得的具体内容等。客观条件是对立约者以外情况的描述。

简化正义原则的应用过程，可以将从原始状态到实现正义原则大体划分为以下四个阶段序列。

第一阶段，正义原则的建立。即人们处于原始状态，在"无知之幕"① 后面选择正义的两个原则（这是最为抽象的哲学原则）：首要原则是每个人应享有平等自由权利的原则；次要原则是每个人机会公平及差别补偿原则，其中，次要原则中的机会公平优先于机会差别原则，在充分满足每个人的机会公平的基础上，才进一步根据各种初始条件的不同对弱势群体实施差别补偿原则。

第二阶段，立宪阶段。根据正义原则，确立政治结构的宪法，也就是为了政府的立宪权力和公民的基本权利而设计出一种制度。

第三阶段，立法阶段，这是立法监督机构的工作，在宪法的框架下，进一步判断法律法规、社会经济相关政策是否遵循正义原则。也就是说，法律需要在遵循正义原则的基础上，符合宪法的规定。

第四阶段，具体政策的制定及具体个案的判定。在这一阶段中，公共政策的制定者将前一阶段的立法规则运用于具体案例，公民则普遍遵循这些政策规则。② 简言之，罗尔斯的正义原则受到了古希腊契约公平思想的影响，具体建立在初始状态、无知之幕、理性选择的基础之上。由于有无知之幕，每个人对出身、能力、财产等的差别情况都不了解，因此，人们才有可能选择相对最为公平的公平分配原则，而按照算术公平原则进行分配之后，在出生、能力、天赋、财产等方面的弱势群体会受到损害，因此，在保障人人享有自由平等权利和人人机会平等的基础上，对初始状态较差的弱势群体实施适当的差别补偿，以实现公平与正义。与罗尔斯将各种人的初始状态（自然才能）

---

① 无知之幕：是罗尔斯在原始状态中设计的一种假设，"无知之幕"是罗尔斯正义论中最为特异的假设。正是这一假设最终排除了立约各方的特异性，排除了一切会影响到原则选择的来自自然和社会的偶然因素。其目的在于体现公平，使原始状态的条件和程序显得公平，从而使所达到的结果（正义原则）也是公平的。处于"无知之幕"之后的立约者不知道自己的信仰、兴趣、能力等，但是，有一种具体的事实却是他们所共知的，那就是在其社会中公正的问题会出现的情况是存在的。

② ［美］约翰·罗尔斯：《正义论》，何怀宏等译，中国社会科学出版社 1988 年版，第 187 页。

作为"集体的资产"进行分配以取得公平正义相反，诺齐克认为，公平问题首先应该是个人权利的自由保障问题，而不是罗尔斯所谓社会权利的公平分配问题。他提出，公平问题的核心应该是人对各种财富、资源禀赋的拥有是否公平，如果每个人所拥有的财富的初始取得、转让都是公平的，那么整个社会的财富分配就都是公平的。而判断每个人所拥有财富的初始取得、转让是否公平的标准是：是否具备拥有该财富的权利。因此，诺齐克提出了"持有的获取公平原则、持有的转让公平原则和持有的矫正公平原则"① 来取代罗尔斯的分配公平原则及差别原则。简言之，诺齐克的公平理念受到了古希腊自然公平思想的影响，认为每个人的初始状态，如出身、天赋、能力等是个人权利，有权利的个人就应该享受该权利带来的财富，公平就是保障权利的自由施行，因此，对于初始状态较差的弱势群体不应该实施差别补偿，才能真正地实现社会的公平与正义。

现在，如果将罗尔斯与诺齐克公平观之争放到当下的中国，就会发现这个关于分配公平的争论其实正好与改革开放以来优先效率还是优先公平这个争议密切相关。如何解决公平与效率的难题，对全面实现小康社会的远景目标具有重大的意义。从历史来看，古希腊时期的公平思想—近代资产阶级公平分配观—罗尔斯与诺齐克公平观之争，再次显示了其巨大的历史超越性，值得进一步借鉴和研究。

（四）马克思、恩格斯：历史唯物主义的公平观

伟大的共产主义先驱者马克思（Karl Heinrich Marx）和恩格斯（Friedrich Engels）认为，公平是一种价值观念，其是历史的范畴，同时也是具体的、相对的概念，"公平"还反映一定的经济结构，并与生产力发展水平相适应，公平目标能在多大程度上实现，与经济社会的发展阶段紧密相关，不可逾越。这些思想在马克思、恩格斯的相关著作中论述颇多。

---

① ［美］罗伯特·诺齐克：《无政府、国家与乌托邦》，何怀宏等译，中国社会科学出版社1991年版，第96页。

1. 公平是历史的范畴

马克思、恩格斯指出，在共产主义制度下和资源日益增多的情况下……谁如果坚持要人丝毫不差地给他平等的、公正的一份产品，别人就会给他两份以资嘲笑。……那么，平等和正义，除了在历史回忆的废物库里可以找到外，哪儿还有呢？……可见，公平的观念本身是一种历史的产物。[①] 公平的观念从来就不是一成不变的，古老原始社会中的公平理想与现代的公平要求自然截然不同。原始社会中在个人权利方面平等，不论酋长或军事首领都不能要求任何优越权……自由、平等、博爱，虽然从来没有表述为公式，但却是氏族的根本原则。[②] 强调绝对的公平。而到了奴隶社会，最多只谈得上公社成员之间的平等权利，妇女、奴隶和外地人自然不在此列。[③] 封建社会中，现在佃农在法律上也成了地主的臣属了。经济上的屈从取得了政治上的认可。[④] 希腊人和罗马人的公平认为奴隶制度是公平的；1789 年资产者的公平则要求废除封建制度，因为据说它不公平。[⑤] 经济阶层的不同成了容忍专制的缘由。社会演进到资本主义社会后，这种平等和自由证明本身就是不平等和不自由。[⑥] 所以，恩格斯批判公平是永恒真理的说法，他认为，公平观念是一种历史的产物，这一观念的形成，需要一定的历史条件，而这种历史条件本身又以长期的以往的历史为前提。所以，这样的公平观念说它是什么都行，就不能说是永恒的真理。[⑦]

2. 公平不是抽象绝对的概念

上文中已经阐述过，马克思恩格斯认为公平观念是历史的范畴，在不同的时代有着不同的内涵，没有抽象的绝对的公平观，没有放诸四海而皆准的公平观：抽象的平等理论，即使在今天以及在今后较长

---

① 《马克思恩格斯全集》第 19 卷，人民出版社 1965 年版，第 8 页。
② 《马克思恩格斯全集》第 20 卷，人民出版社 1965 年版，第 113 页。
③ 同上。
④ 同上书，第 117 页。
⑤ 《马克思恩格斯文集》第 3 卷，人民出版社 2009 年版，第 323 页。
⑥ 《马克思恩格斯全集》第 20 卷，人民出版社 1965 年版，第 201 页。
⑦ 同上书，第 117 页。

的时期里，也都是荒谬的。没有一个社会主义的无产者或理论家想到要承认自己同布须曼人或火地岛人之间，哪怕同农民或半封建农业短工之间的抽象平等。① 公平在任何时候都是具体的，包含了差别的公平，在国和国、省和省，甚至地方和地方之间总会有生活条件方面的某种不平等存在，这种不平等可以减少到最低限度，但是永远不可能完全消除。② 因此，讨论公平问题，不加区别地简单套用是行不通的，具体问题具体分析，因时制宜，因人而变也是分析公平问题的正确逻辑。

3. 公平受生产力和生产关系所形成的生存方式所决定

正如恩格斯所指出的，奴隶制度促使一部分劳动力从第一产业转为从事第二产业，促进了人类的分工和经济的发展，因此，没有古希腊的奴隶制，就没有现代的社会主义。③ 只要与生产方式相矛盾，就是非正义的。在资本主义生产方式的基础上，奴隶制是非正义的。④

4. 公平的性质是由经济基础决定的

综上所述，马克思、恩格斯认为，公平是历史的、具体的和相对的。那么，其原因何在呢？唯物史观认为，经济基础决定上层建筑，而上层建筑中重要的意识形态之一即是公平观。也就是说，经济基础决定公平的性质。换言之，所有制关系决定了公平的性质和实现进程。只要是谈到道德，杜林就能够认为他们是平等的，但是一涉及经济学，那就不是这样了。例如，有两个男人，一个是美国人，另一个是柏林大学生，前者熟悉各种行业，后者除了一张中学毕业文凭和现实哲学，再加上根本没有在击剑馆受过锻炼的双臂，别无所有，在这种情况下，怎么可能谈到平等呢？这个美国人生产一切，那个大学生只是这里帮帮，那里帮帮，而分配是依照每个人的贡献来进行的；不久，这个美国人就具有对殖民地日益增长的居民（由于人口增殖或移

---

① 《马克思恩格斯全集》第 20 卷，人民出版社 1965 年版，第 670 页。
② 同上书，第 8 页。
③ 《马克思恩格斯文集》第 9 卷，人民出版社 2009 年版，第 188 页。
④ 《马克思恩格斯文集》第 7 卷，人民出版社 2009 年版，第 379 页。

民）进行资本主义剥削的手段。[①] 上述例子即是对"经济关系决定公平性质"的最生动的诠释。

5. 公平具有阶级性

马克思、恩格斯指出，公平或者为统治阶级的统治和利益辩护，或者当被压迫阶级变得足够强大时，代表压迫者对这个统治的反抗和他们的未来利益。[②] 公平作为人的观念，必然是统治阶级利益的体现。

6. 公平在资本主义社会和社会主义社会的表现形式

马克思、恩格斯指出，劳动力的买和卖是在流通领域的界限以内进行的，这个领域确实是天赋人权的真正乐园。那里占统治地位的只是自由、平等、所有权。自由，因为商品例如劳动力的买者和卖者，只取决于自己的自由意志。他们是作为自由的、在法律上平等的人缔结契约的。契约是他们的意志借以得到共同法律表现的最后结果。平等，因为他们彼此只是作为商品占有者发生关系，用等价物交换等价物。所有权，因为他们都支配自己的东西。[③] 资本主义社会这种形式上的公平掩盖了资本家剥削出卖劳动力的工人创造的剩余价值的这种本质上的不公平。现代的资产阶级私有制是建立在阶级对立上面、建立在一些人对另一些人的剥削上面的产品生产和占有的最后而又最完备的表现。[④] 共产主义的特征并不是要废除一般的所有制，而是要废除资产阶级的所有制。[⑤] 只有实现了共产主义，消灭剥削阶级，化解了私人占有与社会大生产之间的矛盾，才能在真正意义上避免资本主义本质上的不公平。

由于共产主义社会需要生产力高度发达，在资本主义向共产主义社会转变的过程中需要经历共产主义的初级阶段——社会主义阶段，为了实现社会分配的公平，马克思、恩格斯指出，从"不折不扣的劳动所得"中除了需要扣除"用来补偿消耗掉的生产资料的部分""用

---

① 《马克思恩格斯全集》第 20 卷，人民出版社 1965 年版，第 668 页。
② 《马克思恩格斯文集》第 9 卷，人民出版社 2009 年版，第 100 页。
③ 《马克思恩格斯文集》第 5 卷，人民出版社 2009 年版，第 204 页。
④ 《马克思恩格斯文集》第 2 卷，人民出版社 2009 年版，第 45 页。
⑤ 《马克思恩格斯文集》第 1 卷，人民出版社 2009 年版，第 206 页。

来扩大生产的追加部分""后备基金或保险基金"之外，还需要除去"同生产没有直接关系的一般管理费用"，"用来满足共同需要的部分，如学校、保健设施等"，"为丧失劳动能力的人等设立的基金"①，之后达到公平分配，即每一个生产者，在作了各项扣除以后，从社会领回的，正好是他给予社会的。他给予社会的，就是他个人的劳动量。②

7. 公平目标的达成有赖于共产主义的实现

马克思、恩格斯指出，共产主义社会是在保证社会劳动生产力高度发展的同时又保证每个生产者个人最全面的发展的这样一种经济形态。③ 只有在社会生产力发展到一定程度，发展到甚至对我们现代条件来说也是很高的程度，才有可能把生产提高到这样的水平，以致使得阶级差别的消除成为真正的进步。④ 社会终究会发展到那一天，人类的理智一定会强健到使社会正确支配财富，社会利益与个人利益将形成公正而和谐的关系。⑤ 只有生产力高度发达，物质财富极大丰富的共产主义社会，人们才能不再因为生存的需要而受到自然资源的束缚，劳动成为人们自身选择的需要，人们也才能获得真正意义上的公平和自由。

综上所述，马克思、恩格斯认为，公平是历史的范畴，是具体的相对的概念，它受生产力和生产关系所形成的生存方式所决定；公平的性质是由经济基础决定的，具有阶级性；公平在资本主义社会表现为流通领域的形式公平，而掩盖了资本主义社会的本质不公平，公平在共产主义的初级阶段——社会主义社会表现为分配公平；公平目标的达成有赖于共产主义的实现，只有在共产主义社会，人们才能真正实现公平与自由。

---

① 《马克思恩格斯文集》第 3 卷，人民出版社 2009 年版，第 434—43 页。
② ［德］马克思：《哥达纲领批判》，何思敬、徐冰译，人民出版社 1939 年版，第 19 页。
③ 《马克思恩格斯文集》第 3 卷，人民出版社 2009 年版，第 466 页。
④ 同上书，第 389 页。
⑤ 《马克思恩格斯文集》第 4 卷，人民出版社 2009 年版，第 198 页。

二　我国公平观的历史演进

公平问题自古以来在我国都备受关注，当然，在不同的社会背景下，由于不同时代人们价值指向存在差异，也使公平观念在不同的时代呈现出不同的特点。虽然探索道路是曲折的，但此种差异性恰好体现了我国的仁人志士们对于公平不懈追求的决心。

作为四大文明古国之一，悠悠"上下五千年"造就了中华民族悠久的历史和灿烂的文化。先秦时期，我国就已经开始了对公平的研究。虽然那时人们并没有清晰地构建出公平的概念以及社会公平实现的具体途径，但感性的公平意识却已经存在，成为推进社会进步的动力。如春秋时期荀子曾在其《荀子·正名》中曰"正利而为谓之事，正义而为谓之行"；老子认为，要达到"小国寡民"的"至治之极"，是"民各甘其食，美其服，安其俗，乐其业。邻国相望，鸡犬之声相闻，民至老死，不相往来"。[1] 孔子则更为明确地强调"有国有家者，不患寡而患不均，不患贫而患不安"（《论语·季氏第十六》）；战国时期的《礼记·礼运》体现了"天下为公"的蕴含公平理念的思想："大道之行也，天下为公，选贤与能，讲信修睦。故人不独亲其亲，不独子其子，使老有所终，壮有所用，幼有所长，鳏、寡、孤、独、废疾者皆有所养，男有分，女有归。货恶其弃于地也，不必藏于己；力恶其不出于身也，不必为己。是故谋闭而不兴，盗窃乱贼而不作，故外户而不闭，是谓大同。"汉朝班固的《白虎通义》说："公之为言，公平无私也。"包含了对"公平"的一定程度的解释。

清朝末年，我国紧闭的国门被西方列强的大炮炸开，封建社会开始被西方思潮渗透。洪秀全（1853）试图将西方公平思想运用到政治实践中，在其《天朝田亩制度》中规定："凡分田照人口，不论男妇，算其家口多寡，人多则分多，人寡则分寡。""凡天下田，天下人同耕"，勾勒出他心目中太平天国"大同社会"的理想蓝图。之后，康有为（1919）比较突出地论述了公平思想，其所著的《大同书》中指出"大同之世，天下为公，无有阶级，一切平等"，显示出他更

---

[1]　张松如：《老子说解》，齐鲁书社1987年版，第468页。

进一步的"无贵族、贱族之分，人人平等"的公平理念。孙中山先生的公平思想，则主张消灭封建剥削反对压迫、剥削群众的行为，他认为，理想的国家应是"社会主义之国家，一真自由、平等、博爱之境域也……人民平等，虽有劳心劳力之不同，然其为劳动则同也。即官吏与工人，不过以分业之关系，各执一业，并无尊卑贵贱之阶级，自无形而归于消灭"。孙中山先生提出的三民主义主张"自由、平等、博爱"，集中反映了资产阶级的革命诉求。封建社会中，以上几种公平观深深刻着时代烙印，虽然具有一定的合理性和进步性，但无法医治近代社会的根本痼疾。但它们仍为后来者对公平的进一步探索积累了丰富的思想经验。

新中国成立以后，我国进行了大刀阔斧的社会主义改造，确立了社会主义制度。毛泽东同志对"公平"进行了新的诠释，包括以下几个方面：其一，毛泽东主张人民应当具有基本的权利。其二，他认为，一个国家应当具有独立、自主、平等的权利；"我们中华民族是不自由不平等的，受到帝国主义的束缚和压迫……我们中华民族，中国人民，就要打碎帝国主义与封建势力的压迫，为争取民族和人民的自由平等而奋斗"。[1] 其三，力主性别平等，妇女解放；"妇女要同男子一样，有自由、有平等"。[2] 其四，既反对两极分化，也反对平均主义。"反对平均主义，是正确的；反过头了，会发生个人主义。过分悬殊也是不对的。我们的提法是既反对平均主义，也反对过分悬殊。"[3] 显然，当时的中国社会受到了毛泽东公平思想的重要影响，其公平理念适应了当时广大人民群众的要求，极大地解放了生产力，留下了值得后人借鉴的宝贵经验。

20 世纪 80 年代，改革开放的春风开始吹遍神州大地，然而，伴随着市场经济的建立和发展，不同群体经济收入分化开始形成，公平问题在新时期再次成为刻不容缓的待解问题。基于马克思主义的基本

---

① 《毛泽东文集》第八卷，人民出版社 1993 年版，166 页。
② 《毛泽东文集》第二卷，人民出版社 1993 年版，第 168—169 页。
③ 《毛泽东文集》第八卷，人民出版社 1993 年版，130 页。

观点，邓小平认为，公平包括四个方面的内容：一是共同富裕。"农村、城市都要允许一部分人先富裕起来，勤劳致富是正当的。一部分人先富裕起来，一部分地区先富裕起来。"① 最终实现共同富裕。二是反对封建特权，主张人人平等。三是反对平均主义，提倡按劳分配。他指出："过去搞平均主义，吃'大锅饭'，实际上是共同落后，共同贫穷，我们就是吃了这个亏。改革首先要打破平均主义，打破'大锅饭'，现在看来这个路子是对的。"② 四是重视初次分配后的再分配环节，防止两极分化。这四个方面共同构建成为一个有机整体，不可分割。邓小平有关公平的思想是在现代化建设、市场经济条件下的社会主义公平理论，他从历史的眼光来看待公平问题，是建设有中国特色社会主义理论的重要组成部分。

党的十六大以后，时任中共中央总书记胡锦涛提出了"以人为本""统筹兼顾、全面协调"的公平观念，把构建社会主义和谐社会，作为提高党执政能力的一个重要方面进行了明确，同时，把公平正义当作社会主义制度的本质要求，指出"维护和实现社会公平和正义，涉及广大人民的根本利益，是我国社会主义制度的本质要求"。突出了维护社会公平的重要意义。

党的十八大以来，以习近平同志为核心的党中央提出了"改革创新社会体制，促进公平正义，增进人民福祉"，推动了我们对于公平问题认识的不断深化。习近平总书记在多次会议中提出："我们推进改革的根本目的，是要让国家变得更加富强、让社会变得更加公平正义、让人民生活得更加美好。改革是需要我们共同为之奋斗的伟大事业，需要付出艰辛的努力。一分耕耘，一分收获。在改革开放的伟大实践中，我们已经创造了无数辉煌。我坚信，中国人民必将创造出新的辉煌。"同时，他强调："要把维护社会大局稳定作为基本任务，把促进社会公平正义作为核心价值追求，把保障人民安居乐业作为根本目标，坚持严格执法公正司法，积极深化改革，加强和改进政法工

---

① 《邓小平文选》第三卷，人民出版社1993年版，第23页。
② 同上书，第155页。

作，维护人民群众切身利益，为实现'两个一百年'奋斗目标、实现中华民族伟大复兴的中国梦提供有力保障。"明确了要实现社会公平目标，制度的健全是首要保障。

改革开放在我国已进行了30多年，历史性的巨大变化已经在中国社会发生。但是，伴随着社会主义市场经济和现代化进程不断向纵深推进，我国社会也出现了许多新的亟待解决的问题。其中，"公平"所直接涉及的问题日益凸显，并影响到经济社会生活的许多方面：如社会贫富差距扩大问题、贫困人口问题、东西部发展不均衡的问题、社会保障问题、就业与失业问题、教育医疗问题等，日益为广大民众所关注。但值得欣喜的是，中央正下大决心、花大力气，通过多种途径力图解决目前的一些社会不公平问题，让更多人共享改革的丰硕成果。

第二节　税收公平观的历史演进

从人类发展的历史长河来看，人类的历史是一部孜孜以求追寻公平和正义的发展史。作为重要经济手段的税收也深受公平思想发展的影响，形成了自身的公平原则，构成了公平思想的重要组成部分。税收公平能直接影响市场经济公平和社会公正，从而对整体的社会公平和社会稳定发展产生深远的影响。由于不同时期各个国家和地区的世界观、社会观有所差异，因此，税收的公平思想也经历了漫长的演进过程。笔者拟对税收公平的思想演变进行浅要的分析，以期对税收公平的内涵进行理性思考。

一　国外税收公平思想的历史演进

（一）税收公平原则的提出和初期发展阶段

税收的公平原则起源于17世纪，作为中世纪遗留下来的沉重的税收征收方式，包税制的弊端日益显著，加剧了社会的贫富分化和官吏的贪腐程度，远远不能适应资本主义社会工业化大生产的需要，因此，税收公平原则也逐渐成为资本主义经济学者的研究重点。

　　与经济发展水平相适应，最早提出税收公平原则的学者是英国的威廉·配第（William Petty）（古典政治学和财政学的创始人）。1676年，他在《政治算术》著作中首次提出的税收原则便包含公平原则。他指出，税收公平意味着政府的税收对于任何人，任何事情都没有任何偏私，税负不应太重，应该是适度的。①

　　税收公平原则对理论界和实务界的最重要的影响来自现代经济学的创始人亚当·斯密（Adam Smith, 1776），在《国富论》中，他用了大量的篇幅对赋税进行了阐述，在具体讨论赋税之前，他提出了赋税的四项原则，即平等、确定、便利、经济原则。其中的税收公平原则主要包括四层含义：①税收平等负担，亚当·斯密认为，任何赋税都必须由地租、利润、工资三者共同负担，否则赋税不公平。②税收保持中性，税收应能作为经济持续发展的保障，征税过程不应使原有财富分配的比例失衡。③按国民的负担能力大小征税。④根据受益的比例征税，在国家的保护下，每一个公民根据受益的多少缴纳税收。②

　　在亚当·斯密之后，西方经济学家根据其税收公平原则进一步发展和完善，其中最为著名的是德国学者阿道夫·瓦格纳（A. Wagner），他在亚当·斯密税收公平原则的基础上提出了税收的社会正义原则，并将该原则分为两个层次，首先是普遍原则，其次是平等原则。③普遍原则的含义是每个人都应该按照税收法律规定平等地缴纳税收，这和亚当·斯密的税收公平主张相一致。而平等原则的含义是公民应按照其纳税能力的高低缴纳相应的合理的税收，这与罗尔斯关于公平的差别原则在理念上一致。普遍原则和平等原则也是后来税收公平被广泛认可的横向税收公平和纵向税收公平原则。根据普遍原则和平等原则，瓦格纳倾向于累进税制的实施，这样通过对高收入者征更高的税、低收入者征较低的税，实现税收公平。

---

　　① ［英］威廉·配第：《政治算术》，陈东野译，中国社会科学出版社2010年版，第74—75页。

　　② ［英］亚当·斯密：《国富论》，王亚南等译，上海中华书局1936年版，第462—465页。

　　③ 王美涵：《税收大辞典》，辽宁人民出版社1991年版，第35页。

（二）两大税收公平原则的演进

税收横向公平原则和纵向公平原则概括了税收公平的基本原则，但是，在具体指导税制设计和实施上，如何确定纳税人的合理税负成为税收公平理论研究的重点，最终发展为税收的受益和支付能力两大原则。

1. 受益原则的演进

受益原则，是指国家（政府）必须合理使用纳税人的钱，应该在某些时候，在某些方面对纳税人由于缴纳税收的损失提供公共产品（服务），而纳税人则根据从公共产品（服务）中受益的多少确定缴纳税款的数额，作为交换。

这一理论的价值观基础是社会契约论。古希腊时期的先哲伊壁鸠鲁（Epicurus）把商品契约交换规则引入政治领域，他认为，人们转让自己的权利可类比于售出商品，售出商品可获得货币补偿，而出让权利则应获得国家（政府）对人民生命财产的保障。之后，社会契约论学者们又提出"税收是文明的对价"，因此，公民所缴税收数额应与其从政府所获利益成正比。

在如何衡量公民从政府所获利益多少的问题上，早期的受益原则支持者们分歧严重，他们的分歧主要集中于如何选择税基。部分学者主张以收入作为税基进行衡量，如孟德斯鸠（Baron de Montesquieu），他以自然法观念为基础，提出封建专制国家国王的收入源泉是人民在土地上的贡赋；而农奴关系消失后的共和民主制度中，每个人都拥有自己的财产，税收是公民所让渡的财产的一部分，用于确保其剩余财产的安全。即税收相当于财产所有者享受国家保护而必须缴纳的"保险费"。① 亚当·斯密认为，任何赋税都必须由地租、利润和工资三者共同负担，即税收的征税基础是收入，而且人们应该按照从政府享受的保护的收入比率纳税。②

① ［法］孟德斯鸠：《论法的精神》上册，张雁深译，商务印书馆1962年版，第213页。

② ［英］亚当·斯密：《国富论》，王亚南等译，上海中华书局1936年版，第462—463页。

1848 年，J. S. 穆勒（John Stuart Mill）分析指出，受益原则存在三大缺陷：一是衡量问题。受益原则若运用于微观领域，试图通过确定个别人获得的政府利益来确定其应当缴纳的税收，存在实施的技术困难，由于公共产品和公共服务无法精准定价，导致国家（政府）使用税款到底给每一个纳税人提供多少利益难以准确计算。二是人际比较问题。一个人拥有财产数量是另一个人的 10 倍，并不能证明其享有的国家（政府）保护也是另一个人的 10 倍。三是忽视了初始的收入公平分配问题。那些收入低并且脑力和体力上的弱者更需要国家的保护，如果按照保护多则纳税多的受益原则，岂不是意味着弱势群体需要缴纳更多的税收？穆勒的攻击使受益原则结束了其主流地位。[①]

之后的瑞典学派则着力于复兴和发展受益原则。维克塞尔（Kunt Wicksell）通过建立"自愿交换模型"，试图解决受益原则的衡量缺陷。他认为，由于公共品提供的目标是使社会成员的个人效用最大化，因此根据受益原则，纳税人因税收所损失的边际负效用应该与个人从公共产品中获得的边际正效用相等。[②] 当然，由于公共产品的非竞争性与非排他性，以个体为单位进行上述"交换"是不太可能实现的，维克塞尔提出了一个迂回的方法，即借助于"议会民主"，通过投票的手段实现各个利益集团之间的利益均衡。具体而言，通过议会协商达到一致自愿同意结果，让所有参与税收决策的"代表"都感觉到其得益和所牺牲是一致的，从而使税收达到公平。但在现实生活中，很难找到一种方案能够满足所有"代表"的意愿，而多数人赞成的方案又意味着少数人利益的牺牲，也是一种不公平的表现。而且，维克塞尔并未说明如何达到分配公平，而分配公平是实现这一受益原则的必要条件。

综上所述，受益原则虽然从理论上对税收公平能够进行较好的衡量，但其缺陷也是显而易见的：由于公共产品和公共服务的难以定价

---

① ［英］约翰·穆勒：《政治经济学原理及其在社会哲学上的若干应用》下卷，胡启林、朱泱译，商务印书馆 1991 年版，第 110—113 页。

② 维克塞尔：《国民经济学讲义》，载刘剑文《国际所得税法研究》，中国政法大学出版社 2000 年版，第 22 页。

（非竞争性和非排他性），使每个纳税人难以准确量化其从政府支出中的边际效用或边际收益，极大地影响了受益原则的可操作性。那么，这是否意味着受益原则在经济生活中毫无用武之地呢？并非如此。该原则可以解释部分具备专项用途的税收（如专款专用于道路灯基础设施建设的汽油税、专款专用于环境保护的环境税等），这也提示我们，优良的税制，应能使人民在相当程度上感觉到他们所支付的税款总能在某时某地以某种符合自身利益的方式加以返还。这也符合笔者在下文中将会提到的观点：税收公平目标的实现，不能仅就税收而论税收，必须要和国家（政府、征税人）的支出联系起来加以考虑。

2. 支付能力原则的演进

由于受益原则无法在生活中完全实施，第二种用于确定纳税人应纳税额的原则——"支付能力原则"日益受到学术界的关注。该原则认为，应根据公民的纳税能力，判断其应纳多少税或税负应是多少。纳税能力大者多缴税，纳税能力小者少缴税，无纳税能力者不缴税。支付能力原则又包括"主观说"和"客观说"。

纳税能力原则早期的理论依据是"主观说"（或叫"牺牲说"）。穆勒提出，税收公平指每个公民因为向政府纳税所遭受的效用损失与其他公民相比完全相等，也就是每个公民所承担的牺牲程度是相等的。[①] 即税收普遍征收，征税额分配公平，每个公民因为纳税所减少的财富效用一致，达到相同的牺牲。其后，萨克斯、科恩·斯图亚特、埃斯沃等发展了穆勒的边际效用理论，逐渐形成了"绝对均等牺牲"——"纳税人因纳税而损失的总效用相等"；"边际均等牺牲"——"纳税人因纳税而造成的最后一个单位效用损失人人相等"；"比例均等的牺牲"——"纳税人因纳税而失去的总效用量与纳税前全部收入的总效用量之比人人平等"等学说。但由于个人效用涉及个人评价问题，所以衡量比较困难，因而支付能力原则的"主观说"缺乏可操作性。

---

① ［英］约翰·穆勒：《政治经济学原理及其在社会哲学上的若干应用》下卷，胡启林、朱泆译，商务印书馆1991年版，第376页。

正是由于早期的"主观说"对损失或牺牲的衡量标准问题难以形成公认的客观标准，因此，塞利格曼（Seligman）等经济学家在20世纪30年代又提出"客观说"。他认为，从人类历史发展来看，税收征收遵循过人头、财产、消费、所得等标准，其中按所得作为赋税基础，所得多的多征税，所得少的少征税，税收负担公平合理；因为按所得作为征税标准时既不会过分地影响生产性资本和财产，不至于对经济的顺利运转产生非常大的消极影响，也不容易将税负转嫁给消费者等其他实际负税人，能真正体现纳税能力原则。[①]

黑格（Haige）、西蒙斯（Simons）指出，经济能力可以作为衡量支付能力的新的标准，该指数测量的是一个综合性的收入，希望通过将个人的货币和非货币收入进行综合衡量，以便能够全面地反映个人的包括福利在内的综合收入，更准确地衡量个人的支付能力。[②]

另外，从支付能力原则角度还可将税收公平原则分为横向公平原则和纵向公平原则。其中，横向公平是指纳税能力相同的人应该缴纳相同的税收；纵向公平是指纳税能力不同的人应该缴纳不同的税收。但是怎样精确衡量"纳税能力相同"或"纳税能力不同"却是悬而未决的问题。现实生活中，经济学家尝试将收入、支出或消费、财产结合起来作为考量支付能力原则的税基，如所得税（收入）、消费税及物业税（财产）等。

二　我国税收公平观的历史演进

（一）我国古代税收公平观

我国古代税收公平思想最早出现在《禹贡》中。[③]《禹贡》对大禹治水的功绩和当时奴隶制度下的田赋等税收规定进行了描述。"禹别九州，量远近，制五服，任土作贡，分田定税，十一而赋"[④]，"任土作贡"是说各地贡品是本地的出产，即生产什么就贡纳什么，不能

① ［美］塞利格曼：《所得税论》，王官鼎译，商务印书馆1935年版，第3—15页。
② ［美］海曼：《公共财政：现代理论在政策中的应用》，章彤译，中国财政经济出版社2001年版，第448—451页。
③ 孙文学、刘佐：《中国赋税思想史》，中国财政经济出版社2005年版，第19页。
④ 孙文学、齐海鹏：《中国财政史》，东北财经大学出版社1997年版，第17页。

不贡；"分田定税，十一而赋"说明除贡纳制外，夏王朝还创立了赋税征收制度，即根据各地土壤肥瘠的不同情况，将耕地划分为若干等，分等级定税，即对于地理位置优越、土壤肥沃的土地缴纳更高的田赋，而对于地理位置偏僻、土壤贫瘠的土地缴纳更低的田赋，税率大体上相当于 1/10。

按土地不同等级征收不同的税收，有助于帮助调节奴隶制国家和缴纳税赋的其他小部落、奴隶和平民之间的矛盾，从中不难看出，《禹贡》已经体现了公平税负原则的雏形。

第一阶段，春秋战国时期，齐国丞相管仲也主张按照《禹贡》的思想，根据各地土壤肥沃情况的不同征收不同的赋税，其思想可以总结为"相地而衰征"。[①] 公元前 685 年，齐国开始实行"相地而衰征"，即根据土地的肥瘠、优劣等不同情况定出等级，分别征税。这种打破井田制的做法，奏响了春秋时期各诸侯国税赋改革的序曲，也标志着"按土地等级不同征收不同的税收"的税收公平思想阶段在我国古代历史上的确立。

第二阶段，将赋税由"按人头征收"改为"按家庭征收"，体现了平均税负的思想。这在秦汉三国时期已具雏形。曹魏时将田租与户税并征，取消人头税，改按户征，史称"户调"。[②] 户调与人头税的不同之处在于有田则有租有调，较之按人头征收的人头税有所进步。户调征收时，按财产多寡划分户等，户高则户税重，户低则户税轻。当然，从税收公平角度来说，户调是有进步性的，但若从税收效率角度考察，为减少"从户而征"的税收负担，民间尽可能不分户口，造成累世同居，从而使国家中需要缴税的户数日益减少，赋税也大为降低，损失了税收效率。

第三阶段，不同的征税等级由纳税人不同的劳动能力决定。这其中最具有代表性的当属西晋的占田制。占田制度的具体规定中包括将

---

① 《国语·齐语》，转引自关桐《古代社会文化探究》，中国社会科学出版社 2005 年版，第 2 页。

② 孙文学、齐海鹏：《中国财政史》，东北财经大学出版社 1997 年版，第 62 页。

不同劳动能力的纳税人分为正丁和次丁两个层次，同时在正丁、次丁的划分基础上又按照男女性别不同分为四个细目，这样便根据不同的劳动能力将纳税人分为四个级别，分别缴纳相应的赋税，由于该项规定的公平性和可操作性，在其后的北朝和隋唐时期也得到了进一步的延续，进而发展为均田制，如北魏按人丁均田，以一夫一妻为单位征收租调，从而避免了大户逃税的弊端；同时，也增加了课税单位，有利于增加国家的财政收入，也使赋税趋于均平。其主要内容为："一夫一妇，帛一匹，粟二石，民十五以上，未娶者，四人出一夫一妇之调。奴任耕，婢任织者，四人出一夫一妇之调。"① 由上述规定可以看出，在北魏和隋朝时期，纳税人的赋税水平已经不仅仅取决于纳税人的数量，而是要考虑纳税人的劳动能力；同时，与占田制相比，均田制还进一步将纳税人是否使用耕牛及耕牛的数量、是否雇用奴婢及奴婢的数量也作为影响纳税人实际赋税的调整因素，使税收制度更为公平。这一阶段由纳税人劳动能力决定赋税负担的税收制度与之前只考虑土地肥沃程度或只考虑劳动力人口数量的税收制度相比在税收公平上有了较大的进步。当然，由于封建社会的统治阶级的局限性，拥有社会较大比例财富的地主阶级的实际赋税要低于普通的农民，因为地主的奴婢、牛也可以获得田地，同时地主的纳税标准更低。② 这也是占田制（或均田制）的主要缺陷。

第四阶段，不同的征税等级主要由纳税人不同的财产拥有量决定。其中，具有代表性的是唐代杨炎所提出的"两税法"，其中明确规定："户无主客，以见居为簿；人无丁中，以贫富为差"，即以土地和资产划分户等，按户等高低定出征税的标准，"唯以资产为宗，不以丁身为本"。③ 与第三阶段的税收征收标准相比，本阶段以纳税人的财产拥有量作为衡量纳税人税收能力的主要标准，这比第三阶段以男女性别及劳动力的年龄等作为衡量纳税人劳动能力标准的税收规定更

---

① 孙文学、齐海鹏：《中国财政史》，东北财经大学出版社1997年版，第83页。

② 同上。

③ 陆宣：《陆宣公集卷二十二均节赋税恤百姓六条》，浙江古籍出版社1988年版，第245页。

接近于近现代纳税能力原则标准，更具有实用性和可操作性，推动了唐代以后税收制度的发展，对封建社会的发展产生了重大影响。

然而，任何一种赋税制度都不是尽善尽美的，两税法也是如此。首先，按资产定税，但资产价值难以核实。资产有动产与不动产之分，况且，有的资产虽看起来价格不高但流通性强，增值则较快，而有的资产貌似价格较高但流通性弱，增值则较慢。这就会引起税收负担的不公平。其次，两税法无全国统一的税率，其规定以大历十四年（779）垦田数所应交纳的税收总额为标准，分摊到各州县，再层层分摊到每一农户，由于各地户数和户等不相同，分配到每户等的应纳税额也就不相同，这样就导致全国缺乏确定的、便于理解的统一税率，大大地扩大了税收官吏的自由裁量权，事实上，等于给地方政府乃至下级收税官吏以自由摊派的权力。另外，该赋税制度还造成了本区域（州或县）的应纳税额由其他区域实际负担、个人逃税导致邻居税负增加等其他缺陷。

但无论如何，两税法仍是中国赋税史上的重大变革，其中蕴含的税收公平思想值得我们深入探索。

（二）我国近代税收公平观

从1840年鸦片战争之后，中国由传统的中央集权的封建国家逐步开始向半殖民地半封建国家转变。西方帝国主义的入侵给中国人民带来了深重的灾难，但同时也使西方的现代化生产方式、资产阶级的意识形态被逐步引入到国内，随着众多有识之士的不断学习和研究，我国的税收公平思想也得到了逐步的发展和完善。

鸦片战争后，由于旧税加重，部分有识之士重新提出了以减轻农民税收负担为主体的税收公平思想，即减赋减租。例如，太平天国的"不要钱粮"① 的口号就体现了轻赋税的税收公平思想，当然，需要指出的是，这种税收公平是以平均主义思想为指导的，仍然存在很大的缺陷。为镇压太平天国起义筹集军费所出现的厘金在其后期出现了

---

① 赵靖、易梦虹编：《中国近代经济思想资料选辑》上册，中华书局1982年版，第269—270页。

裁厘宽商的税收改革思想，有利于税收公平原则的实现。而作为掠夺中国财富的重要形式的关税随着中国和外国贸易量的增加也不断上升。因此，当时的资产阶级改良主义者为争取资本主义在中国的发展，积极争取关税自主和修改关税条约，如"中外税收一律"的提法，也在一定层面上体现了税收公平的理念。

随着西方思潮的不断引入，中国的税收理论已经从传统的封建农业为主要征税目标的税收制度逐渐演变到中华民国时期工业、农业并重的税收制度。中国近代也逐渐形成了较系统的税收思想，其中对税收公平问题研究较为深入的学者的主要观点如下：

《财政施政方针》（1912）的作者周学熙[①]较早地运用税收公平的思想分析税收制度。他认为，税收公平的实现路径包括：第一，尽量扩大税收制度的征税范围，以达到税收的横向公平；第二，减轻生产环节的税收负担，以提高效率，实现社会福利最大化，真正体现税收的公平原则。周学熙主张向西方学习，将税收的征收范围由生产、消费逐步延伸到纳税人的一般收入，才是真正的税收公平。比如，对消费征税的税种包括关税等，而仅仅对生产、消费征税的主要弊端体现在忽略了无财产但有收入者的这一块税源，也就达不到税收负担公平的目标。

马寅初[②]认为，中国当时的税制离公平目标相去甚远。归纳起来，理由如下：

第一，土地税制不公平。部分纳税人拥有大量的田地却少税甚至无税，而部分纳税人没有田地却要承担较高的税收负担，导致田与田之间存在税收的不公平；同时，农村土地需要缴纳税收，而城市土地却不需要缴纳税收，导致田与地之间也存在税收的不公平。

第二，一般赋税不公平。田地的生产和收益有限，但却要承担较高的税收负担，而对于企业和个人的利润和利得部分，包括企业利

---

① 周学熙（1866—1947年），字缉之，号止庵，安徽建德人。1912年后曾任北京政府财政总长。

② 马寅初（1882—1982），又名元善，浙江嵊县人，著名经济学家。

润、股息红利、公债的利息、高收入者的工资所得却不用承担相应的应纳税额。

第三，海关对进口所征收关税的课税对象主要涵盖必需品，导致普通百姓的税收负担相对较重。他认为："上述赋税，大都均为平民所付，富人几可称为无税，故其结果，贫富之负担不均。故余认为，改良间接税即所以减轻平民之赋税，增加遗产税、所得税、公司营业税等，以重富人之赋税。此为均富政策之一。"① 马寅初先生的改革设想是很理想化的，但在当时的历史条件下实践的可行性有待进一步探讨。而其降低间接税税负，逐步增加直接税占税负总额比重以实现税收公平的思想仍值得我们借鉴。

总体而言，中华民国时期的税收公平理念选择的是"引进西方理念—试图运用其理论解决问题—尝试建立近代税制"的路径。这具有积极的意义，特别在推进社会进步层面。然而，囿于中国人民头上"三座大山"的压迫，中国的社会经济制度和税收制度难以存在发挥的空间，大部分政策建议仅作"纸上谈兵"，不具有现实的可操作性。

（三）新中国成立以后我国税收公平观

新中国成立以后，由于主要借鉴苏联的发展模式，因此认为，税收仅仅是获得财政收入和改造资本主义私有经济的重要工具，税收理论研究未能得到应有的重视，主要运用税收工具对公有经济和私有经济区别对待，根据所有制加以区别的税收制度的体现，就是税收负担私重于公、小公重于大公、小公内低级形式重于高级形式。企业应缴纳税收的观念几乎被否决，让位于上缴利润，税收的再分配调节作用无从发挥，税收公平问题也就更缺乏研究的价值。

党的十一届三中全会确定了改革开放的大方向之后，税收制度开始逐步发挥其原有的重要作用。理论界和实务界都逐步认识到税收的重要作用，按照所有制加以区别的税收制度得到改善，公有制经济和非公有制经济都已经被公认为我国经济的重要组成部分，都是我国经

---

① 马寅初：《吾国税制亟应适用均富政策》，《民国日报》（双十增刊）1927 年第 10 期。

济社会发展的重要基础。① 如何充分发挥税收的收入分配作用，在保障市场运行效率的基础上实现税收公平，最终达到社会福利的最大化目标就成为社会主义市场经济所必须解决的重要问题，如何坚持以公平为价值取向进行未来税收制度的调整和改革也就成为亟待研究的重要问题。笔者拟在下文中继续详细讨论。

第三节 三维度税收公平目标的价值重构

一 和谐社会下中长期税制选择的哲学基础

税收是宏观经济调控和收入再分配的重要工具，与人们的生活息息相关。政治科学强调价值中立，但税收作为一种分配关系，应给予道德评价，税收公平程度直接影响全社会的公平程度，影响社会的和谐程度。税制改革是在特定的约束条件下，面对未来做出的政策选择，但理论上针对税制的分配公平的研究并不多见，也不系统，缺乏对推动税制改革所做出相应的哲学思考。

与此同时，从传统的税收公平价值评判上来说，也存在明显的局限性：一是覆盖内容不够全面。仅就税收负担来讨论税收公平，实际上是远远不够的。因为，税收公平不仅事关财政问题，更涉及哲学和社会学领域，若简单地从某一单一学科的角度来理解税收公平问题，难免挂一漏万，影响对这个问题的全面理解。因此，对税收公平问题的分析应在经济学的基础上，综合考虑社会学、伦理学及法学等相关学科知识，尽量捕捉各学科研究在税收公平问题上的交织点来深入透视其内在实质。二是思考维度不够丰富。广义上的税收公平应该超越社会维度（征税人与纳税人之间、自然人与自然人之间、法人与法人之间）的公平问题，对税收公平问题进行进一步的，涵盖地理维度和历史维度的思考和拓展。

---

① 参见党的十八届三中全会通过的《中共中央关于全面深化改革若干重大问题的决定》。

　　下面我们即尝试以伦理学的视角来审视税收公平。多年来，伦理学和经济学学科分别向专业化方向发展，在深化各自领域研究的同时，导致"税收"逐步从伦理学领域的研究进入经济学领域的研究，进而进入实证经济学的研究领域，伦理学的相关研究却日渐式微。总体来看，伦理学研究领域的缺失却无法改变一个基本事实：税收是作为一种道德存在的。诚如布坎南之言，在建设正义的现代社会的今天，回归"对税收秩序的伦理学研究""或许是我们的第一要务"。①

　　伦理学最大的贡献之一便是关于公平问题的探讨，认为公平原则是社会治理最重要的道德原则，任何社会活动都应遵从公平原则行事；无论以公平为首要价值取向的法律活动，还是以效率为首要目标的经济活动都是如此，税收问题既要符合法律活动的公平价值取向，也要符合经济活动的效率价值取向，自然需要符合伦理学的公平道德原则。由于税收是政府实现宏观经济调控的主要经济手段，其所发挥的收入再分配作用也毋庸置疑，这使税收与国民经济各方面均息息相关，既影响人们的经济生活，也影响人们的社会生活。因此，税收是否公平对一个国家的社会经济稳定产生重要影响。

　　约翰·洛克（John Locke）在《政府论》中认为，政府是"必要的恶"，与亚当·斯密的观点相似。他认为，政府职能应该是有限的，用于约束政府的应该是法治，尤其要保障包括生命权、财产权、自由权在内的最基本人权，人民在法治之外，还可以拥有"革命"权来回击政府的强权。② 税收伴随国家、政府的产生而产生，是一种重要的道德存在。那么，作为政府收入最重要组成部分的税收，其德行的界定应该如何呢？

　　以奥地利经济学派代表人物穆雷·罗斯巴德（Murray N. Rothbard）为首的学者认为，税是一种纯粹的不必要的恶。罗斯巴德提

①　［美］詹姆斯·M. 布坎南：《宪法秩序的经济学与伦理学》，朱泱译，商务印书馆2008 年版，第 327 页。

②　［英］约翰·洛克：《政府论下篇——论政府的真正起源、范围和目的》，叶启芳等译，商务印书馆 1964 年版，第 77—80 页。

出，从历史来看，税收从其诞生之日起就是一种恶，因为如果和黑社会集团相比，两者均需要对自己的收入和支出进行计划，两者之间仅仅是规模和程度上的差异，而且有可能相互转化，因此，税收是一种恶。① 同时，罗斯巴德还进一步指出，税收不仅是一种恶，而且这种恶无论用多聪明的管理方法都无法消除。因为一旦税收本身是一种恶，就意味着其不公平，因此，无论如何精致的制度设计，都不能改变其本身的不公平状态。所以，从税收的立法、执法过程来看，无论怎么努力都不可能将本质为罪恶的税收改革为本质为公平的税收，也就是税收本身所固有的道德缺陷是永恒的。而以詹姆斯·布坎南为代表的"必要之恶"论者则认为，罗斯巴德关于税收公平不可能的论证，其基本逻辑是有缺陷的。罗斯巴德在分析税收公平时遵循"价值标准的二分法"，即由个人内生偏好推导出效率标准，成为税收评价的"内部价值尺度"；从外部来源推导出公平标准，成为税收评价的"外部价值尺度"。事实上，公平和效率是矛盾的统一体，在一定条件下可以打破完全对立的局面，达到和谐共存。因此，税收公平的实现完全有可能。当然，前提条件是国家在立法确定税收制度时意识到税收之恶，有意识地通过制度设计进行调整，在结合国情具备可操作性的情况下实现预定程度的税收公平。赞成此观点的学者包括大卫·休谟（David Hume）、约翰·洛克、约翰·穆勒以及我国学者杨斌（2010）等。税收既是一种"必要之恶"，那么税收公平就是有可能实现的。

既然税收公平被论证为可以实现，那么，我们在进行税收改革的前瞻特别是对中长期税制改革进行方案拟订时，必须要考虑税收天然的道德属性，将税收公平目标作为我国税制改革政策选择的价值取向，并以税收公平优先，兼顾税收效率，以此奠定和谐社会下税制选择的哲学基础。

---

① ［美］穆雷·罗斯巴德：《权力与市场》，刘云鹏等译，新星出版社 2007 年版，第88—140 页。

二　和谐社会与和谐税收

（一）和谐社会理论

2005 年，胡锦涛在省部级主要领导干部提高构建社会主义和谐社会能力专题研讨班上发表的重要讲话，初步建构了"社会主义和谐社会"的理论体系。党的十六届六中全会通过的《中共中央关于构建社会主义和谐社会若干重大问题的决定》（以下简称《决定》），标志着和谐社会理论的正式创立。党的十六届六中全会通过的《决定》，将构建社会主义和谐社会的现实依据界定为"新世纪新阶段，我们面临的发展机遇前所未有，面对的挑战也前所未有。2016 年 12 月 16 日，中央经济工作会议落幕，在对 2017 年的经济发展要求中，会议提出，要促进经济平稳健康发展和社会和谐稳定。把构建和谐社会作为未来发展的愿景，这是中国特色治国纲领的一种"新的社会理想"。①

改革开放 30 多年来，中国社会总体上是和谐的，但也存在不少影响社会和谐的矛盾和问题。经济改革和社会转型使发展活力被激发，但与此同时也危及了传统的公平性和安全性。社会和谐是中国特色社会主义的本质属性。我们要构建的社会主义和谐社会，是在中国特色社会主义道路上，中国共产党领导全体人民共同建设、共同享有的和谐社会；是经济、政治、文化、社会建设协调发展的社会，是人与人、人与社会、人与自然之间整体和谐的社会。

（二）和谐税收的内涵

和谐税收是和谐社会构建的重要组成部分。社会主义和谐社会的建设，必将为税收工作提供公平、稳定、有序的执法环境。同时，支持和谐社会构建是税收的一项重要职能。社会主义税收的本质是"取之于民，用之于民"。税收通过筹集财政收入、调节分配、调控经济职能的发挥，为维护政权的稳固、经济的繁荣和社会的稳定和谐起到了重要作用。

时间回到 2008 年 10 月，彼时学习实践科学发展观活动中，国家税务总局党组提出了构建和谐社会背景下的"服务科学发展，共建和

---

① 胡鞍钢：《构建一个公平正义的和谐社会》，《中国改革》2005 年第 10 期。

谐税收"的口号，这是"和谐税收"的理念第一次被明确提出。学者秦华（2007）认为，经济、诚信、法治、生态、效率等理念是和谐税收的基本内涵。[①] 笔者认为，对于"和谐税收"的涵盖内容，应当站在更高的层面上，予以认识与理解。党的十八届五中全会提出"创新、协调、绿色、开放、共享"五大发展理念，集中体现了"十三五"乃至更长时期我国包括税收工作在内的发展思路和发展方向。结合我国国情，笔者认为，和谐税收主要是指按照社会主义和谐社会的要求，结合五大发展理念，建立促进社会福利最大化的税收法律体系、税收管理体系、税收文化理念，促进税务系统、社会、纳税人的和谐共赢发展。

（三）和谐的社会环境下的税收

和谐税收应该能够得到一定社会环境中的征纳双方的理解和支持。也就是说，税收的相关各方在和谐的社会环境下更能相互理解、相互支持，这个环境是税收工作不断可持续发展的重要保障。同时，和谐的社会环境也需要良好的税收制度来促进，因此，营造和谐的税收环境是对和谐社会环境下税收工作的基本要求。

从创新发展的角度来看，要求征税人始终把创新摆在首位，以创新的思路解决纳税服务中的突出问题，坚持"互联网＋税务"思维，为纳税人提供便捷高效的涉税服务，树立现代纳税服务理念。

从协调发展的角度来看，要求政府通过优化现行税收政策，同时出台新的促进城乡区域、经济社会持续协调发展的税收政策，确保各地区、各行业协调发展。

从共享发展的角度来看，应通过改革和完善税制，进一步发挥税收调节收入分配的杠杆作用，在继续强调发展效率的同时，更多地兼顾社会的公平与正义，促进创业、拉动就业，汇聚发展动力，增进社会和谐，走向共同富裕。

（四）区域间和谐发展的税收

要达到"区域间和谐发展"的目标，必须完善区域协调发展的机

---

① 秦华：《构建和谐税收的思考》，江西省九江市人民政府网，http：//www. jiujiang. gov. cn，2007 年 9 月 2 日。

制设计。首先应对以前我国区域发展的总体战略根据目前的经济"新常态"进行总结、梳理，从全国协调发展的角度对进一步促进各区域协调发展的具体目标、战略、规划、政策、相关管理体制细化规定。作为重要的政策工具，税收体制自1994年分税制实行后，进一步加强了中央的集权和财力，但也造成各区域和中央及各区域内部各层级财权和事权不匹配，各区域之间财政收入差距逐渐增大的问题，因此，在进一步完善转移支付政策，根据新《预算法》规范和扩展各地区政府债务发行的基础上，需要进一步规范税收的区域优惠政策，进一步研究区域间税收公平政策。这是促进区域和谐发展的一个非常重要的内容。

从开放发展的角度来看，要求征税人创新税收服务理念和服务举措，继续吸引高水平、高层次外资企业进入；同时鼓励国内纳税人"走出去"，深度服务自贸区发展，打造新时期、新常态下新的对外开放"桥头堡"，以开放促创新，以开放促改革，以开放促增长。

（五）人与自然和谐下的税收

在"十三五"期间，要实现人和自然的和谐相处。目前，国家已发布"水十条""土十条"等规章制度试图对大气污染、水污染、土壤污染等问题分步骤解决以实现人与自然的和谐，而作为重要的政策工具，税收是全球公认的建立良好的自然生态环境的手段。尤其是环境税等特定的税种有利于环境友好型及资源节约型社会的建立。"十三五"期间，结合中国的具体国情，应继续协调加快发展，资源节约，环境保护等方面的关系，在颁布环境保护税法后，有效地开征环境保护税，从国家发展战略和可持续发展的高度，全面推进这项工作。

从绿色发展的角度来看，针对当前经济发展中逐渐积累的环境问题，征税人不仅要在税收政策制定和调整的初始阶段更多地考虑环境保护因素，也要用税收杠杆鼓励环保产业，惩治污染行为，最终形成人与自然和谐发展的现代化建设新格局。

笔者认为，在新历史条件下我国税收发展必须要结合五大发展理念，考虑与处理好上述三个层面，三者共同构成了和谐社会下"和谐税收"的重要内容，缺一不可，同时，这也应成为未来相当长的一段时期内我国税收发展的重要主线。

三 税收三维公平价值及其子维度的构建

笔者认为，鉴于构建社会主义特色和谐社会背景下"和谐税收"的多层次内涵，加之税收公平的复杂性，因此，税收公平目标的含义不是单一维度的，而是多维度的；不是单一层次的，而是多层次的，笔者试图对税收公平价值进行重构，建立起税收人际公平（社会维度）、税收区域公平（地理维度）和税收代际公平（历史维度）三个维度上的税收公平目标架构。

（一）南希·弗雷泽理论的借鉴

毋庸置疑，在西方伦理学乃至当代政治哲学的发展中，罗尔斯的《正义论》都产生了巨大而深远的影响。但是，以罗尔斯为代表的哲学家们有一种研究倾向，即过分强调经济领域中的分配公平，即社会利益和负担在社会成员间的恰当分配。美国著名政治哲学家南希·弗雷泽（Nancy Fraser）认为，"公平"并不等同于"分配公平"，她将批判理论、女性主义与解构主义相结合，构建起一个多元视角的公平理论，即分配公平、文化公平和政治公平。南希·弗雷泽认为，经济、文化、政治是社会的三个主要领域。相应地，公平理论也应该包含经济、文化、政治三个维度。弗雷泽用再分配、承认和代表权来概括这三个维度，并用参与平等原则统摄三者，形成了其独特的"一元三维"正义框架。[①]

在南希·弗雷泽的公平理论中，再分配公平属于经济维度的公平。[②] 在实践领域中，社会财富的分配问题，尤其是政府主导的再分配问题往往受到人们最多的关注，这种围绕福利、资源、收入等物质利益展开的公平目标，即是公平中的再分配公平。它对人们的现实生活和公平的实现仍然具有重大影响，仍然占据社会公平实践的核心。

---

① ［美］南希·弗雷泽：《正义的尺度：全球化世界中政治空间的再认识》，欧阳英译，上海人民出版社 2009 年版，第 5—6 页。
② 同上书，第 12—15 页。

弗雷泽公平理论的文化维度的公平，即"承认正义"。[①] 在日常生活中，普罗大众对于"公平"的体验总是同个体或群体之间的相互"承认"密切相关。"承认正义"主要是围绕着性别、民族、族群、宗教、性取向、文明等身份差异而产生的（笔者拟将这一概念拓展到地区的发达程度差异和因"不在场"而成为"弱势群体"的代际差异进行税收公平的讨论）。20 世纪 70 年代以后，社会运动的主导力量即主要是为"承认"而进行的斗争。最典型的承认斗争就是弱势群体的"身份政治"或"认同政治"，包括多元文化主义、解放策略和新社会运动的议会外活动者的承认斗争。为了回应新的社会运动，"承认"被赋予新的生命力，用于地位和差异斗争的概念化，以此承认群体差异、消除压迫。

弗雷泽公平理论的政治维度，即代表权正义。[②] "政治"在此处是一个广义的概念，泛指人们参加一般性的集体决策的活动和关系。"政治公平"强调做出集体决策的程序和过程，而不是决策结果。决策结果主要针对社会中的实际的分配方案和文化结构。因此，在弗雷泽的公平理论中，政治公平强调的是过程，而文化公平强调的是结果。"承认"关系也体现在政治决策程序和过程中，不够完善的决策程序和过程常被认为是"拒绝承认"，这被称为"程序公平"，如果某种决策程序和过程使部分相关人群被排斥，那么，在公共决策中，他们被作为自主的人所得到应有尊重的感受就弱，就发生了"政治不公平"。

（二）税收公平的三重维度及子维度

诚然，税收作为国家进行宏观经济调控的不可或缺的重要手段，通常被认为属于政府主导的再分配领域。但是，正如前文所述，由于税收所具有的天然的多学科属性，因此，税收公平问题的分析应在哲学、经济学的基础上，综合考虑政治学、社会学、伦理学及法学等相

---

① ［美］南希·弗雷泽：《正义的尺度：全球化世界中政治空间的再认识》，欧阳英译，上海人民出版社 2009 年版，第 12—16 页。

② 同上书，第 17—18 页。

关学科知识，尽量捕捉各学科研究在税收公平问题上的交织点来深入
透视其内在实质。因此，笔者在构建三维度税收公平理论框架时，吸
收借鉴了南希·弗雷泽的公平理论观点，将税收公平划分为基本维度
的税收人际公平、税收区域公平及税收代际公平，并在每一个基本维
度下细化为两个子维度，力图构建起一个较为全面的、反映人们道德
经验的税收三维公平范式，具体如表1-1所示。

表1-1　　　　　　　　税收公平的三重维度及子维度

	基本维度	子维度	备注
税收公平	税收人际公平（社会维度）	政治公平	征税人与纳税人之间的公平
		分配公平	自然人公平、法人公平
	税收区域公平（地理维度）	分配公平	税收与税源间的区域合理负担
		文化公平	经济欠发达地区的"承认正义"
	税收代际公平（历史维度）	分配公平	资源、财富在代际的合理分配
		文化公平	"不在场一代"的"承认正义"

　　就税收公平三个维度的内在逻辑而言，一个社会有不同的面向，
税收公平也有不同的面向，描述它们的范畴也应该是多元的，包括表
1-1的税收人际公平、税收区域公平和税收代际公平。

四　税收人际公平价值解析

　　税收人际公平目标中的"人"是广义上的概念，其外延不仅包含
法律上的自然人、法人，更包含征税人与纳税人群体。因此，税收人
际公平目标意欲实现，不仅要解决纳税人之间权利与义务的公平分配
问题，更要解决征税人与纳税人之间权利与义务的公平问题，也即要
实现公民的纳税义务与政府的履责义务之间的对等。

　　笔者认为，税收人际公平至少应包括两层含义：第一层税收人际
公平含义指的是征税主体和纳税主体之间的权责公平，强调"政治公
平"；第二层税收人际公平含义指的是纳税主体之间的权责公平，包
括自然人之间的税收公平和法人之间的税收公平，强调"分配公平"。

　　第一层税收人际公平含义，即征纳主体之间的权责公平是纳税人

之间权利与义务公平的前提和基础。因为，税收收入的总量即纳税人义务的总量的一个根本决定性因素是征税人（政府）与纳税人之间权利与义务的公平。如果征税人（政府）的权利与其相应的义务不能对等，由于在征纳双方关系中征税人是相对强势的一方，因此很容易破坏全社会的公平机制，而征税人的权责不对等往往和监督约束制度缺失并存，即会放大这种不公平，容易造成这种不公平状态的累积和扩张，这种不公平状态的持续，可能还会诱发社会的不稳定因素，进而对社会稳定、财产安全造成威胁。① 因此，税收人际公平原则必须突破传统的仅仅分析纳税主体之间税收公平的分析框架，进行更全面的分析，既要考察纳税主体之间的税收公平问题，还要考察征纳主体双方的税收公平问题。理论诠释方面，至少包括以下三个研究视角：

（一）从"国家分配论"到"公共财政说"——我国税收人际公平的财政学视角

新中国成立至今，我国就财政本质问题的研究，主要有三个观点，分别是国家分配论、社会共同需要论和公共财政论。

20 世纪 50 年代末 60 年代初，中国财政学界初步形成了"国家分配论"的主流地位，该理论的主要内容是：第一，财政和国家有本质联系；第二，财政参与社会分配；第三，财政分配的主体是国家。该理论强调国家职能需要的满足，同时，由于国家的需要无穷大，可能会导致财政缺乏客观定量。

改革开放后，伴随着西方财政理论传入国内，对"国家分配论"的争论开始出现，这些新的理论流派结合了当时经济、社会、财政转轨变型的实践探索与丰富信息，"社会共同需要论"就是其中具有代表性的观点。该理论不认为，财政与国家是共生关系，而认为财政的出现先于国家，国家财政与其所研究的财政总体是局部和整体的关系。此种理论认为，社会共同需要与财政之间有着本质上的联系，财

---

① 姚轩鸽：《税道苍黄——中国税收治理系统误差现场报告》，西北大学出版社 2010 年版，第 268 页。

政本质上是一种以社会或社会代表为主体的集中化的分配方式。①

20 世纪 90 年代，源于西方的"公共财政论"在我国财政学界开始得到关注。公共财政论指出，财政作为一种社会分配方式，其目的是筹集资金以满足社会公共需要，因此，政府存在的主要作用不是管制，而是对市场失灵的缺陷进行弥补，为市场主体创造平等的市场竞争环境，并公平地提供公共产品和服务。"公共财政论"虽然强调国家应为社会提供公共产品和公共服务，纳税人的主体地位仍然没有突出。

以上三种观点都强调财政问题研究的主体是国家，忽视了纳税人在一系列财政实践活动中的主体地位，忽视了征税人与纳税人在权利与义务上的本质对等关系。现在，我们强调以人为本，科学发展，构建和谐社会，财税理论研究同样应以纳税人为本，和谐社会下"税收人际公平目标"成为题中应有之义。

（二）法学视角下的税收人际公平——税收法律关系的渐进改变

法律关系是指由法所规范，以权利义务为内容的关系。② 一般而言，通常法律关系是由彼此对立或者互相关联的各种权利与义务所构成。③ 也就是说，依照税法规定而成立的权利义务关系，就可称为"税收法律关系"。

德国行政法学者奥托·迈耶（Otto Mayer）最早对税收法律关系性质提出讨论，以他为代表的传统行政法学派提出，财政是税收法律关系的基础，国家的权力高于公民，公民必须服从。④ 在当时的专制时代，公权力的优越性受到高度强调，对于税收法律关系的认定，属于一种单方的权力服从关系。此学说侧重于强调税收征纳机关的公权力行使，以核定及征收租税之程序问题等带有命令服从性质的行政行为。即便是所有征税的法律要件均符合条件，若无行政机关的决定，

---

① 闫坤、于树一：《对"国家分配论"与"社会共同分配论"的重新认识与思考》，《中国财政》2008 年第 21 期

② 王泽鉴：《民法总则》，（台北）三民书局 2004 年版，第 87—88 页。

③ 陈清秀：《税法总论》，（台北）翰芦出版社 2004 年版，第 309 页。

④ 刘剑文、熊伟：《财政税收法》第四版，法律出版社 2007 年版，第 145 页。

纳税人就没有纳税义务。①

因此，税收法律关系被认为是一种以行政行为为中心的权力服从关系，其性质与其他行政法并无二致。② 税收是个人对于国家的一种义务，国家为了实现其职能，必须向人民强制课征税收，税收具有强制性和无偿性，实际上税收就是一种人民对于国家的被动义务。

1919 年，德国《帝国税收通则》制定后，关于税收法律关系的性质认识开始出现了转折。该法第 81 条③以"债务"的概念来对于税收进行定义，并对于税收的成立和确定进行了区分，对于税收法律关系的发展提供了一种新的思路。④ 在此之后，以艾伯特·亨泽尔（Albert Hensel）为代表的学者对于税收债务关系说进行了深入研究，指出税收法律关系是公法上的债权债务关系，其确认不是由征税主体决定，而是由课税要件是否满足为必要条件。⑤

税收法律关系性质的二元论传入国内后，税法学界进行了深入探讨，在理论研究上取得了长足进展。学者刘剑文提出"分层面关系说"，其在抽象的层面，将税收法律关系的性质整体界定为公法上的债权债务关系，在具体层面则将税收法律关系的性质分别界定为债务关系和权力关系。⑥ 并且刘剑文提出，税收法律关系包括税收三方主体（纳税主体——公民；实质征税主体——权力机关所代表的国家；形式征税主体——征税机关）、税收客体（可归纳为"税收利益"）、四重法律关系（税收宪法性法律关系、税收征纳法律关系、税收行政法律关系、国际税收分配法律关系）所构建的两层结构。

上述税法学界对于税收法律关系的不断深入探讨，对于厘清并重构税收公平价值意义深远。从征税人凌驾于纳税人之上的"税收权力

① ［日］金子宏：《日本税法原理》，刘多田等译，中国财政经济出版社 1989 年版，第 19 页。

② 刘剑文、熊伟：《财政税收法》第四版，法律出版社 2007 年版，第 146 页。

③ 该法明文规定：税收债务在法律规定的课税要件充分时成立，为确保税收债务而确定税额的情形不得阻碍该税收债务的成立。

④ 刘剑文、熊伟：《税法基础理论》，北京大学出版社 2004 年版，第 64 页。

⑤ 刘剑文：《财税法专题研究》第二版，北京大学出版社 2007 年版，第 164 页。

⑥ 刘剑文：《税法学》第三版，北京大学出版社 2007 年版，第 73 页。

关系说"到强调公民与政府权责对等的"债权债务关系说"，其中所蕴含的不仅仅是税法的法律本质的探讨，也衍生出税收公平价值应追求的高层次目标——税收人际公平，即公民纳税与政府履责的对等，及纳税主体之间权责的公平。因此，税收人际公平使税法学对于税收法律关系的探讨与税收人际公平的建构在此得以统一。

（三）税收人际公平的子维度价值解析

如前文所述，在税收的人际公平维度中，"征税人"群体与"纳税人"群体之间，所应力求达到的子维度公平是"政治公平"。"政治公平"强调集体决策的程序和过程的公平性，在税收关系中，"政治公平"首先是指"征税人"和"纳税人"群体在处理全部税收问题时都应该落实税收法定原则，内容覆盖税种法定、税收要素法定和税收程序法定。换言之，第一，税种必须由法律予以规定；一个税种必定相对应于一部税种法律；非经税种法律规定，征税主体没有征税权力，纳税主体不负缴纳义务。第二，税收要素法定。这指的是征税主体、纳税主体、征税对象、税率、纳税环节、纳税期限和地点、减免税、税务争议以及税收法律责任等内容必须法定。第三，程序法定。其基本含义是，税收关系中的实体权利义务得以实现所依据的程序要素必须经法律规定，并且征纳主体各方均须依法定程序行事。

"政治公平"在税收关系中还应体现为纳税人权利的充分实现。总体而言，纳税人权利的充分实现应体现为：纳税人的自由不被征税人的征税行为所侵害，纳税人的自由应随着税款的使用而有所增进。即追求自由是公民的基本权利，同时，纳税人在税收关系中所应该享有的各项权利恰恰是其在税收活动中追求自由的保障。① 除此之外，税收人际公平既有其经济意义上的公平含义，也应涵盖社会意义上的公平价值。需要注意的是，长期以来，无论是税收学界还是税收实务界，都将关注的重点局限于税收征管阶段纳税人享有的权利，如纳税人的知情权、申诉抗辩权、复议诉讼权等，而鲜见提及纳税人在用税

---

① 潘雷驰：《纳税人权利对纳税服务边界影响的研究》，《税收经济研究》2011 年第 1 期。

阶段的权利，尤其是纳税人的监督用税权。"税收是庶政之母"，纳税人以牺牲自己的财产为代价支撑起整个国家权力体系的运作，自然有充分的理由要求国家为自己提供高质量的服务。与此相应，纳税人也完全有权利监督政府的用税权。

无论是自然人之间，还是法人之间，都应追求的子维度的税收公平则是"分配公平"，这既体现为经济意义上的公平①，也体现为社会意义上的公平。

税收经济意义上的公平，主要指的是为社会的基本生产群体营造公平的竞争环境，使无论是企业还是个人的纳税人在面对同等竞争主体时，在相同的收益情况下所缴纳的税收应一致，也就是保障等量的收益会缴纳等量的税收，最终归于所有者的最终报酬也等量。这种等量报酬征收等量税收的原则并不意味着是吃"大锅饭"，由于在社会主义市场经济下包括劳动力、技术、资金、经营等要素的等量投入并不一定意味着产生等量的收益，因此税收经济意义上的公平恰恰促进了优胜劣汰，促进了企业和个人等纳税人生产的效率，维护了公平竞争的市场机制。经济意义上的公平有利于市场机制的发展和完善，而社会意义上的公平有利于社会的和谐和稳定。由于存在市场失灵现象，导致社会上会产生贫富差距加大等问题，不利于整个社会的平稳发展。因此，税收同样需要实现社会意义上的公平，以充分发挥税收的收入分配调控职能，在促进经济发展的同时尽力缩小收入差距和两极分化，保障社会范围内的收入分配相对公平。②

具体而言，在高度发达的市场经济条件下，极不公平的市场收入分配格局会因特权、垄断、占有自然资源差别等不平等竞争而形成。由于上述自然资源权利和社会资源权利的差异，必然导致各生产成员对生产要素的占有存在较大的差异，这样由于初始占有资源不平等，即使保障了公平竞争的市场经济环境，整个社会的成员间的收入水平差距也会逐渐拉大，尤其在经济危机等周期性事件来临时，会进一步

---

① 王国清、朱明熙、刘蓉：《国家税收》，西南财经大学出版社2001年版，第40页。
② 同上。

加剧两极分化，对社会稳定产生威胁。因此，税收在考虑充分实现税收的经济公平目标的基础上，还需要考虑社会公平目标。政府仍然需要通过课税机制缩小贫富差距，结合社会福利及社会救济等手段，才能有效地促进社会公平，维护社会稳定。

五　税收区域公平价值解析

税收区域公平能否实现，反映了一国或一个地区各个地方政府之间的税收公平能在多大程度上实现。因为政府之间的税收公平是一个税收权力公平分配的问题，它是税收公平体系中不可忽视的重要组成部分①，缺失这一公平，税收公平体系在广度上的分析探讨就无从谈起。

（一）税收区域公平的内涵

自我国 1994 年实行分税制改革后，重新划分了中央和地方的财权和事权，在中央财权不断扩大的同时，地方税收收入也实现了迅猛的增长。但分税制改革只厘清了中央和省一级地方政府的税收纵向分配关系，省与省之间或同一省份内各市、州政府之间的税收横向分配矛盾加剧，税收区域公平问题凸显，已经严重影响到区域经济的健康发展。2014 年 6 月 30 日，中央政治局审议通过了《深化财税体制改革总体方案》，方案明确提出"要调整中央和地方政府间财政关系，建立有利于社会公平、科学发展和市场统一的税收制度体系"。可见，解决好税收区域公平问题，是一场立足全局、着眼长远，事关国家治理体系和治理能力现代化的深刻变革，对于财税体制的深化改革，对于现代财政制度的建立意义重大。

税收横向分配不公平主要表现为区域间税收与税源的背离，导致税收收入在各区域间出现再分配的现象。税收移入区通常为发达地区，它们获取的实际税收要大于应征税收；税收移出区通常为欠发达地区，它们获取的实际税收要小于应征税收。这种背离现象的出现不仅会对区域税收征管和公共物品的供给带来影响，还会出现贫者越

———————

① 姚轩鸽：《税道苍黄——中国税收治理系统误差现场报告》，西北大学出版社 2010年版，第 269 页。

贫、富者越富的"马太效应"，从而造成税收区域不公平的问题。首先，税收与税源的背离易引起区域间税收归属的纷争，造成税收管理的低效率。其次，税收移入区的财政能力加强，可支配收入增多，相关公共产品的供给增多，当地人民的生活质量也会随之提高；税收移出区的财政能力减弱，可支配收入减少，公共产品的供给可能会不足，不利于人民生活质量的提高。最后，税收与税源的背离会进一步拉大发达与欠发达地区的经济发展差距，不利于全国同步实现小康、不利于先富带动后富、不利于区域间协调公平发展的客观要求。

（二）实现税收区域公平的意义

税收作为参与社会产品分配的工具，主要通过影响以资本流动、劳动力供给、技术创新为代表的经济要素来传导其对区域经济发展的影响，从理论分析看，主要体现在以下几个方面：

1. 引导区域投资方向

税收作为投资软环境的一个重要组成部分，影响着区域经济发展的投资环境和投资吸引力。在其他因素已定的情况下，税收通过税负影响投资者税后收益来达到引导区域投资的目的，税负较高，投资者的税后收益就少一些；税负较轻，投资者的税后受益率高。投资者往往把税收作为经营成本的一部分，所以，一般选择投资税负较低的地区，以实现利润最大化。因此，税收区域公平的实现有益于帮助实现国家区域投资方向的导向。

2. 实现区域社会公平

可以通过对高收入者课征高税收缩小收入差距，而且还可以从发达地区多征收一部分税收，通过财政转移支付的方法减轻发达地区和欠发达地区的区域发展不平衡状况，改善欠发达地区的经济和收入分配情况，以便推动各区域的经济协调发展。促使各区域公共服务水平的均等化，平衡各区域财政能力，缓解"公平与效率"之间的矛盾，通过税收区域公平的实现，来达到实现社会公平的目的。

3. 优化区域产业结构

首先，合理设置税收、税目、明确各税种调节的具体范围，通过对税源、税基的影响来发挥税收调节产业结构的职能，扶持短线，限制长线。

其次，通过差别税率影响投资方面来实施对产业结构的影响。

最后，通过税收减免及管理上的差异调整产业结构。产业税收政策能在不破坏行业内的市场公平竞争的条件下促进区域经济的协调。

（三）税收区域公平的子维度价值解析

在税收区域公平维度中，"分配公平"主要是指税收和税源之间的合理负担。税收要对任何人、任何区域没有任何偏袒，税收负担要适中。税收与税源的非均衡，一方面，会导致地方公共物品的提供出现扭曲，降低居民福利；另一方面，会导致地区产业结构发展不平衡，产业升级缓慢。无序的税收竞争会导致经济的社会净损失，对地方经济发展和财政收入产生不良影响。

在税收区域公平价值中，"文化公平"则侧重于强调经济欠发达地区的"承认正义"。"税收是财富分配的利器"，经济决定财政，财政反作用于经济的原理告诉笔者，税收收入的最终来源基础是经济，经济情况越好的地区，提供的税收收入就会越多；经济情况欠佳的地区，提供的税收收入就会越少。[①] 从理论上讲，规模相同的经济总量应该提供规模相似的税收收益，即经济规模相同的区域应该分得的税收收入相同。但在经济生活中，由于税收无序竞争、企业跨区经营、税制设计不够合理等现实情况，欠发达地区在税收上所做的贡献却时常不能得到公正的"承认"，导致相关区域之间税收与税源出现背离，产生税收区域分配不公现象。

具体到我国，要实现税收区域公平价值，应该着力于扭转税收移入区域大部分集中在东部发达地区，而税收移出区域主要集中在中西部欠发达地区的现状，纠正区域税收与税源背离的现状，尽力实现税收区域公平的"分配公平"要求和"承认正义"要求。

六 税收代际公平价值解析

笔者认为，截至目前，在我国税收公平的研究范畴中，代内税收

---

① 杨杨、王立：《税收负担与税收弹性的实证分析——以贵州省 1978—2011 年数据为例》，《会计之友》2013 年第 24 期。

公平往往是众多学者研究的对象，而代际税收公平则往往因解决当前问题效率性较低的原因而受关注度不足。税收代际公平研究的缺失会影响税收公平问题研究的全面性和完整性，也会降低税收公平对社会的持续影响力。

笔者对于税收代际公平的讨论拟分为两个层面进行：第一个层面，我们将在第五章中通过实证研究，分析我国现行税制下税收代际公平是否实现的问题；第二个层面，也是更为重要的一个层面，是本书将试图梳理出政府怎样使用税收这个工具，从而更快、更好地逼近自然资源传承的代际公平目标和社会财富沿袭的代际公平目标。

（一）代际视角与公平的维度

人类的文明进步是在公平的基础之上发展起来的，公平是公正与平等的集合体，从经济学的角度看，公平体现的是一种原则，反映了不同时期、不同场合一定的主体应当享有的权利，保证社会成员应该履行的义务。

1. 代际公平的含义

对于代际公平的定义，学者们从不同的角度进行了界定。廖小平（2004）从时域角度定义，将代际公平分为在场人和不在场人之间的代际公平。[①] 前者强调活在当下的人，指的是一种社会的纵向代际关系，如父母和子女之间。后者指的是已经出生的人与未出生人之间的公平关系。卢黎歌、李小京（2012）从伦理的角度定义了代际公平，他们将代际公平与生态文明建设相挂钩，指出代际公平是为了实现人类文明的传承与发展，保证处于同一社会的不同代际人群和谐相处，有效地解决社会矛盾，代际权利和义务能够合理地划分。[②] 学者在代际公平的研究上提出了各自的观点，其交集之处即为后代人代言，并从时域、资源、环境、伦理、可持续发展角度指出实现代际公平具有重要意义。

---

① 廖小平：《伦理的代际之维》，人民出版社 2004 年版，第 211 页。
② 卢黎歌、李小京：《论代际伦理、代际公平与生态文明建设的关系》，《西安交通大学学报》2012 年第 7 期。

代际公平的研究中，由于代际间的权利主体无法同时在场，当代人消耗利用的资源无法通过科学技术手段进行量化，后代人在其生存的发展空间对于已经消耗的资源使用权丧失，而对于后代人需求得不到满足而丧失的利益无法进行评估，故公平在代际角度无法精准划分。代际公平意欲实现，应在扣除后代人受到时代变迁、人口问题、经济发展程度等因素后，将后代人与当代人放在同一个平台上进行决策，只有当代人的决策行为至少会对后代人带来"利大于弊"的效果并兼顾到后代人的发展方向时，该项政策或决定才可实施，才能够实现代际间在发展平台、资源共享上的公平性。

综上论述，笔者将代际公平定义为：人类世代之间在自然资源、文化遗产、社会贡献度、财富、收益等方面均达到公平的分配，需要将当代人与后代人放在同一个平台上，实现权利与义务对等。

2. 税收代际公平的含义

传统意义上的税收公平主要是指税收的代内公平，即国家在征税的过程中应该保证税负与个人负担税款能力的对等性，纳税人之间的税负水平保持平衡。诚然，税收的代内公平问题是永恒的重点问题，但税收代际公平问题的重要性正不断被理论界和实务界所认可，也逐步成为税收公平问题研究的一个重要组成部分。从历史维度来看，不同代际之间的人（前代人、当代人、后代人）由于所处时代的不同，必然处于不同的经济背景之下，因而对于自然资源、社会财富储蓄值上也具有不同的度量值。研究税收代际公平，实质是研究在综合考虑经济发展、资源利用、社会财富分配的前提下，如何实现当代人与后代人之间税负划分的合理性，怎样通过设定税目、划分税基、明确征税对象、扩大征税范围等手段达到代际税制的公平性。税收代际公平目标的实现离不开具体的路径——税制设计，即将研究视角置于税制的设计中，加入代际资源、财富公平的储蓄率、耗损度、补偿率及代际合作上。

综上，笔者认为，税收代际公平是指在考虑了经济发展、资源利用、社会财富分配的前提下，实现当代人与后代人之间税负划分的合理性，通过设定税目、划分税基、明确征税对象、扩大征税范围来达到代际间税制的公平性。

（二）税收代际公平的理论依据

1. 库兹涅茨曲线假说：环境与经济

经济学家西蒙·库兹涅茨（Simon Smith Kuznets）提出了库兹涅茨曲线假说，他提出，收入分配状况会随经济发展过程发生变化，呈现出倒"U"形曲线。[①] 后来，桑福德·格罗斯曼（Sanford J. Grossman）等在库兹涅茨曲线的基础上，以空气和水污染为研究对象，经研究发现，环境污染和经济的增长间也存在倒"U"形曲线的关系，即环境退化率和经济发展水平呈倒"U"形。[②] 如图1–1所示描述的，当经济发展使环境退化水平达到生态不可逆阈值A点甚至更高点B时，只有采取必要措施，加大环保力度，才能改善环境污染程度，最终使曲线由Ⅰ发展到Ⅱ，环境污染程度降于生态不可逆阈值之下。

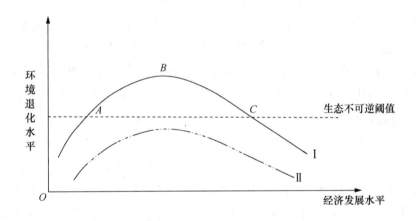

图1–1 库兹涅茨曲线

如图1–1中所示，经济发展带来的环境污染具有不可逆性，会造成代际间所处环境的不公平性，需要引入合理的税收制度，如征收

[①] Simon Smith Kuznets, Economic Growth and Income Inequality, *American Economic Review*, Vol. 45, No. 1, 1955, pp. 1–28.

[②] Sanford J. Grossman, Krueger, A., *Environmental Impacts of a North American Free Trade Agreement*, CEPR Discussion Paper, No. 644, 1991.

资源税、环境保护税等，运用税收手段遏制当代人对环境的污染、资源的过度利用程度，凭借税收的强制性实现代际生存环境、资源利用的公平性。

2. 外部性理论

外部性理论是税收代际公平的理论基础，强调可持续发展性。兰德尔（A. Randall, 1989）在《资源经济学》一书中将外部性定义为："当一个行动的某些效益或成本不在决策者的考虑范围内的时候所产生的一些低效率现象；也就是某些效益被给予，或某些成本被强加给没有参加这一决策的人。"[1] 即在经济市场上，不同经济主体做出的一些行为之间会产生的相互影响的现象。用数学符号表示为：

$$F_j = F_j(X_{1j}, X_{2j}, X_{3j}, \cdots, X_{nj}, X_{mk}) \quad j \neq k$$

其中，j 和 k 代表了不同的经济主体，F_j 代表了经济主体 j 的福利函数，X_j 表示经济活动，经济主体 j 的福利除受到其本身经济活动影响外，还受到来自 k 所做出经济活动的影响。这种影响可能是正效应，也可能是负效应。讨论到代际关系，即当当代人的某一项经济活动为后代人带来利益时，后代人并没有为此利益买单，此为正效益。相反，某些行为也会为后代人带来负效益，如环境污染、资源过度开发。以资源利用为例：如图 1-2 所示，MB 为某经济主体的边际利益，MC_1 为初始边际成本，在资源的开采、利用过程中必然会产生负效应，导致实际的边际成本移动至 MC_2，经济主体的产量便会由最优产量 Q_1 调整到 Q_2，$(Q_2 - Q_1)$ 就是当代经济主体行为对后代经济主体带来的负效应。此时就需要政府介入，通过政府干预来矫正负外部效应，政府主要通过征税的方式实现外部效应内部化，保障后代人的利益，同时实现资源的有效配置。

3. 可持续发展理论

早在 1972 年，全球工业化和发展中国家代表在斯德哥尔摩共同出席的联合国人类环境研讨会上，提出在经济、环境、社会方面需要

---

① ［美］阿兰·兰德尔：《资源经济学》，施以正译，商务印书馆 1989 年版，第 153 页。

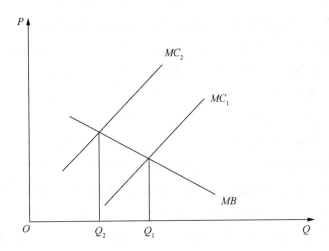

图 1 - 2 边际效用假设

实施可持续发展战略。1987 年，挪威前首相布伦特兰夫人在"世界环境与发展委员会"提交的研究报告《我们共同的未来》中，定义了可持续发展的概念"既能满足当代人的需要，又不对后代人满足其需要的能力构成危害的发展"。[①] 定义强调了两个方面：第一，人类社会必然伴随着发展；第二，发展应当受到不影响后代发展条件的限制。这两点体现出代际公平的重要地位，它成为可持续发展的重要支柱，政府作为可持续发展的策划者，需要通过建立绿色税收体系来实现资源的公平分配。

由于当代人和后代人在经济发展过程中会表现出不同的需求曲线及偏好，后代人无法以实体的形式和当代人同台探讨，故当代人在做决策的时候很少会考虑到后代人的利益。通过建立合理的税收体系，可以从制度上限制当代人的某些行为，最大限度地维护后代人的利益。如在资源配置上，由于后代人的缺位和资源的不可再生性，当代人成为资源的决策者，为了实现代际公平，政府需要通过税收的手段，对资源的利用者进行约束，为后代人争得一定的利益，建立代际

---

① 世界环境与发展委员会：《我们共同的未来》，转引自颜蕾、朱秋白《当代中国私营企业可持续发展内涵探析》，《经济问题探索》2003 年第 12 期。

间的成本、效益的公平性，通过税收使每代人都承担保护环境、合理利用资源的义务，实现资源的永续。在税收体系中，可以通过资源税实现资源的合理配置，通过遗产税保证代际公平的竞争起点，通过环境税加强环境保护的意识，通过社会保障税明确财政资金分配方向，最终实现以可持续发展为基础的代际公平。

皮尔斯等（D. W. Pearce et al.）指出，"可持续发展一直被定义为代际公平的某种形式"。[1] 综上所述，代际公平是可持续发展的重要支柱同时又是基本要求，可持续发展的目的是为当代人和后代人创造相同的财富。在可持续发展的研究理论中，代际公平几乎贯穿于其所有研究领域，而税收又是实现代际公平的重要手段，对优化税制结构具有重要意义。

4. 税收制度优化理论

西方税制优化理论在发展过程中形成了主流学派（优化税收理论）、供给学派和公共选择学派三大学派。主流学派是在完全竞争假设、行政管理能力假设、标准福利函数假设的前提下，由米尔利斯（Mirrlees，1946）最终完善：无论社会福利函数如何设定，只要收入分配数量存在一个上限，最高收入档次的边际税率为 0，对中等收入阶层的边际税率可适当提高，对低收入阶层的边际税率可以适当降低。[2]

供给学派推崇的是减税政策，强调减少政府干预，阿瑟·拉弗（Arthur Betz Laffer）提出了著名的拉弗曲线，如图 1-3 所示，强调了收入与替代效应的关系，税率在 O 到 E₁ 区间，收入效应大于替代效应，OE 为最大值，税率在 E₁ 后，替代效应大于收入效应，税收下降，E 点为税率最优点。[3] 对于我国现行的市场体制来说，可以借鉴其理论中税收对经济调控的作用，引导市场调节与宏观调控间的关系。

---

① ［英］戴维·皮尔斯、杰瑞米·沃福德：《世界无末日——经济学、环境与可持续发展》，张世秋译，中国财政经济出版社1996年版，第311页。
② 任寿根：《西方优化税制理论的发展及其前沿》，《财政与金融》2000年第3期。
③ 许毅、沈经农：《经济大辞典》（财政卷），上海辞书出版社1987年版，第254—255页。

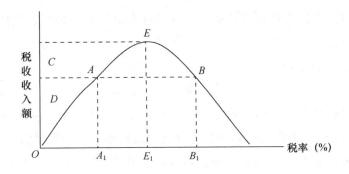

图1-3 拉弗曲线

公共选择学派的代表人物詹姆斯·布坎南（James M. Buchanan）提出：税收工具的选择需要得到参与公共选择人的一致同意，同时对税收转化为公共支出过程研究，制定出可以使个人真实地显示出对公共开支的偏好、政府实际公开水平达到公众意愿的税收制度。①

在税制设计上，我国一直秉承着公平兼效率的原则，但是要真正实现完全的高效率，达到税制设计十分完善，税收水平最优化几乎是不可能实现的目标。学术界的研究只能是使税收制度的设计不断趋向于合理化，从代际税收角度改革税制本身，使其最大限度地适合当代人的经济发展，又有利于后代人在环境、经济主体地位上的公平性。

（三）税收代际公平的研究途径

在税制的设计中，西方发达国家主要从社会学、伦理学和经济学三个角度进行分析，社会学虽然研究较早，但是，对于税收的代际公平研究成果较少，伦理学更讲究情感、自由角度，经济学以本代主义为主，注重代际外部性。

1. 社会学研究途径

随着社会的变迁，不同代际的人在生存环境上（自然环境、社会环境）面临的状况不同，因此，研究社会化进程中环境的公平性问题具有重要意义。由于当代人与后代人无法处于同一平台上，故前者相

---

① ［美］詹姆斯·M. 布坎南：《民主财政论：财政制度和个人选择》，穆怀朋译，商务印书馆1993年版，第40—41页。

较于后者总是拥有使用自然资源、继承社会资源的优先权，当代人往往会忽略这种财富附有的社会性，所以，需要通过征税的方式来体现代际间的公平性。戴维·波普诺（David Popenoe）在《社会学》中提出，在所有社会中，人们一生下来就面对着不平等，即缺少平等的途径以得到社会所提供的有价值物。① 史蒂文·瓦戈（Steven Vago）在《社会变迁》中提出，社会变迁过程会出现因环境意外而导致的疾病、濒危物种数量增多、土壤侵蚀，以及社会食物禁忌的生态破坏。② 罗尔斯在《正义论》中提出，继承的和接受的赠品、捐赠按照所接受的价值和接受的性质来缴税，可以避免有害于政治自由的公平价值，有害于公平的机会平等。③ 代际由于所处的社会背景、生存环境不同，人们对于公平的定义不同，故国家需要随时代适时调整人们的税负水平，以彰显代际的公平性。

2. 伦理学研究途径

廖小平（2004）在《伦理的代际之维》中提出，生态伦理学的核心问题，其实不是人类与自然的关系问题，而是当代人与后代人在自然资源上的公正分配问题。破坏环境并不是对自然的不负责任的行为，归根结底是对后代不负责任的行为。④ 故税收代际公平的实现可以建立在情感的基础上，在税制的设计中加入当代人对后代人的责任感，考虑到任何一代拥有的社会财富都是有限的，有必要加入代际储蓄原则，确定"社会最低受惠值水平"，破除当代人的利己主义，通过税负实现代际资源、环境、财富分配等方面的公平性。

3. 经济学研究途径

从"理性经济人"角度出发，任何一个时代的人追求的目标都是当代经济利益最大化，当代人会不自觉地攫取资源，取得较多的环境

---

① ［美］戴维·波普诺：《社会学》第 11 版，李强等译，中国人民大学出版社 2007 年版，第 263 页。

② ［美］史蒂文·瓦戈：《社会变迁》第 5 版，王晓黎等译，北京大学出版社 2007 年版，第 260 页。

③ ［美］约翰·罗尔斯：《正义论》，姚大志译，中国社会科学出版社 2011 年版，第 194 页。

④ 廖小平：《伦理的代际之维》，人民出版社 2004 年版，第 199 页。

收益，造成环境污染、自然资源存量减少的现象。同时，当代人财富的积累增多以后，消费水平会得到提高，伴随着资源消耗量和废物排出量的同时增多，这一系列活动需要政府通过税收手段进行控制，保证代际生存环境、资源共享的公平性。兰德尔（Alan Randall）在《资源经济学》中提出，经济学领域是一个互相竞争的场所。资源是稀缺的，生产的可能性受到技术的限制而人们既自私而又从不满足。[①]税收刺激着人们采取成本不断降低的消除污染的技术，给先进的消除污染方法的发展提供持续不断的动力。[②] 代际由于在社会财富、自然资源使用上存在竞争，为实现竞争环境的公平性，可引入补偿思想，即通过税收手段，对当代人继承社会财富、使用自然资源获得的收益征收一定比例的税款，当这种补偿存在剩余时，就证明税制的设计符合帕累托有效性。以代际财产价值补偿为例，当代人应该保持或者增加社会的总资产，包括自然资源的完整性，自然资源的价格包括霍特林租金[③]和正贴现率带来的边际使用成本，对当代人使用的资源通过对未来资源的等量投资来补偿，体现代际资源总量的均衡性。

（四）税收代际公平的意义

虽然代际公平最早引起人们的注意是因为哲学和环境法学等领域的研究，但是，随后代际公平逐渐引起经济学界的重视。税负公平观在环境税收设计上的影响就是代际公平在经济学上非常重要的案例运用，现代环境税收制度的设计，既考虑了弥补当代人之间由于市场负的外部效应所产生的巨大的社会成本，也充分考虑到了本代人和下一代人之间福利水平的公平分配。正如英国经济学家 A. C. 庇古（Arthur Cecil Pigou）所述，当代人有其本身的欲望和得到满足的期待，为了实现近期的渴求，人民会更倾向于享受当前某一决策带来的快

---

① ［美］阿兰·兰德尔：《资源经济学》，施以正译，商务印书馆 1989 年版，第 153 页。

② 同上书，第 173 页。

③ 也称资源使用费或资源的稀缺性租金。1931 年由哈罗德·霍特林提出，即资源的市场价格与该资源不用于生产时放弃的利润代价之差。

乐。① 故在设计环境税制时，应该将当代人和后代人同时考虑，在促进经济社会发展的同时保护环境资源，促进可持续发展。在可持续发展思想的指导下，税收的公平原则必须引入代际公平理论，注意和追求世代间的税收公平。这样做的目的是保护不可再生资源，避免当前人类对自然资源的掠夺性开采，保障自然资源的开采和利用的合理性和效率性，为后代人留下充分的自然资源。因此，在税收公平价值中，代际公平应该成为重要的组成部分。在资源稀缺的现阶段，所有涉及资源配置法律的立法原则都应体现代际公平思想，作为一国法律体系的不可或缺的组成部分，税法当然概莫能助；同时，代际公平在税法中有重大的指导意义。在各国近年的税制改革中，纷纷体现了代际公平的理念，包括环境保护税、土地税、资源税等多税种的协调配合，通过提高开采使用成本限制甚至避免对资源的无效性和浪费性开采和使用，在保护自然资源的同时也进一步丰富和完善了税收公平理念。

自然资源的代际公平固然是代际公平的重要组成部分，社会财富的代际公平也是代际公平理念所不可或缺的部分。由于社会财富可以通过血缘继承制度从当代人传递到下一代，在没有任何限制条件的情况下，下一代人的社会财富的起点不公平会由于这种财富传承现象日益加深，进而形成代际不公平问题。这种社会财富的不公平现象与其他因素（如个人的努力程度）所引发的社会财富差距具有本质上的不同。因为个人努力程度等原因造成的社会财富差距能被社会所广泛接受，并激发社会努力向上、奋发图强的风气，而作为不需要任何努力就可以凭血缘关系不劳而获的社会财富差距会加剧分配和机会的不公平，威胁基本的公平原则，推动社会的不公平状态，深化两极分化并导致贫富阶层的割裂和对立，影响社会稳定，并鼓励"二代"们不劳而获的心态，堵塞贫穷家庭的年轻人实现理想的路径，阻碍社会的创新创造力。因此，税收作为各国调节收入分配差距的重要杠杆，应该

---

① ［英］亚瑟·赛斯尔·庇古：《福利经济学》，何玉长、丁晓钦译，上海财经大学出版社 2009 年版，第 19 页。

且必须在调节代际财富差距方面有所作为，从理论上说，遗产税与赠与税就是最好的途径之一。此税的开征则可以在某种程度上实现代际财富相对公平，通过降低富人下一代的传承财富缩小社会财富的差距情况，通过该税收收入向贫困阶层的转移和补贴，进一步推动社会的机会公平，促进全社会积极进取的心态。当然，征收遗产与赠与税的效果如何？目前在世界各国都还未有定论，因为税收的国界性和全球化背景下资本流动的便利性，如果遗产与赠与税不能适应本地区的实际状况，得不到纳税人的认可，可能会造成财富的外流，在降低经济活力和效率的同时妨碍代际公平的实现。进入 21 世纪以来，包括美国、中国香港特区在内的国家和地区纷纷减免或取消遗产税，就说明利用税收手段实现代际公平必须结合本国（本地区）的实际经济状况，充分考虑公平和效率的平衡。简言之，我们必须重视代际公平，无论是代际资源公平还是代际财富公平，都必须纳入税收公平目标之框架中进行通盘考虑，这是实现税收立体公平的题中应有之义。

（五）税收代际公平的子维度价值解析

在税收代际公平维度中，"分配公平"主要是指资源、财富在代际的合理"分配"，意即代际在解决经济、资源、生态等方面出现的利益分配、机会共享、义务承担等问题的过程中，是如何以税收为调节杠杆体现公平性的。笔者试图梳理出政府怎样使用税收这个工具，从而更快、更好地逼近自然资源传承的代际公平目标和社会财富沿袭的代际公平目标。

税收代际公平维度中的"文化公平"则将焦点集中于"不在场一代"的"承认正义"。由于前代人、当代人、后代人受时间条件限制无法处于同一平台上进行沟通交流，故处于当代人的位置时，当代人的行为不会受到不在场人的制约及反对，易形成当代人不自觉自身利益最大化的思维模式，循环往复形成路径依赖，代际公平目标的实现能够改变传统的思维模式。当我们在分析人类整体利益问题时，习惯于将对象局限于"在场的人类"，对未出场的人类缺乏"承认"和"考虑"。税收代际公平中的"文化公平"则要求突破上述樊篱，从"将后代人视为人类整体的一部分，是人类共同体的当然成员"的角度来探析问题，即当代人要破除"本代利己主义"，自觉地为后代人代言，这既是对"不在场一代"的"承认"，也是"代际伦理"（通常以代际正义问题的形式出现）相关研究的必要组成部分。笔者将试图通过对现行税制提出改革建议，以有效地填补我国现行税制中代际公平实现路径的缺乏。

七　税收公平三重维度间的关系

在经验层面上，税收公平的三个维度之间具有相对独立性，某一个维度的税收公平并不决定其他两个维度的税收公平。但是，税收公平的三重维度之间仍然会相互作用，某一个维度的公平（不公平）会支持（强化）其他两个维度的税收公平（不公平）；反之亦然。

比如，税收的人际不公平会强化税收区域不公平和税收代际不公平。首先，税收人际不公平会强化税收区域不公平。税收的人际不公平若发生在某个地区的"征税人"与"纳税人"群体间，表现为这个地区的征税人（政府）与纳税人之间的法律地位不平等，权利与其相应的义务也不对等；税收的人际不公平若发生在某个地区的"自然人"之间或"法人"之间，则表现为税收负担轻重不公平。无论上述哪一种情况，都容易引起该地区纳税人的不满，而不满情绪的累积和扩张，可能导致该地区部分纳税人的"用脚投票"行为（迁移到其他地区），大大影响了该地区区域经济发展的投资环境和投资吸引力，使区域间税收竞争加剧，强化了税收区域不公平。

其次，税收的人际不公平也会强化税收的代际不公平。税收的人际公平，主要是指税收的代内公平，即国家在征税的过程中应该保证税负与个人负担税款能力的对等性，纳税人之间的税负水平保持平衡。如若上述税收代内目标不能实现，在没有任何限制条件的情况下，则"当代人"的社会财富会产生"起点不公平"的状况，随着时间轴的推移，使"下代人"之间的"代际不公平"由于这种财富或资源的传承现象而日益加深。

总之，本章系统梳理、归纳了国内外公平观、税收公平观的历史演进路径，从伦理学的视角分析了和谐社会下中长期税制选择的哲学基础，并在此基础上试图对我国和谐税收背景下的税收公平目标进行价值重构。笔者在构建三维度税收公平理论框架时，吸收借鉴了南希·弗雷泽的公平理论观点，将税收公平划分为基本维度的三重公平目标，并在每一个基本维度下细化为两个子维度，力图构建起一个较为全面的、反映人们道德经验的税收三维公平范式，包括体现社会维度的税收人际公平目标（子维度为政治公平与分配公平），体现地理维度的税收区域公平目标（子维度为分配公平和文化公平）、体现历史维度的税收代际公平目标（子维度为分配公平和文化公平）。

　　笔者认为，税收公平的三个维度之间是一种相对独立又相互作用的关系，这种相互作用表现为各种维度的公平之间是相互支持的，而各种不公平之间也是相互强化的。因此，要全面、有效地达到税收公平目标，不能仅仅关注税收公平的某一个维度，而应当联动地建设三个维度的公平。

第二章　实现税收公平的制度分析

分析和研究税收公平问题，其最终目的是要建立公平的税收制度。本章就实现税收公平的制度选择作理论分析。

第一节　税收制度的内涵

一　关于制度内涵的界定

中国有句古话："没有规矩，不成方圆。"朴素而精准地道出了制度的重要性，由于制度所产生的针对不同人群的激励和约束作用，会引领制度框架下的不同人群采取不同的行动。因此，制度的重要性毋庸置疑。但直到今天，经济学界对"制度"的内涵和外延仍然有着不同的见解。

凡勃伦（Thorstein Veblen）被视为旧制度经济学学派的代表性学者。对于"制度"的概念，凡勃伦的阐释是，制度本质上就是个人或社会对相关的关系、作用的思想习惯。① 康芒斯（John Commons）则认为，制度是由集体行动所控制和拓展的个人行动的总和。②

道格拉斯·C. 诺斯（Douglas C. North）作为新制度经济学学派的标杆人物，在其著作《制度变迁与经济绩效》③ 中写道：制度，是社会的游戏规则，具体而言，制度是人为设定的一些制约，是为决定

---

① 凡勃伦：《有闲阶级论：关于制度的经济研究》，商务印书馆1964年版，第139页。
② 康芒斯：《制度经济学》上册，商务印书馆1981年版，第86页。
③ ［美］道格拉斯·C. 诺斯：《制度变迁与经济绩效》，刘守英译，上海三联书店1994年版，第3页。

人们的相互关系而设定的。从某种意义上说，社会演进的方式也是由制度变迁决定的，因此，对历史的了解，必须经由理解制度开始。诺斯还在此著作中提出了一个著名的论述，即制度可分为正式制度（或称"正规约束"）与非正式制度（或称"非正规约束"）。其中正式制度主要包括法律、规章等，是人们规范化并强制性执行的规则，而非正式制度主要包括风俗习惯、惯例、伦理规范等，既是正式制度的延伸和补充，也是人们的文化遗产结晶。制度的主要功能，在于通过内部及外部两种强制力来约束人们的行为，降低交易结果的不确定性，以便交易各方预期更为稳定，最终降低交易费用。在制度经济学出现以前，制度基本上是被作为外生变量来进行研究的。随着经济学领域的一些新进展，特别是制度经济学的发展，制度开始被作为研究的内生变量。

新兴古典经济学流派创立者之一的杨小凯等人将"制度视为给定因素"与"制度视为研究对象"两方面结合起来研究。他指出，制度变迁是以减少交易成本为目标进行的，从而推动了经济的发展。由于减少交易成本所节约的资金既有利于进一步推动技术进步，促进扩大再生产，也有利于扩大新的交易费用的支出以探索新的制度，一旦所探索的新的制度所增加的分工收益大于所增加的交易费用时，会进一步推动社会变迁的速度，引发经济的腾飞。①

从上述分析可以看出，国内外关于"制度"的讨论日益深入并日渐引发人们的关注，总体而言，制度是人类社会演进过程中各种社会行为的总和，汇总为人们所遵循的共同规则。按照约束程度来看，制度首先是包括正式发布规则，其次是各种约定俗成的惯例、习俗、行为方式。简言之，制度是"约束和规范个人行为的各种规则和约束"。

二 税收制度内涵的界定

从形式上看，税收是国家无偿地、强制地、固定地向纳税主体征

---

① 杨小凯、张永生：《新兴古典经济学与超边际分析》，社会科学文献出版社2003年版，第129页。

收的货币等价物。从实质上看，税收是国家以其强制力为后盾的分配关系的总和。从这个意义上讲，税收制度是连接政治、经济、社会制度的一个枢纽部分。综观已有的研究成果，对于税收制度的界定，不同学者给出了不同的解释，既有部分共同认可的特征，也有各自的理论观点。

马国强提出，税收制度是国家为了实现税收职能，以法律的形式确定，以行政手段实施的税收规定的总和。① 王国清、朱明熙、刘蓉认为，广义的税收制度既包括国家以法律形式确定的税收规定的总和，也包括相关的税收征收管理制度及其活动等内容。而狭义的税收制度是指国家以法律形式所确定的税收征收活动的总和，主要包括税收实体法所设置的税种、该税种的征税范围、纳税主体、税率、纳税环节等内容。② 杨秀琴提出，税收制度是国家为了实现财政收入而规定的征纳双方在征纳活动中权利和义务的法律规范总称。③ 杨斌、雷根强指出，由于税收是国家凭借政治权利参与剩余产品价值的经济利益分配所形成的分配关系，税收制度就是规范税收分配关系的法律关系的总称。其作用是规范征纳双方主体的税收征纳活动权利义务关系。税收制度这个上层建筑必须要适应相应的经济基础。④ 吕建锁、焦惠生提出，税收制度是一个国家所有涉及税收的法律法规的总称，既包括实体税收法律法规，也包括程序法律法规。税收制度隶属于国家的财政制度，是征纳双方行为的基本依据。⑤ 焦耘在其著作阐释道，"税制从某一特定时点上看，其本身即是规则，是人们行为的约束性规则"。⑥

笔者对税收制度的定义参照的是杨秀琴学者的概念，即税收制度是国家为了实现财政收入而规定的征纳双方在征纳活动中权利和义务

---

① 马国强：《税收学原理》，中国财政经济出版社 1991 年版，第 100 页。
② 王国清、朱明熙、刘蓉：《国家税收》，西南财经大学出版社 2008 年版，第 155 页。
③ 杨秀琴：《中国税制教程》，中国人民大学出版社 1999 年版，第 3—4 页。
④ 杨斌、雷根强：《税收制度设计和实施的基本原则》，《福建税务》1995 年第 4 期。
⑤ 吕建锁、焦惠生：《税收制度学简论》，《税收与企业》1995 年第 5 期。
⑥ 焦耘：《制度经济学视野下的税制变迁分析》，广西人民出版社 2008 年版，第 2 页。

的法律规范总称。① 从具体规定来看，规范征纳双方税收行为的税收基本法、税收实体法、税收程序法和税收争讼法共同构成了完整的税收制度，包括税收基本原则、税收征纳主体权责、税收管理规范、税务争议处理、法律责任等内容，涉及税收的立法、执法、司法等方面。

三　税收制度与其他社会制度

若将社会作为一个整体来看，税收制度只是其中一个组成部分，它的形成和建立，以及实施作用和效果，都与其他社会制度相互牵制，税收制度与其他社会制度在共同演进变化的过程中也往往形成或改变了制度的内容。

第一，一国基本的经济制度决定了税收制度的地位和作用。在计划经济时代，国营企业财务是国家财政的基础，这就决定了税收只是在较小范围内发挥作用，税收的作用几乎被忽略。因而，在计划经济社会中，税收制度的重要性就相对较弱。在市场经济为主导的国家中，由于市场失灵的存在，国家宏观调控成为必然手段，税收除为国家筹集财政资金外，也成为平滑经济、促进经济可持续增长的重要调控工具，随着经济的发展，发挥着越来越重要的作用。同时，税收制度的设置和基本内容是由一个国家的政治制度所决定的。税收既是经济问题，也是政治问题。在民主制国家中，税收制度的"废、改、立"往往需要经过公民的公共选择程序决定。

第二，税收制度在各国国家的差异，很大程度上是因为各个国家不同的历史演变进程，进而形成的不同文化习俗及约定俗成的惯例的影响。税收制度的可操作性取决于各国的非正式制度，其不断优化的过程也是不断适应各国国情的过程。以直接税和间接税占税收收入的比重不同为例，经济较早进入发达国家行列、纳税人的税收意识较强、形成了较为良好的税收文化的国家，由于可以在较低的运作成本上实现较高的税收遵从度，其实施以所得税为代表的直接税的运行成本较低，因此可以支撑其以直接税制为主体的税收制度，而经济处于

---

① 杨秀琴：《中国税制教程》，中国人民大学出版社 1999 年版，第 3—4 页。

较低水平的发展中国家由于其纳税人的纳税意识往往较弱，税收遵从度较低，税收征纳成本较高，仍然较为依赖于以间接税制为主体的税收制度。

第二节　理想税制理论

正如前文所述，税收既是重要的经济问题，也是重要的政治问题，作为国家治理的重要部分，包括税收在内的财政制度是一个国家经济制度和政治制度的重要组成部分，是国家治理的基础，影响着一个国家的政治完善程度和经济发展程度。欲实现税收公平目标，完善而有效的税收制度是其根本保证。同时，公平公正的税收政策环境，也只有通过不断地改革和优化税收制度才能达到，进而才能促进和谐社会建设。

那么，何为"理想的"或"良好的"税收制度呢？几十年来，对税收制度的科学要求也随着社会的整体变迁而不断地发展和完善，随着对历史的总结和新的理论研究的发展，形成了三大影响全球税收制度改革实践的重要理论流派，分别是 20 世纪五六十年代的公平课税论、20 世纪 70 年代的最优课税论、20 世纪 90 年代复兴的财政交换论。[①]

一　公平课税论

税收公平是税收政策设计的一个关键要素。三大理论流派中的公平课税论的代表人物是亨利·西蒙斯（Simons），他提出，税收制度改革的理想的目标应是双重的：第一，改革后的税收制度应遵循税收公平原则以履行其财政收入职责；第二，改革后的税收制度应尽量避免政治对市场经济的直接干预，即实现税收相对中性。[②] 之后的瑞典

---

① 刘溶沧、赵志耘：《税制改革的国际比较研究》，中国财政经济出版社 2002 年版，第 28 页。

② 顾建光：《公共经济学原理》，上海人民出版社 2007 年版，第 161 页。

学派则着力于复兴和发展受益原则。维克塞尔通过建立"自愿交换模型",试图解决受益原则的衡量缺陷。他认为,由于公共品提供的目标是使社会成员的个人效用最大化,因此根据受益原则,纳税人因税收所损失的边际负效用应该与个人从公共产品中获得的边际正效用相等。① 当然,由于公共产品的非竞争性与非排他性,以个体为单位进行上述"交换"是不太可能实现的,维克塞尔提出了一个迂回的方法,即借助于"议会民主",通过投票的手段实现各个利益集团之间的利益均衡。具体而言,通过议会协商达到一致自愿同意结果,让所有参与税收决策的"代表"都感觉到其得益和所牺牲是一致的,从而使税收达到公平。但在现实生活中,很难找到一种方案能够满足所有"代表"的意愿,而多数人赞成的方案又意味着少数人利益的牺牲,也是一种不公平的表现。而且,维克塞尔并未说明如何达到分配公平,而分配公平是实现这一受益原则的必要条件。公共选择理论创始人布坎南等继续对此进行了相关研究,即"赞同的计算"。他认为,只要符合一定的条件,即待解决方案的决策成本小于所可能带来的收益,那么,原来不赞同的少数"代表"也能接受来自多数"代表"的提议,从而使所有"代表"达成"一致的同意"。② 但不可忽略的是,这种结论的前提仍然是建立在严格的假定条件之上,即议会中的所有成员能够完全自觉维护其所代表的阶层利益,并且其表达机制是信息完全化的。但是,在现实经济生活中,以上前提条件难以具备,这也使维克塞尔和布坎南的税收公平的实现方案难以有效地在实际决策过程中应用。

公平课税论主要包括几个特征:第一,将税收公平问题和财政支出(用税)问题分开进行讨论;第二,强调综合税基、税收的统一

---

① Knut Wicksell, Finanztheoretische Untersuchungen, Jena: Gustav Fischer, 1896: Partly Translated as, "*A New Principle of Just Taxation*" in Richard A. Musgrave and Alan T. Peacock eds., Classics in the Theory of Public Finance, London: Macmiilan, 1958, pp. 72 – 118.

② [美]詹姆斯·M. 布坎南、戈登·塔洛克:《同意的计算——立宪民主的逻辑基础》,陈光金译,中国社会科学出版社2000年版,第93—95页。

性；第三，按照能力原则①进行征税。衡量方法直接对应于可计量的现金流量，也就是纳税能力（所得）与当期消费及财富变动之和等值。

公平课税论对西方发达国家的税制改革，尤其是 20 世纪 80 年代以后的各国税制改革产生了深远的影响。80 年代以后，以美国和英国等发达国家为首的税收制度改革的主要思想就是按照公平课税论拓宽税基、降低税率，萨恩茨—海格—西蒙斯型综合所得税制成为税收制度改革的基本方向。通过拓宽税基，并简化所得税的超额累进级次，降低所得税的超额累进税率的边际税率（尤其是最高边际税率），有助于实现税收横向公平原则的同时降低税收对社会福利损失的影响，进一步提升市场经济效率。

二 最适课税论

最优课税论（最适课税论）发端于穆勒所提出的均等"牺牲"原则，正如前文所述，要求纳税人的税收牺牲均等以实现税收公平。其后，福利经济学派进一步将均等"牺牲"量化为"边际效用损失相等"，以保障征税行为所导致的每个纳税人的效用损失最小化。②

最优课税理论在理论上具有较为严谨的推导，在其严格的假设条件下就已经有所体现。根据最优课税理论的假设，政府在最初制定税收制度时，信息完全对称，已经充分掌握了关于纳税人的纳税能力等信息，同时，政府的征管能力是无限强的，也就是偷漏税现象将被基本遏制。可是，与理想中的前设条件有较大偏差的是，在实际的税收制度制定的过程中，政府不可能掌握所有的纳税信息，而且政府亦只具有"有限征管能力"。由于上述理想前设条件与现实情况的差异，最适课税论退而求其次，在信息不完全对称的情况下主要研究了几个

---

① 学术界在衡量课税或纳税是否公平上有两种主张：一种是受益原则，即"谁受益，谁纳税"；另一种是能力原则，即按能力纳税。鉴于受益原则存在三大缺陷：一是人们可以采取"搭便车"行为而不会自愿纳税；二是因公共品具有集体受益（消费）性而无法确定谁受益多少；三是按受益原则设计的税种具有很大的扭曲性。故在现实生活中受益课税原则不可行。因此，公平课税论与能力原则有直接关系。

② ［英］约翰·穆勒：《政治经济学原理及其在社会哲学上的若干应用》下卷，胡启林、朱泱译，商务印书馆 1991 年版，第 376 页。

方面的问题：

（一）直接税和间接税在税收制度结构中的组合问题

财税专家一般都公认，直接税和间接税之间具有相互补充的关系，其中，以所得税为代表的直接税因为其具有的公平属性，是典型的"良税"①，商品税（间接税的代表）在资源的优化配置上发挥着重要的作用，有助于发挥市场经济的效率。从上述分析可以看出，直接税和间接税是税收制度中不可或缺的两个必要部分，各自发挥自身的作用。当然，虽然直接税和间接税都必不可少，但在整体的税收制度中，是所得税占主体还是商品税占主体，直接影响到税制的总体功能。一般来说，税收制度的主体税种确定还是取决于政府的政策目标。因此，当经济高速发展后过分注重市场效率而忽视公平的情况下，政府的政策目标往往会倾向于公平分配，促进社会福利最大化，采用直接税为主的税收制度；而在经济萧条时或经济高速发展的初期，政府的调控目标则是促进经济增长，将更加注重效率目标，会采用以间接税为主的税收制度；如果政府要兼顾公平与效率目标，则实行直接税与间接税并重的"双主体"结构。因此，公平与效率目标间的权衡，决定了一国的税收制度最终实行何种税制模式。有关直接税、间接税与税收公平之间的关系，下文中还将做详细的研究。

（二）最适商品课税理论

1. 拉姆齐法则（逆弹性法则）

当各种商品的需求相互独立时，为保证征税造成的效率损失最小，两种商品的税率应与其需求弹性成反比。拉姆齐法则为间接税的税率设置提供了理论依据，以保障在市场有效率运行的同时所造成的社会总体福利损失最小。根据拉姆齐法则，对弹性较大的商品课以高税率会造成较大的市场扭曲，较低的税率更适用于弹性较大的商品；反之，较高的税率更适用于弹性较小的商品。

---

① 所得税 1799 年创始于英国。由于这种税以所得的多少为负担能力的标准，比较符合公平、普遍的原则，并具有经济调节功能，所以被大多数西方经济学家视为良税，得以在世界各国迅速推广。

2. 最适商品课税要求开征"扭曲性税收"①

原因在于：首先，拉姆齐法则要求对弹性较小的商品适用高税率，如对生活必需品征收较高的税率，将会使穷人的税收负担相对于富人更大，不利于税收公平目标的实现。因此，为了保证在提高效率的同时也能兼顾公平，必须开征其他辅助性的税收。第二，虽然商品税总体上注重的是经济效率，但对污染环境、高耗能、高消费的产品需要征收辅助性的专门税收，在扭曲这些产品生产市场的同时增加财政收入资金，以用于对外部不经济产业的环境保护和社会补偿，促进社会的公平公正。

（三）最适所得课税理论

1. 采用低累进税率制度

一个很高水平的边际税率是否一定有助于收入的公平分配呢？答案是否定的。因为过高的边际税率只是限制了高收入者的收入水平，低收入者却并没有增加免税额或补助额。也就是说，所得税的边际税率越高，越可能产生超额税收负担，不利于提高劳动者的积极性。因此，较低的累进税率制度才有可能实现福利最大化目标。

2. 税率应该呈倒"U"形

其表述为，对中等收入者，适用较高的边际税率，而对低收入者和高收入者，则应适用较低的边际税率，对最高收入的个人边际税率应为零，以实现社会公平与效率均衡的总体目标。

和公平课税理论相比，最优课税理论强调的是纵向公平，而非横向公平；同时，最优课税理论在福利函数分析中将公平的目标和效率的目标综合进行权衡，而非公平课税理论主要追求公平目标，较为忽视达成公平目标的成本。另外，由于最优课税理论的福利函数综合考虑了公平和效率，因此，最终分析建议设立的税收制度结构体现了公平和效率的最佳组合，这是公平课税理论所不能实现的。因此，最优课税理论提供了一个较好地分析税种结构和税率经济分析框架。

综上所述，最优课税理论从其诞生之日，对理论界便产生了决定

---

① 指产生超额负担的税收。

性的影响，学术界对于税收制度的设计和讨论也日益围绕该理论来进行分析。如前文所述，由于该理论较为苛刻的假设条件，导致其迄今为止主要影响力仅仅在理论界及用于指导税收政策的总体思路，在税收制度具体改革时往往不具有太大的可操作性。

三　财政交换论

财政交换论与前文所述的两种理想税制理论（公平课税论和最适课税论）有着截然不同的理论核心。公平课税论和最适课税论所关心的核心问题是：在财政预算收入既定的情况下，什么途径才是最佳的筹集财政收入的方式？而财政交换论则更加关注"程序公正"，其理论基础则在于：什么样的选举程序才是最理想的？

维克塞尔研究财政时所提出的自愿交换理论引发了其后布坎南等学者对财政交换理论的思考。维克塞尔对"公平"税制的研究也成为财政交换理论的重要养分，维克赛尔认为，税收是通过政治程序对个人或利益集团进行分配，在这种分配过程中，个人因纳税而损失的财富的边际效用应等于国家付给个人的边际效用。[1] 换一个角度说，纳税人根据自己对公共品数量效用的意愿，在交换中达成一种每个参与者都能一致接受的最佳的公共品数量和税收份额的匹配。布雷纳恩和布坎南作为财政交换理论的重要研究者，对政府的征税权力从政治学、经济学等角度进行了分析，他们提出的问题也是目前仍为广大纳税人所关注的：政府的征税权力是否应有边界？如果政府的征税权力具有边界，这种边界如何确定？他们认为，通过对税基和税率的合理选择，可以将政府的税收总额控制在理想的边界水平，这就使相关研究得出了与最适课税论完全不同的结论：与最优税制理论所主张的宽税基不同，财政交换理论认为窄税基才能有助于控制政府的权力，限制政府税收的收入总额，降低税收所造成的市场扭曲。[2]

---

① Knut Wicksell, Finanztheoretische Untersuchungen, Jena: Gustav Fischer, 1896: Partly Translated as, "*A New Principle of Just Taxation*", in Richard A. Musgrave and Alan T. Peacock eds., Classics in the Theory of Public Finance, London: Macmiilan, 1958, pp. 72 – 118.

② Brennan, G. and J. Buchanan, *The Power to Tax: Analytical Foundations of a Fiscal Constitution*, England: Cambridge University Press, 1980.

总之，财政交换论特别强调政治程序在约束预算决策中的重要性，以使当权者在决策中的自私自利最小化；同时，要求尽量采用受益理论原则设立税种，以有效配置资源。该理论说明了构建"对政府权力的限制"的必要性，扩宽了税收理论研究的视野，对其后的学术研究和政府税收立法原则的确定产生了一定影响。但在现实政治经济生活中，其核心的"选举程序问题"迄今未得到很好的解决，因此缺乏对现实税制的现实指导，理论意义大于实际意义。

四　三种理论对现实税制的影响

体现公平课税论思想的加拿大《皇家税收委员会报告》①（1966）使该国的税制改革基本沿着公平课税理论的宽税基思路进行，也影响了其他发达国家的税收制度改革理念。之后，该理论又渗入到美国的《基本税制改革方案》（1977）和《实现公平、简化和经济增长的税制改革》（1984）中，其税收制度改革的重点在于将个人所得税的税基设立为更广泛的综合税基。而爱尔兰和瑞士的税收制度改革也主要参照公平课税理论，但也进行了部分调整，如建议将支出课税作为所得课税的重要辅助。

与公平课税理论相比，最优课税理论的影响力在现实税收制度改革中较弱，其主要的影响体现在英国税收制度改革的《米德报告》②之中。米德委员会认为，最优课税理论是建立良好的税收制度的基础，而鉴于最优课税理论指导下的税制复杂所可能引起的税收征纳成

---

① 加拿大于 1962 年成立了一个由 6 人组成的皇家税收委员会，就加拿大的税制结构、联邦与省政府关系，税收对国民经济运行（特别是就业、储蓄、投资备查、劳动生产率、经济稳定和增长等）的影响，税收的特殊规定与差别待遇，税收立法等，进行广泛、深入的调查研究，提出政策建议和设想。1966 年的《皇家税收委员会报告》的主要内容就是对加拿大税制选择的设想。

② 詹姆斯·米德这位 1978 年的诺贝尔经济学奖得主，在 20 世纪 70 年代中期授命组成一个委员会（又称米德委员会）。最初设想在一年之内，该委员会就整个英国税制进行研究，提出改革建议。但是，在如此短暂的时间里，这项巨大工程是不可能完成的。因此，该委员会的工作缩小了范围，在两年内仅就直接税提出改革方案。米德委员会于 1978 年公布了成为有关英国个人所得税方面不朽之作的《直接课税的结构与改革》（又称《米德报告》）。其主要思想就是贯彻尼古拉斯·卡尔多 1955 年首次提出的主张，实行累进个人支出税。或者说，把累进课征的税基由个人收入改为个人支出。

本上升、税收制度立法程序冗长等问题，米德委员会部分采用了公平课税理论，提出采用宽税基的所得税作为税收制度的重要组成部分。[①]当然，正如前文所述，最优课税理论对学术界税收制度改革发挥了引领作用。

如前文所述，由于理论意义大于实际意义，财政交换理论对现实中的税收制度改革主要影响的是在税法的立法程序方面，而不是具体的税收制度改革的内容。其最主要的作用在于支持了美国等发达国家运用宪法对各级地方政府的征税权力进行限制的活动。

综上所述，结合本书的研究目标，我们在下面的论述中将试图从理论上结合实证分析（以我国的数据作为实证分析的对象）对以公平为主要目标取向的税收制度进行进一步分析。

第三节　实现税收公平的制度分析

一　税制结构与税收公平

税制结构是指一个国家根据其生产力发展水平、社会经济结构、经济运行机制、税收征管水平等方面情况，合理设置各个税类、税种和税制要素等而形成的相互协调、相互补充的税制体系和布局。[②] 税制结构是一个国家一定时期税收制度的总体设计和内部结构。[③]

现代世界各国的税收制度大多由多个税种组成。以前述三大理想税制，尤其是以公平课税理论为基本理论支撑，根据各个国家自身的国情、政府的政治经济目标，通过建立合理的直接税和间接税比重结构的税收制度，在追求经济效率的同时实现公平原则。随着环境的变化和历史的变迁，各国家的税收制度建设的侧重点也有所不同。

从人类发展史来看，全球税收制度的演进路径基本上都是首先构

---

① ［英］西蒙·詹姆斯、克里斯托弗·诺布斯：《税收经济学》，马国贤译，中国财政经济出版社 2002 年版，第 69 页。

② 黄桦：《税收学》，中国人民大学出版社 2011 年版，第 189 页。

③ 杨斌：《税收学原理》，高等教育出版社 2008 年版，第 144 页。

建传统的直接税（人头税、土地税等）为主体的税收制度，其次过渡到以流转税等间接税为主体的税收制度，最后转变为发达的现代的以所得税为代表的直接税为主体的税收制度。税收公平理论的不断发展正是推动这一演进过程的重要推手。中国经过改革开放后 30 多年的高速增长，税收制度改革面临"追求税负分配公平和公正"。[①] 2015 年，我国《立法法》修改中对税收法定的规定也体现了财政交换理论中关于税收制度改革的公平理念。

按照直接税和间接税在税收制度中的地位和作用的不同，现行全球税收制度主要包括以直接税占主体的税制结构和以间接税为主体的税制结构这两大模式。其中，以直接税为主体的税制结构，是指在税收总收入中直接税收入的比重一般占 2/3 以上，直接税在筹集财政收入、调节经济等方面的作用远大于间接税；相反，以间接税为主体的税制结构是指在税收总收入中，间接税收入的比重占 2/3 以上，筹集财政收入、调节经济等方面的作用主要由间接税来承担。

从公平的维度来分析，理论界和实务界都公认的是，以直接税为主体的税制结构模式更为公平。其原因在于，直接税主要由所得税和财产税构成，所得税因为采取累进税率等而被称为"自动稳定器"，收入越高，需要缴纳的税收就越多，因而具有较强的累进性；财产税则更是将征收对象指向了拥有不动产的富裕阶层。通过直接税的征收，国民收入初次分配所形成的收入差距得以缩小，社会收入分配不公平在一定程度上得以纠正。

间接税大部分由流转税构成，通常采用比例税率，这就使间接税实际上是累退的，即收入越高的人群相对来说反而税收负担越轻；再加上由于现实经济生活中大量存在税负转嫁，为了防止价格扭曲，间接税在税率设置上往往对于需求弹性小的生活必需品设立高税率，对需求弹性大的奢侈品设立低税率，使税负在富裕人群和低收入人群间的承担更加不公平，从而可能形成这样一种后果：间接税推动了收入差距加大，不能发挥促进公平的作用。

----

① 高培勇：《论完善税收制度的新阶段》，《中国税务报》2014 年第 2 期。

二　我国直接税与税收公平的关系分析

伴随着我国改革开放所取得的丰硕的经济发展成果，我国市场经济不断完善，市场在收入分配中发挥的作用日益重要，但相应的再分配调控机制未能完全到位，导致贫富差距有所扩大，收入分配领域的不公平问题受到人们的日益关注。税收作为政府进行宏观调控的重要工具，其对收入初次分配和再分配中的调节作用有目共睹。但欲用税收手段进行收入分配差距的调节，间接税由于其"累退性"显然很难达到要求，因此，调节收入分配的重担就主要压在了直接税上。那么，我国直接税的分配效应究竟如何？是否对收入分配差距起到了一定的调节作用？今后该向什么方向进行调整？

国内目前已有的文献中，对直接税与收入分配之间关系的研究大多为规范研究，采用实证分析方法的不多。笔者的研究思路是，采用分税制改革以来的时间序列数据（包括城镇居民各年收入的库兹涅茨比率和税收收入中各项直接税所占比重），运用计量分析方法，分析我国直接税比重变动对于税收公平的影响。①

（一）直接税对居民收入分配影响的理论分析

1. 直接税与间接税的划分

中国目前的税制一共设置 18 个税种，实际开征 17 种，即增值税、消费税、城市维护建设税、关税、车辆购置税、企业所得税、个人所得税、土地增值税、房产税、城镇土地使用税、耕地占用税、契税、资源税、车船税、船舶吨税、印花税、烟叶税。其中，增值税、消费税、城市维护建设税、关税和资源税 5 个税种为间接税，即税负能够或者容易转嫁、纳税人与负税人不一致的税种；其他 12 个税种为直接税，即税负不能转嫁或者不易转嫁、纳税人与负税人一致的税种。本文鉴于数据取得原因，在分析中将着重于两大直接税种——企业所得税与个人所得税，以及其他直接税合计（车辆购置税、土地增值税、房

---

① 在研究方法上，笔者此处借鉴了李林木、汤群群《1994 年税制改革以来我国直接税的收入分配效应》，《税务研究》2010 年第 3 期。但模型的被解释变量做了完全修改。

产税、城镇土地使用税、车船税、印花税、烟叶税）的分析。①

2. 直接税的现实选择

在一国税制结构中，若直接税所占比重越高，意味着越多的税收收入来自所得和财富，根据税负归宿理论，这意味着纳税人实际承担的税收负担难以转嫁，因此，更有利于实现税收制度的既定目标，更有利于税收公平。而如果间接税所占比重越高，由于间接税本身的"易转嫁性"及"累退性"，这意味着越多的税收收入来自生产和消费，纳税人与实际税负人可能不一致，不利于税收公平，可能导致贫富差距的进一步加剧，并加剧贫困阶层人群生活困难的可能性。

税收这种分配关系首要取决于一个国家或地区的经济状况和生产力发展水平，因此，一个国家的生产力发展水平也是一国税收制度中主体税种（直接税抑或间接税）的决定性因素。从历史来看，发达国家形成目前以直接税为主的税收制度也并非一步到位，是从封建时期以传统的人头税、土地税等直接税为主的税收制度，逐步发展到资本主义重商主义时期的间接税为主的税收制度，再发展到资本主义大工业时代以所得税等直接税为主的税收制度。目前，包括中国在内的发展中国家由于受到生产力发展水平和税收征管成本的限制，大部分还采用以间接税为主的税收制度，但随着经济的发展，不少发展中国家也在逐步提升直接税的占比，如俄罗斯、泰国等发展中国家的直接税占比也已经超过了40%，与发达国家的税收制度日益接近。随着我国改革开放后30多年经济的高速发展和税收征管技术的进步，我国逐步提高所得税等直接税占比的经济基础和征管环境都已经逐步具备，近年来正在逐步提高直接税比重，进一步推进我国税收制度向更公平、更能维护市场经济的方向改革。

（二）我国直接税对居民收入分配影响的理论分析和实证分析

1. 直接税与我国居民收入分配的实证分析

自我国1994年分税制改革以来，直接税在税收收入中的比重在逐步提高，见表2-1。

---

① 由于我国目前还未开征社会保障税，此处直接税中未包含社会保障费收入。

表2-1 分税制改革以来我国直接税收收入占税收总收入的比重 单位:%

年份	企业所得税比重	个人所得税比重	其他直接税合计比重	全部直接税比重
1994	12.6	1.4	3.2	17.3
1995	12.6	2.2	2.9	17.8
1996	11.5	2.7	4.3	18.6
1997	11.3	3.2	5.5	20.0
1998	11.4	3.7	5.2	20.4
1999	11.9	4.0	6.6	22.5
2000	14.0	5.2	7.9	27.0
2001	17.4	6.6	7.4	31.3
2002	15.2	7.1	7.3	29.7
2003	14.9	6.9	7.9	29.7
2004	15.8	6.7	8.0	30.6
2005	17.9	6.8	7.8	32.5
2006	18.8	6.5	8.3	33.6
2007	19.6	6.4	12.2	38.2
2008	21.1	6.4	10.7	38.2
2009	19.3	6.2	11.3	36.8
2010	18.8	6.3	12.5	37.6
2011	20.5	6.3	12.2	39.0
2012	19.9	5.3	12.5	37.6

注:其他直接税包括车辆购置税、土地增值税、房产税、城镇土地使用税、耕地占用税、契税、车船税、印花税、烟叶税。

资料来源:根据《中国税务年鉴》和《中国统计年鉴》(1995—2013)有关数据计算。

直接税比重的提高是否有利于收入分配差距的缩小?本章拟运用Eviews计量分析软件和格兰杰因果检验方法,分析直接税比重变动对于社会公平的影响。

2. 变量引入说明

根据上述理论分析,本章以直接税总收入及其个税收入占税收总收入的比重为解释变量,以库兹涅茨比率作为被解释变量。库兹涅茨比率为西蒙·库兹涅茨提出,即把各收入阶层的收入份额与人口比重之间差额的绝对值相加。其计算公式为：

$$R = \sum_{i=1}^{n} |y_i - p_i| \quad (i = 1, 2, \cdots, n)$$

Y_i =（某收入等级平均每人全部年收入×该收入等级平均每户家庭人口数×该收入等级调查户数）/（全国平均每人全部年收入×全国平均每户家庭人口数×全国总调查户数）

其中，$i = 7$，以 1994 年为例，计算库兹涅茨比率的结果（R）如表 2 – 2 所示。

表 2 – 2　　　　　　　　　1994 年我国库兹涅茨比率　　　　　　单位：%

收入等级	人口比重［调查户比重（P_i）］	收入份额（Y_i）	$|Y_i - P_i|$
最低收入户	10	5.62	4.38
低收入户	10	6.96	3.04
中等偏下收入户	20	16.06	3.94
中等收入户	20	18.87	1.13
中等偏上收入户	20	22.44	2.44
高收入户	10	13.12	3.12
最高收入户	10	17.32	7.32
合计	100	—	R = 25.37

历年库兹涅茨比率的计算结果如表 2 – 3 所示。

表 2 – 3　　　　分税制改革以来我国城镇居民按收入等级划分的
库兹涅茨比率　　　　　　单位：%

年份	库茨涅兹比率（R）
1994	25.37
1995	23.86
1996	24.37
1997	25.5
1998	26.8
1999	27.65

续表

年份	库茨涅兹比率（R）
2000	29.02
2001	30.83
2002	38.61
2003	39.49
2004	41.64
2005	42.82
2006	42.97
2007	41.20
2008	42.07
2009	41.02
2010	40.20
2011	39.98
2012	38.16

注：由于 2014 年的《中国统计年鉴》中取消了对居民收入等级的划分，故本书计算得出的库兹涅茨比率截至 2012 年。

资料来源：根据《中国统计年鉴》（1995—2013）有关数据计算。

3. 数据平稳性检验

分别用 R、PCIT、PIIT、PODT、PDT 表示库兹涅茨比率、企业所得税比重、个人所得税比重、其他直接税合计比重、全部直接税比重。用 ADF 方法对数据进行平稳性检验结果显示，R 序列以 98.62% 的概率拒绝原假设，即存在单位根，是一个非平稳序列。PODT 序列在 10% 的显著性水平上通过单位根检验，为平稳序列。PCIT 序列、PIIT 序列、PDT 序列均拒绝原假设，即各个变量的时间序列数据均为非平稳序列。再对各个变量进行一阶差分，检验结果显示，ΔR 序列在 10% 的显著性水平上通过单位根检验，即该序列是平稳的，同时，ΔPCIT 序列在 5% 的显著性水平上通过单位根检验，ΔPDT 序列在 1% 显著性水平上通过单位根检验，ΔPIIT 序列未能通过单位根检验。PI-IT 序列在二阶差分下才通过检验。从上述检验可以看出，库兹涅茨比率和企业所得税比重序列、全部直接税比重序列具有相同的单整阶数，均是一阶单整序列，因此，这两个序列可能与库兹涅茨比率存在协整关系。考虑到 PIIT 序列的平稳性，将 PIIT 序列取对数，也对 R 序列、PCIT 序列、PODT 序列、PDT 序列取对数并进行单位根检验，检验结果表明，序列 ln（R）、ln（PCIT）、ln（PIIT）、ln（PODT）、ln（PDT）是非平稳的，一阶差分以后是平稳的。因此，都取对数后的 PCIT 序列、PIIT序列、PODT 序列、PDT 序列可能与库兹涅茨比率存在协整关系。

4. 方程的回归估计

首先，以全部直接税比重为自变量，以库兹涅茨比率为因变量，建立回归方程，具体回归结果如下：

$$\sum_{s=0}^{D} N_{t,t-s} + \sum_{s=1}^{\infty} N_{t,t+s} = \sum_{s=t}^{\infty} G_s (1+r)^{t-s} - W_t^g$$

$$t = (3.159238) \quad (8.310210)$$

$$(N_{t,k} = 0.802462 \quad D.W. = 0.720525 \quad F = 69.05959) \quad\quad (2.1)$$

对回归方程的残差进行单位根检验，检验结果表明，方程的残差序列存在单位根，因此回归方程是伪回归，需要对模型进行修正。

根据前文所述，取对数后全部直接税比重序列可能与库兹涅茨比率存在协整关系，因此建立以下回归方程：

$$\ln(R_t) = \alpha + \beta \times \ln(PDF_t) + \varepsilon$$

$$\ln(R_t) = -0.172765 + 0.717528 \times \ln(PDT_t) + \varepsilon$$

$$t = (-1.802510) \quad\quad (9.676810)$$

$$(R^2 = 0.846349 \quad D.W. = 0.790878 \quad F = 93.64065) \quad\quad (2.2)$$

对回归方程的残差进行单位根检验，在一阶差分后检验结果显示，残差序列在 5% 的显著性水平上拒绝原假设，接受不存在单位根的结论。因此该回归方程的残差是平稳序列，表明 ln（R_t）和 ln（PDT_t）之间存在协整关系。

利用 Jarque – Bera 统计量进行残差正态性检验。JB 统计量服从卡方分布，其伴随概率 P 为 0.798997，方程的残差序列满足正态性要求。

对残差序列进行怀特（White）检验，结果显示，$Obs \times R^2 =$ 8.709458 $< \chi^1_{0.01}(2) = 9.21034$，说明模型在 1% 的显著性水平上不能拒绝原假设，即回归模型无异方差。

残差的自相关性检验：由于 D. W. 值仅仅检查残差序列是否存在一阶序列相关，且要求 $n > 18$。因此，采用 LM 检验（拉格朗日乘数检验）残差序列是否存在自相关性。从统计结果可以看出，方程 LM 统计量的伴随概率 P 值为 0.064081，大于 5%，说明在 5% 的显著性水平上回归方程的残差不存在自相关性。

模型可决系数 $R^2 = 0.846349$，表明模型在整体上拟合较好，对全部直接税比重的对数序列的系数，t 统计量为 9.676810，拒绝原假设，表明全部直接税比重的变动率对库兹涅茨比率的变动率有显著性影响，全部直接税比重每增加 1% 会使库兹涅茨比率增加 1.790878%。

其次，以企业所得税比重、其他直接税合计比重为自变量，以库兹涅茨比率为因变量，建立回归方程，具体回归结果如下：

$$R = \alpha + \beta_1 \times PCIT + \beta_2 \times PODT + \varepsilon$$

$$R = 0.073672 + 1.522994 \times PCIT + 0.37626 \times PODT + \varepsilon$$

$$t = (1.372683) \qquad (2.646462) \qquad (0.586305)$$

$$(R^2 = 0.733049 \quad D. W. = 0.711208 \quad F = 21.96809) \qquad (2.3)$$

对回归方程的残差进行单位根检验，检验结果表明，方程的残差序列存在单位根，因此回归方程是伪回归，需要对模型进行修正。

根据前文所述，取对数后全部直接税比重序列可能与库兹涅茨比率存在协整关系，因此建立以下回归方程：

$$\ln(R_t) = \alpha + \beta_1 \times \ln(PCIT_t) + \beta_2 \times \ln(PIIT_t) + \beta_3 \times \ln(PODT_t) + \varepsilon$$

$$\ln(R_t) = 0.633624 + 0.572479 \times \ln(PCOT_t) + 0.241286 \times \ln(PIIT_t) - 0.030844 \times \ln(PODT_t) + \varepsilon$$

$$(3.308324) \quad (3.301651) \quad (2.775050) \quad (-0.267833)$$

$$(R^2 = 0.865920 \quad D. W. = 1.238027 \quad F = 32.29129) \qquad (2.4)$$

对回归方程的残差进行单位根检验，检验结果表明，残差序列在 10% 的显著性水平上拒绝原假设，接受不存在单位根的结论。因此，该回归方程的残差是平稳序列，表明 $\ln(R_t)$ 和 $\ln(PCIT_t)$、$\ln(PIIT_t)$、

$\ln(\,PODT_t\,)$之间存在协整关系。

利用 Jarque – Bera 统计量进行残差正态性检验。JB 统计量服从卡方分布，其伴随概率 P 为 0.068618，方程的残差序列满足正态性要求。

对残差序列进行怀特检验，结果显示，$Obs \times R^2 = 8.037113 < \chi^2_{0.10}$（9）= 14.6837，说明模型在 10% 的显著性水平上不能拒绝原假设，即回归模型无异方差。

残差的自相关性检验：采用 LM 检验（拉格朗日乘数检验）残差序列是否存在自相关性。从统计结果可以看出，方程 LM 统计量的伴随概率 P 值为 0.2402，大于 10%，说明在 10% 的显著性水平上回归方程的残差不存在自相关性。

多重共线性检验：解释变量之间的简单相关系数结果如下：lnPCIT 与 lnPIIT 之间为 0.717948，lnPCIT 与 lnPODT 之间为 0.835185，lnPIIT 与 lnPODT 之间为 0.847379。同时，由于模型可决系数 $R^2 = 0.865920$，表明模型在整体上拟合较好，其中 LNPCIT 与 LNPIIT 的 t 值表明两个变量对库兹涅茨比率的变动率有显著性影响。但对其他直接税比重的对数序列的系数，t 统计量为 – 0.267833，表明其他直接税比重的变动率对库兹涅茨比率的变动率没有显著性影响，因此模型中解释变量可能存在一定的多重共线性。

结合经济意义和统计检验，将影响不显著的变量 lnPODT 删去，得到如下模型：

$$\ln(\,R_t\,) = \alpha + \beta_1 \times \ln(\,PCIT_t\,) + \beta_2 \times \ln(\,PIIT_t\,) + \varepsilon$$

$$\ln(\,R_t\,) = 0.615276 + 0.543982 \times \ln(\,PCOT_t\,) + 0.226215 \times \ln(\,PIIT_t\,) + \varepsilon$$

$$t = (\,3.544470\,) \quad (\,4.093858\,) \quad (\,3.516328\,)$$

$$(\,R^2 = 0.865279 \quad D.\,W. = 1.157488 \quad F = 51.38207\,) \tag{2.5}$$

对回归方程的残差进行单位根检验，检验结果表明，残差序列在 10% 的显著性水平上拒绝原假设，接受不存在单位根的结论。因此，该回归方程的残差是平稳序列，表明 $\ln(\,R_t\,)$ 和 $\ln(\,PCIT_t\,)$、$\ln(\,PIIT_t\,)$ 之间存在协整关系。

利用 Jarque – Bera 统计量进行残差正态性检验。JB 统计量服从卡方分布，其伴随概率 P 为 0.708302，方程的残差序列满足正态性要求。

对残差序列进行怀特检验，结果显示，$Obs \times R^2 = 5.405889 < \chi^2_{0.10}(5) = 9.23625$，说明模型在 10% 的显著性水平上不能拒绝原假设，即回归模型无异方差。

残差的自相关性检验：采用 LM 检验（拉格朗日乘数检验）残差序列是否存在自相关性。从统计结果可以看出，方程 LM 统计量的伴随概率 P 值为 0.1912，大于 10%，说明在 10% 的显著性水平上回归方程的残差不存在自相关性。

模型可决系数 $R^2 = 0.865279$，表明模型在整体上拟合较好，其中 lnPCIT 与 lnPIIT 的 t 值分别为 4.093858 和 3.516328，表明两个变量对库兹涅茨比率的变动率有显著性影响。企业所得税比重每增加 1% 会使库兹涅茨比率增加 0.543982%，个人所得税比重每增加 1% 会使库兹涅茨比率增加 0.226215%。

5. 格兰杰因果检验

在前面各项检验的基础上，再对全部直接税比重变动率、企业所得税比重变动率、个人所得税比重变动率与库兹涅茨比率变动率是否存在因果关系进行检验，由于本书采用库兹涅茨比率来衡量征税后的社会公平关系，因而只检验各税种（类）所占比重变动是不是引起库兹涅茨比率变动的原因，具体检验结果见表 2 - 4。可以看出，在原假设条件全部直接税比重变动不是引起库兹涅茨比率变动的原因、企业所得税比重变动不是引起库兹涅茨比率变动的原因下，其 F 值统计量均很小，相伴概率 P 也均显著大于 10%，因而可以认定全部直接税比重变动和企业所得税比重变动不是引起库兹涅茨比率变动的原因。而在原假设条件个人所得税比重变动不是引起库兹涅茨比率变动的原因下，其 F 值统计量较大，相伴概率 P 小于 10%，可以认为，个人所得税比重变动是引起库兹涅茨比率变动的格兰杰原因。

表 2 - 4　　　　　　　　　格兰杰因果检验

统计原假设	样本量	F 统计量	P 值
全部直接税比重变动不是引起库兹涅茨比率变动的原因	17	0.07382	0.9293
企业所得税比重变动不是引起库兹涅茨比率变动的原因	17	1.97761	0.1810
个人所得税比重变动不是引起库兹涅茨比率变动的原因	17	15.0057	0.0005

6. 实证分析结论

从 1994—2012 年我国城镇居民库兹涅茨比率与企业所得税、个人所得税、其他直接税合计、全部直接税之间的实证研究可以看出：全部直接税比重、企业所得税比重、个人所得税比重与个人收入差距之间存在正相关关系，但其中全部直接税比重和企业所得税比重与个人收入差距之间的相关关系并未通过格兰杰因果检验，只有个人所得税比重与个人收入差距之间的相关关系通过了格兰杰因果检验。而个人所得税比重与个人收入差距之间的正相关关系意味着虽然我国个人所得税比重从 1994 年的 1.4% 逐步提高到 2012 年的 5.3%，但个人所得税比重的提高非但没有起到缩小个人收入差距的作用，反而加大了收入不公平程度，根据实证结果，我国个人所得税比重每增加 1% 会使库兹涅茨比率增加 0.226215%。另外，虽然全部直接税比重和企业所得税比重与个人收入差距之间的相关关系并未通过格兰杰因果检验，但是实证结果中的正相关关系同样说明全部直接税比重和企业所得税比重的上升也没有起到缩小收入差距的作用。

因此，虽然本实证研究的样本量较小（仅选取 1994—2012 年的数据），其实证分析结果有待今后进一步检验，但实证分析可以得出的基本结论是：我国全部直接税比重的逐年提高并没有发挥理论上的缩小居民收入差距的作用，反而进一步扩大了居民收入差距。究其原因，主要是税收负担的不合理分配。以个人所得税为例，其税收收入结构中超过 50% 来自工资薪金所得，也就是个人所得税的收入来源主要是中低收入者，高收入阶层远远未能缴纳与其收入相对称的税收。这其中既有现行个人所得税采用分类所得税制的原因（导致相同金额但来源不同的收入可能要缴纳不同的税收，收入来源多元化的高收入者可能缴纳的税收比中低收入者还少），也有我国目前税收遵从程度较低的原因（虽然从 2006 年起我国实行年收入 12 万元以上的个人自行申报纳税制度，但是自行申报率一直偏低）。

相关政策建议笔者拟在第六章中集中阐释。

三 我国间接税与税收公平的关系分析①

（一）间接税对居民收入分配影响的理论分析

间接税主要是从个人收入的使用方面减少货币的实际购买力，调节个人可支配的实际收入。以间接税的主要构成——流转税为例，一方面，由于流转税的税收负担可以通过商品价格转嫁给消费者，因此，流转税降低了个人的购买能力和收入水平；另一方面，流转税也可以用来调整个人消费选择，如政府通过对生活必需品不征税或少征税，对非生活必需品或奢侈品征税或征高税，引导消费者的消费选择，从而可以在一定程度上缩小贫富差距。由此可见，间接税对社会公平的影响分别是从个人收入水平再分配和消费结构两个方面实现的，我们在重视直接税对社会收入公平分配功能的同时，也不能忽视间接税对实现社会公平的影响。笔者鉴于数据取得原因，在分析中将着重于增值税、消费税、营业税以及资源税与城建这几大间接税种与社会公平关系的分析。

国外有部分学者对间接税是否影响社会公平及收入分配进行了研究。弗里贝恩（J. Freebain, 1997）认为，一般而言，中低收入阶层承担的间接税税负明显高于高收入阶层所承担的间接税税负。Dixo 和 Rimmer（1999）认为，间接税的征收会造成低税负商品价格的上涨和高税负商品价格的下跌。克雷默等（Cremer at el., 2001）、雷尔（H. T. Rele, 2007）认为，间接税具有一般税收能对穷人和富人财富进行重新分配的特性，一定程度上对国民收入的重新分配起到了重要作用。塞斯（E. Saez, 2004）发现，在短期内，间接税对收入分配能起到较大作用，但从长期来看，只有直接税才能更有效地促进收入

---

① 杨杨、杜剑、束磊：《我国间接税与收入分配公平关系的实证分析》，《税务与经济》2012 年第 5 期。

分配。

国内学者对于间接税对社会公平及收入分配影响的研究也并不多，其中有代表性的实证分析为刘怡和聂海峰（2004）所进行的间接税负担对收入分配的影响分析。他们利用城市住户调查资料考察了中国增值税、消费税和营业税这三项主要的间接税在不同收入群体的负担情况。研究表明，从年度收入来看，各项税收都是显著累退的；从终身收入来看，所有税收呈累退性减弱。低收入家庭收入中负担增值税和消费税的比例大于高收入家庭，但高收入家庭收入中负担营业税的比例大于低收入家庭。整个间接税是接近成比例负担的。间接税恶化了收入分配，但并不显著。石柱鲜等（2011）利用 CGE 模型分析了我国间接税税率的降低对城乡居民收入的影响，结果表明，间接税税率的降低对缩小城乡各阶层居民的收入差距有利。如果政府能解决农村最低阶层居民的收入，那么间接税税率的降低可能是解决我国收入分配不公问题的好政策之一。贾康（2011）认为，越是低收入阶层，实际的税收痛苦程度越高，因为低收入阶层的恩格尔系数高，在个人或家庭收入中可能有 80% 甚至更高的比重要用于基本消费品的支出，同时不得不承受这里面所含的间接税负担。这种分析触及了当下中国税收痛苦指数问题的实质。杨志勇（2011）指出，导致中国目前物价虚高的原因中，间接税比重过高是重要因素之一，因此，有必要降低间接税以促进国内消费。

建议方面，魏润水（2004）认为，可借鉴美国和加拿大的经验，在低收入者缴纳个人所得税时抵扣部分已缴纳的间接税；安体富和蒋震（2009）通过测算我国国民收入初次分配和最终分配格局并加以比较分析，给出了"应降低增值税、企业所得税税负，改革个人所得税、提高其调节力度"的结论。

笔者在以往研究的基础上，采用库兹涅茨比率衡量社会公平，对间接税与社会公平关系建立线性模型，采用逐步回归的分析方法，进一步研究我国间接税与社会公平关系的问题。

（二）变量选择、模型设计与实证分析

前文中我们已做了分析，认为间接税对社会公平也有相当的影响。因此，下文拟根据分税制改革以来我国城镇居民的库兹涅茨比率和税收收入中各项间接税所占比重的时间序列数据，运用 Eviews 计量分析软件和格兰杰因果检验方法，分析间接税比重变动对于社会公平的影响。

1. 变量引入说明

（1）被解释变量。本章选用库兹涅茨比率作为被解释变量，用符号 R 表示。如前文所述，可以计算出分税制改革以来 1994—2012 年的库兹涅茨比率，历年库兹涅茨比率的计算结果如表 2 - 3 所示。

（2）解释变量。根据上述理论分析，本书以间接税总收入及其中各税收入占税收总收入的比重为解释变量，分别用 PVAT、PCT、PBT、PRT、PUMCT、PIT 表示增值税比重、消费税比重、营业税比重①、资源税比重、城建税比重、全部间接税比重。从 1994 年分税制改革以来，随着我国税制中直接税比重的增加，间接税在税收收入中的比重逐步降低，见表 2 - 5。

表 2 - 5　　分税制改革以来我国间接税收入占税收总收入的比重　　单位:%

年份	增值税比重（PVAT）	消费税比重（PCT）	营业税比重（PBT）	资源税比重（PRT）	城建税比重（PUMCT）	全部间接税比重（PIT）
1994	43.2	10	13.3	0.9	3.4	70.8
1995	44.2	9.3	14.4	0.9	3.5	69.4
1996	38.6	9.2	15.4	0.8	3.5	67.7
1997	42.3	8.6	16.4	0.7	3.3	71.3
1998	44.7	9.6	18.6	0.7	3.4	77
1999	45.5	8.8	17.5	0.6	3.3	75.7
2000	45.1	7.3	15.9	0.5	3.0	71.8
2001	46.8	6.6	13.8	0.4	2.5	69.8
2002	47.9	6.3	14.5	0.4	2.8	71.9

---

① 由于 2014 年的《中国统计年鉴》取消了对居民收入等级的划分，故本书计算得出的库兹涅茨比率截至 2012 年，彼时还未开始"营改增"改革，因此营业税在当时仍属于我国间接税的重要组成部分。

续表

年份	增值税比重 （PVAT）	消费税比重 （PCT）	营业税比重 （PBT）	资源税比重 （PRT）	城建税比重 （PUMCT）	全部间接税 比重（PIT）
2003	49.3	6.0	14.0	0.4	2.7	72.4
2004	49.0	6.0	13.9	0.4	2.6	71.9
2005	48.2	5.5	13.7	0.5	2.6	70.5
2006	47.2	5.3	13.6	0.6	2.6	69.1
2007	43.7	4.8	13.3	0.5	2.3	64.7
2008	43.7	4.9	13.2	0.5	2.3	64.6
2009	41.4	8.3	14.3	0.5	2.4	66.9
2010	40.6	8.7	14.4	0.5	2.4	66.6
2011	38.9	8.3	14.3	0.6	2.9	65.0
2012	36.5	8.0	14.2	0.8	2.8	62.3

注：因数据取得原因，此表的间接税中未包含关税。由于关税收入所占比重不高，对最后计算结果影响可以忽略。

资料来源：根据《中国税务年鉴》和《中国统计年鉴》（1995—2013）有关数据计算。

2. 数据平稳性检验

因为本章实证研究采用的是时间序列数据，为避免出现数据之间的伪回归现象，需要对变量进行平稳性检验。用 ADF 方法对数据进行平稳性检验，检验结果显示，R 序列以较大的 P 值，即 98.62% 的概率拒绝原假设，即存在单位根，是一个非平稳序列。同样，PVAT 序列、PCT 序列、PBT 序列、PRT 序列、PUMCT 序列、PIT 序列均拒绝原假设，即各个变量的时间序列数据均为非平稳序列。再对各个变量进行一阶差分，检验结果显示，ΔR 序列在 10% 的显著性水平上通过单位根检验，即该序列是平稳的。同时，ΔPUMCT、ΔPIT 序列在 1% 显著性水平下通过单位根检验，ΔPVAT 在 5% 的显著性水平上通过单位根检验，ΔPCT、ΔPBT、ΔPRT 序列未能通过单位根检验。PCT、PBT、PRT 序列均在二阶差分下才通过检验。从上述检验可以看出，库兹涅茨比率和城建税比重、全部间接税比重、增值税比重序列具有相同的单整序列阶数，均为一阶单整序列，因此这两个序列可能与库兹涅茨比率存在协整关系。考虑到 PCT、PBT、PRT 序列的平稳性，将 PCT、PBT、PRT 序列取对数，同时也对 R 序列、PVAT 序列、PUMCT 序列、PIT 序列取对数并进行单位根检验，检验结果表明，序列 ln(R)、ln(PVAT)、ln(PUMCT)、ln(PIT) 是非平稳的，一阶差分以后是平稳的。因此，都取对数后的增值税比重、城建税比重、全部间接税比重序列可能与库兹涅茨比率存在协整关系。ln(PCT)、ln(PBT)、ln(PRT) 序列是非平稳的，二阶差分后平稳。由于消费税比重、营业税比重、资源税比重取对数后仍然与库兹涅茨比率不具有相同的单整阶数，因此与库兹涅茨比率不存在协整关系。

3. 方程的回归估计

根据上文数据平稳性检验，适合于建立模型的解释变量只有城建税比重、全部间接税比重序列以及取对数后的增值税比重、城建税比重、全部间接税比重序列。由于全部间接税比重与城建税比重、增值税比重均存在相关性，而城建税的税基是增值税、营业税和消费税这三大流转税之和，城建税比重与增值税比重也存在相关性，如果将这些解释变量放入一个方程会引起多重共线性，因此，下面将分别对各解释变量建立模型。

首先，全部间接税比重序列可能与库兹涅茨比率存在协整关系，因此以全部间接税比重为自变量，以库兹涅茨比率为因变量，建立回归方程一：

$$R_t = \alpha + \beta \times PIT_t + \varepsilon \qquad (2.6)$$

同时，根据前文所述，取对数后全部间接税比重序列可能与库兹涅茨比率存在协整关系，因此建立回归方程二：

$$\ln(R_t) = \alpha + \beta \times \ln(PIT_t) + \varepsilon \qquad (2.7)$$

其次，城建税比重序列可能与库兹涅茨比率存在协整关系，因此以城建税比重为自变量，以库兹涅茨比率为因变量，建立回归方程三：

$$R_t = \alpha + \beta \times PUMCT_t + \varepsilon \qquad (2.8)$$

同时，取对数后城建税比重序列可能与库兹涅茨比率存在协整关系，因此建立以下回归方程四：

$$\ln(R_t) = \alpha + \beta \times \ln(PUMCT_t) + \varepsilon \tag{2.9}$$

另外，取对数后增值税比重序列可能与库兹涅茨比率存在协整关系，因此建立以下回归方程五：

$$\ln(R_t) = \alpha + \beta \times \ln(PVAT_t) + \varepsilon \tag{2.10}$$

由于增值税、消费税、营业税是间接税中最重要的三个税种。因此，虽然消费税比重、营业税比重与库兹涅茨比率不存在协整关系，本章仍将取对数后增值税比重、营业税比重和消费税比重序列与取对数后的库兹涅茨比率建立回归方程，以了解三大流转税对库兹涅茨比率的影响是正向还是负向，建立回归方程六：

$$\ln(R_t) = \alpha + \beta_1 \times \ln(PVAT_t) + \beta_2 \times \ln(PCT_t) + \beta_3 \times \ln(PBT_t) + \varepsilon \tag{2.11}$$

各方程的回归结果如表 2 – 6 所示。

表 2 – 6　　　　　　　　　　　数据回归结果

变量	模型 1	模型 2	模型 3	模型 4	模型 5	模型 6
α	0.953308 ** (3.281123)	– 1.738433 (– 5.298874)	0.786258 *** (14.16905)	– 5.848908 *** (– 9.457500)	– 0.723604 (– 1.380219)	– 4.195309 *** (– 4.611659)
PIT_t	– 0.871400 (– 2.085709)					
$PUMCT_t$			– 15.35664 *** (– 7.977857)			
$\ln(PIT_t)$		– 1.803601 (– 2.034304)				
$\ln(PUMCT_t)$				– 1.337324 *** (– 7.720567)		
$\ln(PVAT_t)$					0.430532 ** (0.679583)	– 0.618872 (– 1.134858)
$\ln(PCT_t)$						– 0.675340 *** (– 2.908652)

续表

变量	模型 1	模型 2	模型 3	模型 4	模型 5	模型 6
$\ln(PBT_t)$						-0.433189 (-0.851391)
调整的 R^2	0.156916	0.148469	0.776803	0.765035	-0.030820	0.502250
D. W.	0.284290	0.265488	1.482609	1.439457	0.078164	0.843126
统计量	4.350180	4.138391	63.64621	59.60716	0.461833	7.054232

注: ***和**分别表示在1%和5%的显著性水平上通过检验。

对上述回归方程的残差进行单位根检验，检验结果表明方程一、方程二、方程五的残差序列存在单位根，因此回归方程是伪回归，需要对模型进行修正，方程六前文已经进行了阐述，由于变量数据未通过协整检验，因此回归方程是伪回归，需要对模型进行修正。方程三、方程四残差序列在10%的显著性水平上拒绝原假设，接受不存在单位根的结论。因此，这两个回归方程的残差是平稳序列，表明库兹涅茨比率和城建税比重之间存在协整关系。

利用 Jarque – Bera 统计量对方程三、方程四进行残差正态性检验。JB 统计量服从卡方分布，其伴随概率 P 为 0.046004，方程的残差序列不满足正态性要求。因此线性回归方程三不符合假设。而方程四 JB 统计量服从卡方分布，其伴随概率 P 为 0.846524，方程的残差序列满足正态性要求。

再对方程四残差序列进行怀特检验，结果显示，$Obs \times R^2 = 3.058077 < \chi^2_{0.10}(2) = 4.60517$，说明模型在10%的显著性水平上不能拒绝原假设，即回归模型无异方差。而方程四的残差自相关性检验中，由于 D. W. 值仅仅检查残差序列是否存在一阶序列相关，且要求 $n > 18$。因此采用 LM 检验（拉格朗日乘数检验）残差序列是否存在自相关性。从统计结果可以看出，方程 LM 统计量的伴随概率 P 值为 0.4975，大于10%，说明在10%的显著性水平上回归方程的残差不存在自相关性。

综上所述，回归方程四通过了各项检验，同时其模型可决系数

$R^2 = 0.765035$，F 值为 59. 60716，表明模型在整体上拟合较好。其中 ln（PUMCT）的 t 值为 − 7. 720567，表明变量城建税比重变动率对库兹涅茨比率的变动率有显著性影响。

在前面各项检验的基础上，再对城建税比重变动率与库兹涅茨比率变动率是否存在因果关系进行检验，具体检验结果见表 2 − 7。可以看出，在原假设条件城建税比重不是引起库兹涅茨比率变动的原因下，其 F 值统计量较大，相伴概率 P 小于 10%，可以认为，城建税比重是引起库兹涅茨比率变动的格兰杰原因。在原假设条件库兹涅茨比率变动不是引起城建税比重变动的原因下，其 F 值统计量很小，相伴概率 P 显著大于 10%，因而可以认定库兹涅茨比率变动不是引起城建税比重变动的原因。

表 2 − 7　　　　　　　　　　　格兰杰因果检验

统计原假设	样本量	F 统计量	P 值
城建税比重变动不是引起库兹涅茨比率变动的原因	17	9.95347	0.0028
库兹涅茨比率变动不是引起城建税比重变动的原因	17	2.25498	0.1474

4. 实证结果分析

从 1994—2012 年我国城镇居民库兹涅茨比率和增值税比重、消费税比重、营业税比重、资源税比重、城建税比重、全部间接税比重的回归模型和各项检验可以看出：城镇居民收入分配差距与城建税比重增长趋势负相关，城建税比重每增加 1% 会使库兹涅茨比率减少 − 1.337324%。城镇居民收入分配差距与消费税比重、营业税比重、全部间接税比重负相关，但回归过程为伪回归，所以仅能作为影响趋势的参考，城镇居民收入分配差距与增值税比重正相关，但同样为伪回归，仅能作为影响趋势的参考。由于城建税税基为增值税、消费税、营业税之和，因此城建税与库兹涅茨比率的协整关系实质反映了库兹涅茨比率与三大流转税之和的协整关系，说明增值税、消费税、营业税对库兹涅茨比率有一定的影响，根据回归方程，增值税比重增加会使库兹涅茨比率增加，这说明增值税的累退性加剧了我国居民收入分配差距；消费税比重增加会使库兹涅茨比率趋于减小，这说明消费税针对奢侈品、对环境有一定污染和对社会有一定危害性的产品征税有利于缩小我国居民收入分配差距；营业税比重增加会使库兹涅茨比率趋于减小，这说明营业税增加有利于缩小我国居民收入分配差距，这与营业税的累退性不相符合，可能是由于和增值税相比，营业税税负较低所致（根据 2008 年国家税务总局统计数据，增值税行业的总体税负为 31%，营业税行业的总体税负为 19.7%①）。

（三）结论与政策建议

1. 结论

需要注意的是，由于本实证研究的样本容量比较小，因而实证结果有待今后进一步检验，但是，从中可以得出的基本结论是：我国增值税比重近年来的逐步下降有利于缩小我国居民收入分配差距；消费税比重的上升也有利于缩小我国居民收入分配差距；说明目前以我国增值税为代表的间接税占税收总收入比例过高不利于我国和谐公平的社会关系的构建。

2. 政策建议

根据前文实证研究结果，目前我国以增值税为代表的间接税占税收总收入的比重过高，不利于发挥税收有效调节收入分配差距的作用。因此，从维护社会公平、推动和谐社会建设、促进经济可持续发展的角度，有必要进一步降低我国间接税的税负水平，逐步引导推动我国直接税占税收总收入比例的提高。同时，间接税中只有消费税有一定的缩小我国居民收入分配差距的作用，因此可以进一步规范消费税征税范围，适当发挥消费税促进社会公平的作用。

（1）规范消费税征税范围，推进社会公平。根据前文分析，消费税比重的上升有利于缩小我国居民收入分配差距，这说明针对一些过度消费会对人类健康、社会秩序、生态环境等方面造成危害的特殊消费品、高能耗消费品、不可再生和替代的石油类消费品、部分奢侈品

---

① 杨贵荣、袁卫东：《增值税行业税负明显高于营业税行业》，《中国税务报》2009 年 6 月 2 日第 1 版。

征税有利于推进社会公平。但目前我国消费税征税范围仍存在一定的问题，尤其是对已经成为人们日常生活必需品的化妆品征收消费税不但不利于社会公平，反而会扩大居民收入分配差距。目前盛行的境外购物、网上购物、海外代购等形式正是目前我国消费税征税范围及税率不完善的一种体现。因此，消费税的征税范围应进一步规范，取消对化妆品等生活必需品的征税，进一步提高烟酒等特殊消费品的税率，以推进社会公平。同时，还应逐渐与增值税接轨，将消费税由价内税改为价外税。

（2）逐步调整税制结构，使我国税收主体由间接税向直接税过渡。从税收发展史看，各西方发达国家的税制结构的演进路径都是遵循传统的直接税为主到间接税为主，再到现代直接税为主的税收制度。西方发达国家的直接税占税收总收入比重普遍在60%以上。因此，包括中国在内的大部分发展中国家的税制结构的发展也基本顺应上述趋势，只是发展速度相对较慢。逐渐降低以增值税为首的间接税占税收总收入比重必然意味着直接税比重的上升。这就需要逐步调整我国的税制结构，优化税收征管水平，通过以所得税为代表的直接税比重的上升实现税收有效调节收入分配差距的作用，促进社会公平。当然，由于目前我国税收征管水平相对落后，税收征管成本较高，基层税务人员素质仍有待进一步提高，因此，我国税收主体由间接税向直接税转变必然是一个渐进的过程，需要与我国税收征管环境相一致，逐步进行调整。

总之，无论税收公平目标架构如何设计，均需要具有良好适应性的税收制度来具体实现。基于此，在第一章对我国税收公平目标进行价值重构后，本章对税收制度的内涵进行了分析与界定，并深入研究了税收学术界和实务界都较为公认的"三大理想税制"，即公平课税论、最适课税论和财政交换论，并分析了这三种理想税制对于现实经济生活的影响。

在有关税收制度的研究中，"税制结构"是一个永恒而且具有很强现实意义的内容。目前，我国的税制结构更加依赖于间接税（流转税）来实现税收的财政功能和效率目标，直接税的比重较低。本章选取了分税制改革以来的数据，通过实证研究，分别深入探讨了我国直接税与税收公平之间的关系、间接税与税收公平之间的关系，得出的基本结论包括：我国全部直接税比重的逐年提高并没有发挥理论上的缩小居民收入差距的作用，反而进一步扩大了居民收入差距。究其原因，主要是税收负担的不合理分配；我国增值税比重近年来的逐步下降有利于缩小我国居民收入分配差距；消费税比重的上升也有利于缩小我国居民收入分配差距；这从另一方面说明目前我国以增值税为代表的间接税占税收总收入比重过高不利于我国和谐公平的社会关系的构建。

第三章　税收人际公平：理论与现状

第一节　税收人际公平的原则

税收原则是指立法机构在设计制定税法、执法机构和行政机构在实施税法时应遵循的指导方针，是评价税制有效性的标准。① 依照本书在第一章中对"税收人际公平"所做的定义，即"税收人际公平目标中的"人"是广义上的概念，其外延不仅包括法律上的自然人、法人，更包括"征税人"与"纳税人"群体。因此，要实现税收人际公平目标，不仅要解决纳税人之间权利与义务的公平分配问题，更要解决征税人与纳税人之间权利与义务的公平问题，也即要实现公民的纳税义务与政府的整体履责义务之间的对等。

在接下来的论述中，我们将试图阐释西方传统税收人际公平原则和在我国现实背景下税收人际公平原则的区别。

一　西方传统的税收人际公平原则

如本书第一章中所述，西方税收公平原则主要集中体现为两方面——受益原则和支付能力原则。由于前文对受益原则和支付能力原则已有详尽阐释，下面不再赘述。

二　我国社会经济文化条件下的税收人际公平原则

需要进一步说明的是，西方传统的税收人际公平原则，实际上解决的仍局限于"纳税人之间的税负公平问题"，并未触及"征税人与

---

① 黄桦：《税收学》，中国人民大学出版社 2011 年版，第 31 页。

纳税人之间税负的公平问题"，因此，仍存在一定的局限性。由此可见，在市场经济高度发达的西方国家，无数经济学家对税收公平问题进行了深入研究，税收公平问题是否得到完善的说明呢？答案是否定的。那么，再比较我国现状，市场经济还不够完善，社会结构呈现多元化，经济大环境不够公平公正，和西方发达国家有很大区别的税制结构，以及不同于西方的税收文化土壤的存在，使我国税收人际公平问题与西方发达国家既有共性的一面，更有我国的特殊性。本书所要进行的研究，正是正视这些区别，试图梳理出达到我国理想税收人际公平目标可能的（而非应该的）实现路径。沿前文所述，"税收人际公平的原则"，也相应地划分为至少两个层次的标准：第一层次的税收人际公平原则，应当是衡量征税人与纳税人之间权利与义务是否对等的标准——笔者将其归纳为"税款缴纳与政府履责整体对等原则"；第二层次的税收人际公平原则，应当是衡量纳税人之间权利与义务分配是否公平的标准——笔者将其归纳为"无差别待遇原则"。

（一）税款缴纳与政府履责整体对等原则

在一个正常运转的社会中，整体来看，纳税人支付税款的总体损失应与政府提供给纳税人的公共产品和公共服务的价值对等。如能达到，则可形成一种天然的有效制约，即对于征税人税款使用的合理性和政府征税规模的制约。在此种制约下，政府（国家）对于税款的开征和使用必须征得纳税人的同意，且受纳税人监督，保证税款用在造福全体社会成员、推动社会经济发展方面，纳税人的合理权利得到最大彰显。这就是税款缴纳与政府履责整体对等原则。根据此原则的定义可知，其主要针对税收人际公平目标体系中的征税人与纳税人之间的税收公平而言。

（二）无差别待遇原则

无差别待遇原则可简称为"一视同仁"原则。但需要特别说明的是，本书所阐释的"一视同仁"，实质上包括两层含义：

第一层含义：横向无差别。即同样条件纳同样税。不能由于人的出身、种族、性别、地位等各种自然差异或社会差异而对纳税人实施不同的税收待遇，因此只要纳税条件相同，则纳税额也应相等。这样既实现了同等条件纳税人的纳税义务公平，同时也限制了行政机关肆意扩大税收征收权的可能，保障了广大纳税人的权利。

第二层含义：纵向无差别。即经济能力或纳税能力不同的人应当按各自的能力大小承担相应的税收负担。由于不同能力的纳税人的应纳税额不一致，因此，与横向无差别相比，纵向无差别原则需要衡量不同纳税人的经济能力或纳税能力，也更为复杂，横向无差别往往忽视了不同纳税人的纳税能力，而纵向无差别则是对横向无差别的有效补充。

由此可以看出，要遵循无差别待遇原则，既要遵循以一般规则为主的"横向无差别"，同样条件纳同样税，实现普遍课征；又要遵循一般规则以外的一些"例外"和"协调"机制，即实现"纵向无差别"。比如，对某些需要扶持的行业（如现代服务业、高新技术产业）、需要优先发展或优先保护的区域（如税收和税源严重背离的西部地区）等给予优惠待遇，在界定和管理严格的情况下，可视为对一般原则的例外。同样，根据无差别待遇原则的界定可知，这个原则主要针对税收人际公平目标体系中的自然人之间的税收公平和法人之间的税收公平。

第二节　我国现行税制人际公平的实证分析

一　征税人与纳税人的税收人际公平分析

社会主义国家税收公平的核心思想在于社会主义的税收是要实现真正意义上的"取之于民，用之于民"，税收能否满足人民的需求，是我国税收征税人与纳税人之间的公平目标是否实现的最重要标准。而税收是否满足人民的需求，则表现为税收是否充分体现了公民权利，使纳税人的权利得到了保障。社会主义国家纳税人权利其基点是：作为纳税人的公民是国家的主人，应当且必须在整个税收相关的经济活动中承担义务及享有权利。纳税人权利的涵盖内容很广泛，至少包括具有财产权性质的权利内容、具有生存权性质的权利内容、具有自由权性质的权利内容等。鉴于目前税收学从"隐学"发展至"显学"的时日尚短，因而，对纳税人权利的保护在我国仍需得到更多重视，不断发展。

（一）现行税收立法体系不够完善

1. 某些重要的纳税人权利保护规定缺位

我国《宪法》规定："中华人民共和国公民有依照法律纳税的义务。"① 可以看出，宪法中规定的税收条款，主要考虑纳税人履行纳税"义务"的责任，而对纳税人"权利"的保护则缺乏体现。我国宪法其他条款中规定公民的基本权利，包括关于政治权利和自由的权利，关于人身权利和自由的权利，关于宗教信仰自由的权利，关于经济、文化和社会权利等方面，也没有直接规定与"税收"相关的权利。

2009 年 11 月 30 日，国家税务总局第一次将零散的有关纳税人权利、义务的规定归纳、细化，在其官方网站上发布《关于纳税人权利与义务的公告》（2009 年第 1 号）（以下简称《公告》），以公告的形式将纳税人所享有的 14 项权利和 10 项义务予以规范。《公告》中，纳税人所享有的权利包括：知情权、保密权、税收监督权、纳税申报方式选择权、申请延期申报权、申请延期缴纳税款权、申请退还多缴税款权、依法享受税收优惠权、委托税务代理权、陈述与申辩权、对未出示税务检查证和税务检查通知书的拒绝检查权、税收法律救济权、依法要求听证的权利、索取有关税收凭证的权利，共 14 项。2011 年 1 月 19 日，国家税务总局又发布了对纳税人权利和义务的含义、法律依据、实现途径及法律责任做出说明的《〈纳税人权利与义务公告〉解读》（以下简称《公告解读》）。但经研究可以看出，无论是《公告》还是《公告解读》，对涉及"纳税人税收立法权""税款

---

① 参见《中华人民共和国宪法》第五十六条。

监督使用权"① "税收信息隐私权" 等重要的纳税人权利仍未涉及，致使纳税人的许多权利在实践中得不到有效保障。

2. 我国税法体系立法层级不高

税法体系，是指由不同税收法律规范相互联系，所构成的一个统一的整体。截至 2017 年，在我国的税法体系中，共有 17 个税种，真正称得上法律的，只有以下四部：2008 年 1 月 1 日起施行的《中华人民共和国企业所得税法》、2011 年 9 月 1 日起施行的现行《中华人民共和国个人所得税法》、2012 年 1 月 1 日开始施行的《中华人民共和国车船税法》和 2001 年 4 月 28 日第九届全国人民代表大会常务委员会第二十一次会议修订的《中华人民共和国税收征管法》。② 这四部法律在我国全部的税收法律法规体系中占比不高。除此之外，我国税法体系中的实体法部分基本上都是由国务院及其主管行政部门（国务院及其下属的财政部、国家税务总局和海关总署）制定的，以行政法规、部门规章甚至税收通告的形式出现，效力级次不高，权威性不够。这是大量行政法规对更高层次的税收法律的取代；实质上，这一现象反映了行政部门对税收立法权的瓜分。最终，只有将立法权还给人民，才能真正将纳税人意志体现于税法体系中，切实保障纳税人权利。

（二）政府的征税权、用税权缺乏有效监督

1. 政府的征税权缺乏有效监督

马克思曾经说过，"税收是喂养政府的奶娘"，一语道破了政府与纳税人之间的关系：政府的正常运行需要税收的支撑，而税收是由纳税人缴纳的，因此，政府征税的广度、征税的深度都理应经过纳税人的同意，并受到纳税人的监督，著名的"无代表，不纳税"就是对此的最好描述。

首先，如何保证征税的严肃性是展现公众监督权力的一个重要方

---

① 与"税收监督权"不同。《公告》中对于"税收监督权"的解释为：对征税人违反税收法律、行政法规的行为，如税务人员索贿受贿、徇私舞弊、玩忽职守、不征或者少征应征税款，滥用职权多征税款或者故意刁难等，可以进行检举和控告。

② 2015 年 1 月，我国印发了《税收征收管理法修订草案（征求意见稿）》。

面。如上文所述，由于我国税法体系立法层级不高，"税收法定原则"在我国其实并未得到严格执行，也导致现实经济生活中"任性征税"的事件时有发生：我国 2011 年新婚姻法中涉及夫妻财产分割，一些地方加征"夫妻房产加名税"；① 2014—2015 年，随着国际油价的波动，我国成品油消费税连续多次上调，引发社会舆论的巨大争议等，都严重影响了征税的严肃性。

对政府征税规模的监控是人民对政府征税权的监控的另一个重要方面。宏观税负水平的测算是反映一国政府征税规模的重要方法。本书采取大口径宏观税负水平进行分析②，即：

大口径宏观税负率 = 所有政府收入/GDP × 100%

目前，我国政府收入基本上分为公共财政收入、政府性基金收入、国有资本经营预算收入和社会保险基金收入四部分。将这四部分相加得出政府收入，再除以当年 GDP，即可得出当年大口径宏观税负率。根据上述计算方法，近五年我国大口径宏观税负率测算结果如表 3－1 所示。

根据表 3－1 的测算结果，我国近六年的大口径宏观税负率均在 33% 以上，那么，这种征税规模和税负水平是否处于合理区间呢？根据世界银行 1987 年的一份调查资料，一国宏观税负水平与该国人均 GDP 呈正相关。人均 GDP 在 260 美元以下的低收入国家，最佳宏观税负为 13% 左右；人均 GDP 在 750 美元左右的国家，最佳宏观税负为 20% 左右；人均 GDP 在 2000 美元以上的中等收入国家，最佳宏观税负为 23% 左右；人均 GDP 在 10000 美元以上的高收入国家，最佳

---

① 2011 年 7 月，《婚姻法司法解释（三）》出台，因涉及夫妻财产分割，不少地方税务部门据此规定，夫妻一方婚前购买的房产，结婚后若在房产证上增加另一方的名字，就须缴纳契税，这个"加名税"遭到舆论的强烈质疑。在民意的压力下，财政部、国税总局一周之后发布通告，规定"婚姻关系存续期间，房屋、土地权属原归夫妻一方所有，变更为夫妻双方共有的，免征契税"，才最终平息风波。

② 宏观税收负担率一般有三种口径计算方法，即大口径宏观税负率、中口径宏观税负率和小口径宏观税负率。其中，大口径宏观税负率 = 所有政府收入/GDP × 100%；中口径宏观税负率 = 财政收入/GDP × 100%；小口径宏观税负率 = 税收收入/GDP × 100%。

宏观税负为30%左右。[1]

表3-1 近五年我国大口径宏观税负率

年份	公共财政收入（亿元）①	政府性基金收入（亿元）②	国有资本经营预算收入（亿元）③	社会保险基金收入（亿元）④	政府收入（亿元）⑤=①+②+③+④	GDP（亿元）⑥	大口径宏观税负率(%)⑦=⑤/⑥×100%
2011	103874.43	41363.13	765.01	25757.66	171760.23	484123.5	35.48
2012	117253.52	37534.90	970.68	31411	187170.10	534123.0	35.04
2013	129209.64	52268.75	1058.43	35994	218530.82	579811.2	37.16
2014	140350.0	54093.0	1410.91	37667	233520.91	636463	36.69
2015	152217	42330	2560	46354	243461	685505.8	35.5
2016	159552	46619	2602	37667	246440	744000	33.1

注：表中数据均来自中华人民共和国财政部网站；其中，2014年社会保险基金收入数据取自2014年全国社会保险基金预算情况。

根据国家统计局公布的数据，我国近年来的人均GDP水平如表3-2所示。

表3-2 我国近五年的人均GDP

	2011年	2012年	2013年	2014年	2015年	2016年	近五年人均GDP的平均值
人民币（元）	36018	39544	43320	46531	49351	53980	42759
美元	5577	6264	6995	7485	7822	8033	6670

注：2010—2013年数据来源于国家统计局网站。

从表3-2可以看出，尽管近六年来我国人均GDP在不断增加，2016年达到了人均53980元（折合8033美元）的新高水平，但仍未

[1] 孙玉栋：《我国税收负担水平的走势及其分析》，http://www.jjxj.com.cn，2004年11月23日。

达到高收入国家的水平（1 万美元）。因此，我国的宏观税负率应在
30% 以内为宜。从这个角度来说，我国近几年每年都高达 33% 以上的
宏观税负是由于我国纳税人缺乏对征税规模的监控权导致的。纳税人
的税收负担偏重，可能抑制社会的生产效率，偏离了征税人与纳税人
的税收人际公平目标。

　　2. 纳税人的用税监督权还可进一步扩大

　　如第一章所述，在现代民主社会和法制社会，纳税人依法纳税，
目的是换取政府提供的公共产品和公共服务，作为政府提供公共产品
和公共服务的"兑换媒介"的税收，这实质是一种契约关系的体现。
其税负的高低应该与政府提供的公共产品、公共服务的范围、数量、
质量与效率有一个基本相当的关系。在当今社会，纳税人除了关注缴
税的原因、缴税的方法、缴税的数额等问题，也越来越关注纳税人的
钱使用的范围、使用的合理性及有效性。《中国青年报》曾经做了一
个关于"作为纳税人，你最关心什么问题？"的调查①，其中被调查
的纳税人中有 49.4% 的人选择了"政府把我们缴的税用到哪儿去
了？"近年来，我国预算支出的透明度有所提高，但透明度仍然不够，
还有提高的空间。从我国现状来看，2015 年 1 月 1 日，历经三届全国
人大雕琢的、被誉为"经济宪法"的新《预算法》终于出台实施，
此次修订后的新《预算法》内容丰富，"赋予前期财政改革成果以法
律地位""赋予十八届三中全会报告提出的财政改革具体设想以法律
地位"是其两大特征，基本解决了全口径预算、公开透明预算体系、
立法宗旨等关键问题。《预算法》修改后，人大对预算的审查监督权
得以大幅度的强化，但其中最需要做实的初审机构——预算委员会仍
然缺位；并且，截至 2016 年"两会"召开期间，人大审查仍然采取
"一揽子"表决，没有分项表决，不能充分发挥人大的预算审查监督
作用；现在，在"两会"上递交人大代表审议的预算材料中，预算编
制只覆盖了基本支出，项目支出没有包含，这使约2/3的资金具体是

---

　　① 董伟、刘玉海：《半数纳税人最关心政府税收用到哪儿了》，《中国青年报》2007 年
3 月 12 日第 3 版。

怎么使用的在现有的政府预算报告中无法向代表展现。此外，每年人大代表审核预算时仍然存在一些困难，比如，缺乏审核预算的必要辅助信息，人均审核时间过短（以 2015 年"两会"为例，预算材料近1800 页，人均审核预算时间不到 15 分钟①），不是每位人大代表都具备预算知识等。"阳光是最好的防腐剂，透明是最好的监督"。笔者相信，对纳税人的用税监督权的强化，对我国预算的进一步公开化、透明化、规范化，能在很大程度上改善我国征税人与纳税人之间的税收人际不公平问题。

3. 税务机构服务意识不足

近年来，各级税务机关探索出了许多优化纳税服务的新思路，包括强化服务意识、丰富服务内容、提升纳税服务的信息化水平等，取得了比较显著的成效。然而，与发达国家相比较，我国纳税服务体系的改进与整个经济社会的前进步伐，与社会的民主化进程都还有一定的差距。受传统思维惯性的影响，不少基层税务机关仍把自己定位于"管理与执法"，未将纳税人置于平等的地位对待，更谈不上向纳税人提供优质的服务。而部分税务部门在税收征管的过程中为了完成每年的"税收计划"，将公平原则置于不顾，为一些规模小的纳税人提供的税收服务往往不足，甚至缺位。这就更加加剧了税收的人际不公平现状，也加剧了规模小的纳税人的税收违法现象。2015 年全国"两会"上，我国著名企业家、全国人大代表、时任格力电器股份有限公司董事长董明珠就指出："税负重不重并不重要，公平更重要。在我看来，公平的税收环境要比税负的高低更能影响企业的发展。"可见，由于税务机关纳税服务意识不强，使税收人际不公平加剧。

（三）纳税人权利受侵害时缺乏有效的司法保障

1. 纳税人的司法监督权落空

日本财税法学界著名学者北野弘久曾说："国家有必要从维护纳税者对国家财政实行民主管理的角度，依据宪法精神，设置一个以保

---

① 蒋洪：《预算材料近 1800 页，只有 15 分钟时间审核》，《澎湃新闻》，http：//www. thepaper. cn/newsDetail_ forward_ 1310301，2015 年 3 月 1 日。

护纳税者基本权为目的的诉讼制度，并以许可纳税者提起主观诉讼的形式，完善纳税者诉讼的法律。"① 但是，目前我国纳税人诉讼制度尚未开放，诉讼制度设置中，纳税人可以就与自己有法律上的直接利害关系的争议提起诉讼，却不允许纳税人以其纳税人身份诉请法院对公共资金（以税款为主）违法之处进行审查和禁止，也不允许公民针对税务机关的行政不作为行为（不查处偷漏税，不征或少征税款等行为）提起行政诉讼，严重影响了用税监督的实效和力度。虽然我国将 2015 年 5 月 1 日开始实施的新的《行政诉讼法》中的"具体行政行为"改为"行政行为"，但并不意味着"抽象行政行为"可讼，只是可以进行附带性审查，充其量是"向前迈了半步"。没有救济就没有权利，相关诉讼制度的缺失，使当前我国纳税人的司法监督权落空。

2. 司法审查制度范围狭窄

作为西方传统法治文明不断演进的产物，"司法审查"（又称"违宪审查"）② 被视为现代司法权的精髓，是通过司法程序来审查、裁决立法和行政机关是否违宪的一种基本制度。它的重要性主要体现在"以权力制约权力"，防止立法权和行政权的滥用。从税法的角度而言，贯穿于税收司法审查制度最基本的理念，应当在于防治行政违法行为对纳税人权利的侵害。我国目前的司法审查制度范围不广，对纳税人权利的保护不够。具体体现在：首先，我国司法审查对象中，没有国家权力机关和行政机关的立法行为。就税收领域而言，只有对做出相关行政行为的税收法律体系（税收法律、法规、规章的合法性、合宪性）等为依据进行审查，才能进一步对税收具体行政行为进行审查，这点因此而缺位。其次，目前司法审查范围中，税务具体行政行为的合法性在其内，但税务具体行政行为的合理性却不在其内，使司法权对行政权的制约度大为受限。

---

① ［日］北野弘久：《税法学原论》第 4 版，陈刚、杨建广等译，中国检察出版社 2001 年版，第 32 页。

② 傅思明：《中国司法审查制度》，中国民主法制出版社 2002 年版，第 11 页。

（四）纳税人维权意识不强

1. "无讼"理念下纳税人权利意识的缺失

"贵和持中、贵和尚中"的儒家思想在我国古代社会处于支配地位，其相应的"无讼""息讼"的文化理念也成为我国传统法律文化的特征。运用法律寻求公正，不符合"无讼""息讼"的传统观念，通过法律的途径来实现和保护个人权利也不是每个被侵害人的首选。表现在如今社会的税收领域，纳税人的权利在遭受执法机关、司法机关侵害时，往往由于"息事宁人"或"畏惧"甚至是惧其诉讼程序烦琐等原因而不通过法律途径来保护自身利益。

2. 我国税收教育缺位

我国著名财税学者高培勇教授曾如是阐释，"财政和税收体制是国家治理体系的重要组成部分，而且牵动所有领域改革"。① 税收学本身是一门交叉融合学科，集经济学、管理学、法学、哲学的学科特征于一身；税法，则体系庞大，内容复杂，其专业性和技术性都很强，正因如此，如果缺乏长期的、持续的知识输入，普通纳税人难以全面深入掌握。虽然近年来，如前文所述，税收学正日益成为一门"显学"，但我国税收教育的发展却不能不说是缓慢的，对比日本、美国等国家早就在其小学教育中融入本国税法知识的做法，我国只在高等教育中才开始涉猎专门的税收学相关教育，而税法的普法教育近几年虽然有很大改善（如每年的税收宣传月、全国税收动漫大赛、2014年开始举办的全国大学生税收辩论赛等），但普及率仍然不高，普通纳税人、非税收专业的受教育者对于税法的关注仍然不够高，2014年2月，《中国青年报》社会调查中心对26578名纳税人进行了一项调查②，92.9%的受访者认为，当前公众对税收政策讨论的参与程度远远不够；85.3%的受访者表示不了解自己每年缴税的基本情况；95.3%的受访者明确表示，想知道自己具体的缴税情况；94.4%的受访者建议，我国也

---

① 高培勇：《财税改革事关国家治理体系优劣》，《经济参考报》2014年9月26日第1版。

② 向楠：《85.3%受访者直言不知缴了多少税》，《中国青年报》2014年2月27日第7版。

应该学习一些国家在商品价格或者消费凭证上标明税款金额。以上种种，如何妄谈纳税人自如运用税法赋予的权利进行自我保护呢？

二 自然人的税收人际公平分析

从自然人的角度出发，哪些税类或税种最能体现税收公平目标呢？首先，要分析税收的调节作用在哪些方面能起作用，在哪些方面不能起作用（除天赋能力、劳动质量和数量之外）。在税收实际运行过程中，由于税负转嫁现象的大量存在，"纳税人"与"负税人"时常处于不一致的状态，这使流转税、企业所得税对收入分配的调节效果不够确定，例如，如果穷人用于买烟的收入比例大，那么烟草税从穷人那里获得的收入要大于富人；但考虑烟税会减少烟的消费量，从而影响生产量，也会使作为资本家的富人收入减少，导致最终结果如何不确定。[1] 由于这样的原因，在实行收入再分配政策时，一般不把流转税和企业所得税作为调节收入分配的手段，而最能体现自然人间税收公平的莫过于税制体系中的所得税类中的个人所得税和财产税类。下面笔者就此对我国的实际情况作分析。

（一）个人所得税角度对税收人际公平的分析

个人所得税，一直被认为是调节国民收入分配的有效手段之一，通过调节社会财富分配，缩小收入差距，遏制贫富分化，促进社会公平。由于超额累进税率的使用，"多收入者多缴税，少收入者少缴税或不缴税"，个人所得税在各国税制体系中通常被视作"削峰填谷""劫富济贫"的"罗宾汉"税种，即个人所得税应该对高收入阶层起到有效的调节作用，通过税收的再分配，缩短低收入者与高收入者之间的收入距离。但是，在我国目前的个人所得税法中，却没有真正体现其调解收入分配差距的作用，反倒在一定程度上成了"劫贫济富"的"工薪阶层工资税。[2] 究其原因，主要有以下几个方面：

1. 分类计征不够公平

我国现行的个人所得税法税目共分为 11 个，用列举法分项按不

---

[1] 杨斌：《税收学原理》，高等教育出版社 2008 年版，第 73 页。

[2] 吴学安：《个人所得税被指已沦为工薪阶层"工资税"》，《中国青年报》2013 年 11 月 21 日第 1 版。

同税率征收税款。优点是税额计算较简便，便于对纳税人的不同的应税项目分别计征，源泉扣缴；缺点则在于难以掌握纳税人的总体收入水平，不利于区分不同纳税人之间的税收负担能力，从而造成了税收人际之间的不公平。随着我国社会经济的不断发展，个人收入来源渠道日渐增多，其中的一些隐性收入，特别是富人的隐性收入，税务机关很难获得相关准确的信息资料，在个税的征收管理上出现较大困难。这就使实际总收入较高，但因收入渠道多且收入分属若干税目的纳税人税负相对较轻；而使那些实际总收入较低，但因只有单一的收入渠道，只属于单一税目的纳税人的税负却相对较重，"劫贫济富"，造成了逆向调节的效果。比如，收入来源固定的工薪阶层，成为纳税主力军，目前全国工薪阶层缴纳的个人所得税已占个人所得税总额的70%以上。

2. 费用扣除设计有失公平

目前我国的个人所得税制以个人为单位进行费用扣除，没有对个人所属家庭的具体情况进行考虑。这样的方式，忽视了人的社会属性，缺乏按家庭设计的综合考量，导致了自然人之间的税负不公平。诚如前任财政部部长楼继伟所言："总体来说，个人所得税面临着税制不合理的问题。个人收入 5000 元/月，日子可以过得不错，如果有抚养、有赡养，那么日子就很艰难。"[1] 在社会属性的体现中，自然人需要负担的支出包括养老、抚养子女、个人发展等，我们举一个三口之家的简单实例进行说明：

三口之家 A：家庭中父亲工资收入 3400 元/月，母亲工资收入 3400 元/月，儿子已成年工作，工资收入也是 3400 元/月，每月总收入 10200 元。因三个人的月工资收入均未达到个人所得税工资薪金所得的免征额标准 3500 元，不考虑三险一金的缴纳数额，家庭每月所缴个人所得税为 0 元。

三口之家 B：家庭中父亲工资收入 5100 元/月，母亲工资收入

---

① 2015 年 3 月 6 日，十二届全国人大三次会议新闻中心邀请时任财政部部长楼继伟就"财政工作和财税改革"的相关问题回答中外记者的提问。

5100 元/月，儿子属学龄前儿童，每月总收入也是 10200 元。不考虑三险一金的缴纳数额，B 家庭中父亲工资收入每月需缴个人所得税 =（5100 – 3500）×3% – 0 = 48 元，同理母亲需缴个人所得税 48 元，每个月家庭共缴纳个人所得税 98 元。

从上述例子中可以看出，同是三口之家，每月家庭总收入相同，由于个人所得税制的设计原因，三口都就业的，不用缴税；有一个未成年子女需要抚养的家庭，反而每月需要缴纳一定数额的个人所得税。费用扣除设计的缺失和以个人为单位进行计征的方式，使我国个人所得税的公平性无法充分展现。

（二）财产课税角度对税收人际公平的分析

财产税的历史几乎和国家一样久远，它是最早出现的税收形式，在历史长河中经历了漫长的发展过程。我国在四千多年前的大禹时期即出现了财产税的雏形"禹贡"，之后，商朝"井田借力"的"助法"（劳役税），周代的"彻"，都是对私有财产征收税收，是我国历史上最早的财产税。财产课税是一个税类（税系），包括土地税、房产税、不动产税、遗产与赠与税等。在西方发达国家，财产税在总税制中虽然不占有最重要的地位，但作为最重要的税收杠杆之一，仍然是调节贫富差距、平衡社会财富的不可或缺的政策手段。其主要原因是，财产税难以转嫁，其税负归宿较为明确，而且由于大部分财产税实行累进税率，对于调节收入分配差距，达成税收人际公平目标具有特殊的意义。相对于西方发达国家来说，我国现行的财产税制比较简单，主要有房产税、城镇土地使用税、城市房地产税、契税、土地增值税等。

我国现行的房产税属于财产税类，是指以房屋作为征税对象，按房屋的计税余值或租金收入为计税依据向产权所有人征收的税种；城镇土地使用税则是对土地征税，按照土地的面积来计税征税。按理说，房子是建在土地上的，但我国却分别对房屋和土地进行征税，不够合理。因此，我国税制改革下一步应该是将这涉及房地产的 10 个税种（在我国包括企业所得税、个人所得税、房产税、城镇土地使用税、城市房地产税、印花税、土地增值税、投资方向调节税、契税、耕地占用税）进行重新整合，统一成"房地产税"。

2011 年起，我国已经在重庆、上海两地进行了房产税试点改革，但从从房产税试点效果来看，所期望的税制本身的调节作用并不明显。正因如此，我国房产税从 2011 年在重庆、上海试点以来一直未扩大试点。[①]

目前，我国在土地开发、房地产交易和不动产持有环节涉及太多种类的税费。2015 年"两会"期间，恒大地产董事局主席许家印表示，现在各种审批费用已经占房价成本的 11%。"最少的地方收 37 项费用，最多的地方收 157 项费。"因此，鉴于我国目前房地产领域税费种类偏多的情况，未来确实应该取消房产税，进而改征房地产税，合并税种，完善税制改革，以进一步调节贫富差距（存量差距），以进一步逼近税收人际公平目标。

笔者认为，同为财产税重要组成部分的遗产与赠与税，由于对于实现税收代际公平目标具有更加重要的作用，笔者将在税收代际公平一章中进行重点讨论。

三　法人的税收人际公平分析

法人是指既具有民事权利能力，又具有民事行为能力，依法独立享有民事权利，并承担民事义务的组织。与自然人不同，法人是种无生命的社会组织体，法人的实质，是一定社会组织在法律上的人格化。[②] 基于本书的研究，本部分中提到"法人"的概念界定为"企业法人"。其实质是经济组织，具有国家规定的独立财产，能够独立承担民事责任、享有民事权利并承担民事义务，有健全的组织机构、组织章程和固定场所。本书将从以下几方面对企业法人的税收人际公平进行分析：第一，以服务业为例，阐释如何对企业法人所属行业无差异征税，以逼近法人间的税收人际公平目标；第二，以创业板企业为例，说明如何对企业法人所属生命周期阶段无差别征税，以进一步实现

---

① 宇博智业市场研究中心：《2012—2016 年房地产行业市场发展格局及投资前景调查分析报告》。

② 法律人：《法人、法人代表和法定代表人有什么区别?》，中国网，http：//www. china. com. cn/law/txt/2008 - 09/24/content_ 16527997. htm，2008 年 9 月 24 日。

法人间的税收人际公平目标；第三，以中小型民营企业为例，探析怎样对企业法人规模无差异征税，从而达到法人间的税收人际公平目标。

（一）对企业法人所属行业无差异征收[①]——以服务业为例

据前文中所提到的对"无差别待遇原则"两个层面的解释，由此可知，要实现对企业法人所属行业的无差异征收，需要达到两个目标：其一，对所属相同行业的企业法人，应征收税负相同的税收，实现"横向的无差别"；其二，对所属不同行业的企业法人，我们应该根据我国目前的经济大环境，判断其所属行业的位置，评估其行业的纳税能力，对国家需要优先发展的企业法人给予优惠待遇，实现"纵向的无差别"。下文中本书将以服务业为例，说明纵向的无差异征收对于我国经济结构进一步转化，实现税收公平目标的重要性。

1. 我国经济结构服务化的进程分析

服务业已经渗透到所有的产业之中，它是任何国家或地区都不可或缺的产业，是各产业发展的催化液、融合剂。在各国经济发展中，存在一个带有规律性的现象：工业化进入中期阶段之后，服务业快速发展，以制造业为主的经济结构逐步向以服务业为主的经济结构转变。学者一般将一国服务业增加值占 GDP 比重越过 50% 视为进入服务经济发展阶段，这个过程被称为经济结构服务化。[②] 经济结构的服务化现象已成为主要经济发达国家的共同变动趋势。

我国经济结构服务化进程虽自改革开放之初就已经启动，但进展比较缓慢，目前仍存在以下几个方面的问题：

（1）服务业总体发展水平仍较低。首先，在我国 GDP 中，作为组成部分的"服务业增加值"所占比重不高。而 20 世纪中叶（20 世纪五六十年代），发达国家服务业在 GDP 中的比重就已经平均达到

---

① 杨杨、杜剑、包智勇：《促进我国经济结构服务化的税收激励政策分析》，《税务研究》2012 年第 2 期。

② 郑江淮、干春晖：《以服务业发展带动经济结构调整》，《人民日报》2011 年 1 月 21 日第 1 版。

72%。① 而我国2014年服务业增加值仅占GDP的48.2%②，与发达国家相去甚远。

其次，服务业就业人口占社会就业总人口的比重不高。发达国家在20世纪六七十年代就实现了服务业就业人口占社会就业总人口的50%。③ 而我国当前服务业就业人口仅占社会就业总人口的34.1%④，远低于发达国家的当前水平。

（2）服务业的国际竞争力仍有提升空间。"十一五"时期，我国服务贸易规模迅速扩大，国际排名提升：在全球服务业出口国际市场占有率排名中，由2005年的第九位上升到2014年的第五位。⑤ 然而，一旦进行横向比较则显露出差距：2014年，中国服务贸易出口额2222.1亿美元，占贸易出口总额的12.3%；而2014年全球服务贸易出口额占贸易出口总额的比重就已达到25.67%的平均水平。⑥

经过30多年的改革开放，今天的中国已经是世界上最大的新兴工业化国家，处于工业化的中后期、城市化的巅峰期、服务化的起步期，我国服务业发展潜力巨大。国家发改委于2011年6月修订发布了《产业结构调整指导目录》（2011年版），作为政府引导投资方向、管理投资项目、制定和实施财税政策等的重要依据。修订后的目录更加注重对推动服务业大发展的支持并细化了服务业鼓励类条目，对我国进一步加快经济结构服务化具有积极意义。

---

① OECD Publishing，"OECD in Figures 2009"，Organisation for Economic Co – operation and Development，http：//www. ebooks. com/474090/oecd – in – figures – 2009/oecd – publishing/，2009.

② 中华人民共和国：《2014公报解读：服务业——中国经济增长新动力》，《中国信息报》，http：//www. stats. gov. cn/tjsj/sjjd/201503/t20150305_ 689566. html，2015年3月15日。

③ OECD Publishing，"OECD in Figures 2009"，Organisation for Economic Co – operation and Development，http：//www. ebooks. com/474090/oecd – in – figures – 2009/oecd – publishing/，2009.

④ 安体富、刘翔：《促进现代服务业发展的税收政策研究：国际比较与借鉴》，《学习与实践》2011年2月15日第5版。

⑤ 刘阳禾：《商务部：我国服务贸易规模扩大国际排名名列前茅》，中国经济网，http：//intl. ce. cn/specials/zxxx/201104/19/t20110419_ 22372004. shtml，2011年4月19日。

⑥ 根据商务部网站相关数据整理得出。

2. 服务业的分类

就服务业分类而言，目前国内外学界并无统一标准。从国外看，典型的服务业分类有两种：美国经济学家布朗宁和辛格尔曼（1975）根据联合国标准产业分类（SIC）把服务业分为三类①（见表3-3）。

表3-3 服务业分类

分类	消费者服务业	生产者服务业	分配服务业
涵盖内容	招待与食品服务	企业管理服务	运输与贮藏
	私人服务	金融服务	交通与邮电
	娱乐与消遣服务	保险与房地产	批发与零售
	杂项服务		

H. G. 格鲁伯（1993）以服务对象为研究对象，将服务业分为"为个人服务的消费者服务业""为企业服务的生产者服务业"和"为社会服务的政府（社会）服务业"。②

在我国，服务业与第三产业基本是指同一个概念。按照不同分类标准，可分为传统服务业、新兴服务业和现代服务业；生产性服务业和消费性服务业等。③ 笔者按照"十二五"规划纲要的口径，将分析的对象分为生产性服务业和生活性服务业。生产性服务业包括金融服务业、现代物流业、技术服务业、商务服务业；生活性服务业包括商贸服务业、旅游业、家庭服务业、体育事业和体育产业。笔者认为，如果服务只是一种中间投入品，属于生产性服务业，对其的需求是一种"中间需求"，不是直接来自最终消费者；而如果直接向最终消费者提供服务的则属于生活性服务业，对生活性服务产品的需求是直接的最终消费需求。

美国经济学家朗德马克（1995）认为，"生产性服务业是为制造

---

① 参见商务部服务贸易司网站。

② ［美］H. G. 格鲁伯：《服务业的增长：原因及影响》，陈彪如译，上海三联书店1993年版，第40—44页。

③ 张少春：《支持服务业发展的财政政策研究》，中国经济出版社2008年版，第3页。

业及其他产业的生产者提供中间投入的服务业。"① 这也代表了理论界对于生产性服务业的一般看法。可以说，在很大程度上，生产性服务业代表着现代服务业，我国服务业若欲进一步优化内部结构，提高技术水平，提升服务业生产率，生产性服务业的发展至关重要。

与生产性服务业相对应，生活性服务业也称"消费者服务业"或"民生服务业"，主要是指为消费者提供最终需求性服务业。其涵盖范围很广，涉及居民日常生活的几乎每一个方面。作为劳动力密集型行业，生活性服务业在促进消费、吸纳就业等方面发挥着不可或缺的重要作用。

3. 我国服务业方面税收激励政策的分析

从 1992 年的国务院发布《关于加快发展第三产业的决定》（国发〔1992〕5 号）开始，我国出台了一系列针对服务业的税收优惠政策，但时至今日，这些税收激励政策仍存在下述问题。

（1）针对生产性服务业的税收激励政策分析。由于生产性服务业包含的行业范围非常广泛，从涉及的税种来看，我国现行的生产性服务业税收激励政策几乎涉及了目前已开征的所有税种；从税收优惠方式看，以税收减免最为普遍。然而，从总体上看，生产性服务企业的税收负担仍相对较重，存在一些不合理现象。

首先，在我国目前的税收激励机制中，制造业企业获得的税收优惠较多，属于普惠制，如对设在国务院批准的高新技术开发区内的高新技术企业，可减按15%的税率征收企业所得税，新办"双高企业"自获利年度起，免征企业所得税两年，等等，但服务业却未获得与制造业相等的税收激励力度，造成行业不公平。而服务业企业无法像制造业企业那样享受出口退税政策，也制约了我国服务贸易的发展。

其次，在服务业内部，税收激励政策也存在行业偏好，对生产性服务业的支持力度不够。例如，目前我国针对生产性服务业的企业所得税优惠政策缺乏实质性的优惠，目前仅有针对生产性服务业所属行

---

① Lundmark, Mats, *Computer Servicesin Sweden: Markets, Labour Qualifications and Patterns of Location*, Human Geography, 1995.

业的几个企业所得税优惠政策，基本上局限于税率的降低、税额的减免，在 R&D 费用的扣除、延期纳税、投资减免、固定资产折旧等方面优惠不足，不利于从根本上鼓励生产性服务业的发展。

此外，生产性服务业对从业人员所进行教育培训投入，也无法与普通服务企业的原材料投入一样作为成本在税前列支。

（2）针对生活性服务业的税收激励政策分析。目前在我国，居民人均可支配收入不断提高，城镇居民人均可支配收入已从 1990 年的 1510 元提高到 2014 年的 28844 元，农村居民人均可支配收入也从 1990 年的 688 元提高到 2014 年的 10489 元。[①] 且随着我国扩大内需的政策推动，可以预见，在未来一段时期，围绕个人消费者生活品质提升的生活性服务行业将蓬勃发展。但时至今日，我国已有的针对生活性服务业的税收激励政策仍存在缺乏针对特定行业的系统性设计问题。

按照我国"十三五"规划纲要，生活性服务业包括教育培训、健康养老、文化娱乐、体育健身、旅游业、家庭服务业。在我国"营改增"工作的推进中，"生活性服务业"这块难啃的骨头终于在 2016 年被拿下，改革取得了实质性进展。"营改增"后，针对生活性服务业的税收优惠政策仍散见于各个税种，以增值税激励为主，呈现出"多而杂"的状态。例如，在增值税的相关规定中，按照《营业税改征增值税试点过渡政策的规定》（财税〔2016〕36 号附件三），基本延续原有营业税优惠政策，其中涉及生活性服务业的直接免税项目共 15 项，政策虽多，但各项政策之间缺乏协调配合，还未完全形成针对某个或某几个特定生活性服务行业的政策体系。

比起家庭服务业的税收优惠政策而言，我国对于商贸服务行业的税收激励则较为乏力：在现有的税收政策体系中，并未形成系统的税收支持政策，仅对于符合小型微利企业条件的中小型超市有税率优惠；根据财税〔2009〕23 号文规定，对于安置特殊人员就业享受按定额依次扣减营业税、城市维护建设税、教育费附加和企业所得税的

---

① 《中国统计年鉴（2015）》。

优惠政策。除此之外，对于同样隶属于商贸服务业的农产品批发市场、社区菜市等则没有明确的税收优惠规定。以农产品批发市场为例，其批发经销商作为增值税小规模纳税人以个体经营户的方式经营，按税法规定应该按销售额的3%计算应纳税额。但农产品不易长期储存的特性，决定了农产品批发行业属于快速流通的低增值行业，而批发经销商除要向农产品批发市场交纳一定比例的交易费用外，还要再按其销售额的3%缴纳增值税，负担较重。

同样，我国对于近年来大力倡导发展的体育产业虽有一系列政策支持（参见国办发〔2010〕22号文《关于加快发展体育产业的指导意见》），但涉及税收激励的仅有一项：按照税法相关规定，符合条件的体育类非营利组织的收入，可享受企业所得税相关优惠政策，激励力度明显不足。

那么，如何完善我国现有税制中有关服务业的税种设置，以达到服务业和其他行业的无差异征税呢？笔者拟在第六章中做详细分析。

（二）对企业法人所属生命周期阶段无差别征收[1]——以创业板企业为例

企业生命周期是指一种动态轨迹，其记录了企业发展和成长的不同阶段（发展、成长、成熟、衰退），对企业生命周期进行研究，其目的在于试图找到特定的组织结构形式，与处于不同生命周期阶段的企业特点相适应，以此促使其发展延续。这样也使企业找到一个相对较优的模式，进而保持企业的发展能力，延长企业的生命周期，帮助企业实现自身的可持续发展。[2] 根据前文中所提到的对"无差别待遇原则"两个层面的解释，我们可知，要实现对企业法人所属生命周期阶段的无差异征收，需要达到两个目标：其一，对所属相同生命周期的企业法人，应征收税负相同的税收，实现"横向的无差别"；其二，对所属不同生命周期的企业法人，特别是处于需要给予扶持的处于发

---

① 杨杨、曹玲燕、杜剑：《企业所得税优惠政策对技术创新研发支出的影响——基于我国创业板上市公司数据的实证分析》，《税务研究》2013年第3期。

② 刘宏杰：《中国创业板市场发展研究》，人民出版社2015年版，第43页。

展、成长期的企业法人，我们应该给予优惠待遇，实现"纵向的无差别"。

马克思曾经对未来科学统一体进行过精妙的预测，他在《1844年经济学哲学手稿》中指出：历史本身是自然史的即自然界成为人的这一过程的一个现实部分。自然科学往后将包括人的科学，正像包括人的科学包括自然科学一样：这将是一门科学。接着，他又进一步指出：我们仅仅知道一门唯一的科学，即历史科学。历史可以从两方面来考察，可以把他划分为自然史和人类史。但这两方面是不可分割的，只要有人存在，自然史和人类史就彼此相互制约。[1] 税收的历史同国家一样久远，某种意义上甚至可以说，税收史正是人类史中不可忽略的重要组成部分；而科技创新，则同自然史的发展密不可分。从这个角度来说，科技创新和税收激励能够在哲学层面得到统一。

下面本书将以处于生命周期中成长期的创业板上市公司为例，说明纵向的无差异征收对于我国创业板上市公司技术创新研发支出的影响。

1. 文献综述

技术创新是指改进现有或创造新的产品、生产过程或服务方式的技术活动。诺贝尔经济学奖得主索洛（1957）研究发现，在1909—1949年的40年间，科技进步对美国经济增长的贡献率，达到了惊人的 87.5%（其间美国的 GDP 翻了一番）。[2] 为实现经济可持续发展，提升核心竞争力，"十二五"规划提出，我国要建设创新型国家。2011 年 11 月 4 日，工业和信息化部印发《"十二五"产业技术创新规划》，提出积极推进技术创新，实现重大关键和共性技术突破，加快发展方式转变，是当前工业经济发展的迫切任务。强调要发挥企业技术创新主体作用，鼓励企业加大创新投入，加强产学研结合，提升企业技术水平。

---

[1] 《马克思恩格斯全集》第 3 卷，中共中央马克思恩格斯列宁斯大林著作编译局译，人民出版社 1960 年版，第 20 页。

[2] Robert M. Solow, "Technical Change and the Aggregate Production Function", *The Review of Economics and Statistics*, Vol. 39, No. 3（Aug. 1957），pp. 312－320.

政府一般采用财政支出和税收优惠政策两种政策工具，鼓励企业加大创新投入。虽然财政支出支持政策可以通过事先编制预算来实现，但其行政过程较为复杂，同时还会对企业的研发投入产生替代效应。相较而言，税收政策则具有利用企业和市场自身力量的特性，更具普惠性，已为美国、法国、加拿大、澳大利亚、日本等各国政府普遍采用。[1]

伯恩斯坦（Bernstein，1986）运用1975—1980年27家公司的截面数据和时间序列数据对加拿大R&D税收激励措施的效用进行了研究，发现税收优惠支出每增加1美元，会带来大于1美元的新增R&D资本。[2] 布鲁姆等（Bloom et al.，2002）以9个OECD国家1979—1997年的面板数据为依据，研究了税收政策对研发活动的激励作用，结果发现，与曼斯菲尔德和斯威第（Mansfield and Switzer，1985）[3]、海因斯（Hines，1991）[4] 的研究结论相同，税收抵扣政策可以有效地提高技术创新投入强度。当由于税收减免而使得研发成本下降10%时，从短期来看，会使研发投资增加1%；从长期来看，能够使研发投资增加约10%。[5] Griliches Patent（1990）的研究认为，税收优惠政策在市场干预、管理成本、灵活程度等方面优于补贴政策。[6] Boadway等（1995）运用边际有效税率方法，分析了马来西亚间接税制对投资的刺激效应和抑制效应。结果发现，尽管间接税与直接税的作用大致

① OECD, *Fiscal Measures to Promote R&D and Innovation*, 1996, p. 194.

② Bernstein, Jeffrey I., "The effect of direct and indirect tax incentives on Canadian industrial R&D expenditures", *Canadian Public Policy*, Vol. 15, No. 3, 1986, pp. 438 – 46.

③ Mansfield, E. and L. Switzer, *How effective are Canada's direct tax incentives for R&D?*, Canadian: Canadian Public Policy, 1985, Vol. 11, No. 2, pp. 241 – 246.

④ Hines, J. R., *On the Sensitivity of R&D to Delicate tax changes: The behavior of U. S. multinationals in the 1980s*, NBER Working Paper, in Giovannini, A., R. G. Hubbard, J. Slemrod ed., *Studies in International Taxation*, University of Chicago Press, 1991, pp. 151 – 194.

⑤ Bloom, N., R. Griffitb and J. Van Reenen, "Do R&D tax credits work? Evidence from a panel of countries 1979 – 1997", *Journal of Public Economics*, Vol. 85, No. 1, 2002, pp. 1 – 31.

⑥ Z. Griliches Patent, "Statistics as Economic Indicators: A Survey", *Journal of Economic Literature*, Vol. 28, No. 4, 1990, pp. 1661 – 1707.

相同，但间接税对投资的扭曲效应非常大。[①] 戴维等（David et al.，2000）[②]、霍尔（Hall，2002）[③] 认为，知识创新的不确定性以及金融市场中的信息不对称问题不利于企业提高 R&D 支出水平，政府应采取直接支付或税收优惠等措施支持企业的研发行为。陈晓等（2001）以 1998 年分省份数据为基础，试图研究增值税对 R&D 影响与否，结果并未发现增值税与科研投入间存在显著相关性。[④] 而朱平芳等（2003）以 1993—2000 年上海市 32 个工业行业数据为基础进行实证分析，发现税收优惠减免对 R&D 投入（行业自筹）具有正面的促进意义。[⑤] 夏杰长等（2006）研究发现，我国企业 R&D 投入增长变化率与企业所得税变化率之间存在显著的负相关关系。李丽青（2007）认为，现行 R&D 税收优惠政策对企业 R&D 投入具有正面影响，但激励作用不明显。戴晨等（2008）以我国 2002—2005 年 31 个省市的工业行业数据为基础，用实证的方法试图找出税收优惠与行业研发之间的关系，结果发现，当税收成本每减少 1% 时，R&D 经费将上升 0.98%。王苍峰（2009）以我国制造业 2000—2002 年的企业面板数据（世界银行提供）为基础，实证分析了税收减免与企业研发投资的关系，发现税收减免政策对于外资企业增加研发投资并没有明显作用，但却明显促进了内资企业增加研发投资；且企业规模越大，税收减免越能够激励其增加研发投资。[⑥] 陈永伟、徐冬林（2010）认为，我国要想发展高新技术产业、抢占未来经济科技的制高点，必须建立以产业为目标、以研发为重点的税收激励体系，同时还需注意各

---

① Boadway, R. W., D. Chua and F. Flatters, *Fiscal Incentives for Investment and Innovatio*, England: Oxford University Press, 1995, pp. 375 – 398.

② David, P. A., B. H. Hall and A. A. Toole, "Is public R&D a complement or substitute for private R&D? A review of the econometric evidence", *Research Policy*, 2000.

③ Hall, B. H., "*The financing of research and development*", England: Oxford Review of Economic Policy, 2002.

④ 陈晓、方保荣：《对增值税转型的几点逆向思考》，《税务研究》2001 年第 5 期。

⑤ 朱平芳、徐伟民：《政府的科技激励政策对大中型工业企业 R&D 投入及其专利产出的影响——上海市的实证研究》，《经济研究》2003 年第 6 期。

⑥ 王苍峰：《基于我国制造业企业数据的实证分析》，《税务研究》2009 年第 11 期。

政策之间的协调与稳定。[1] 梁彤缨、冯莉、陈修德（2012）运用我国各省份 2004—2008 年的面板数据，实证检验了税式支出对我国大中型工业企业研发投入的影响，研究发现：税式支出对我国企业的自筹 R&D 经费尚未产生挤占效应，对企业资金的筹集具有积极的引导作用；税式支出对研发经费和人员的投入具有很大的促进作用。[2] 国内外学者还从企业规模、行业特征、管理层特征、企业持有现金、企业人力资源等视角对企业技术创新研发投入的影响进行了研究。

以上学者从较宽广的视角探讨了税收激励与科技创新之间的关系，研究结果显示，税收优惠政策有利于进一步鼓励微观层面的企业增强科技创新活动，从而提升宏观层面的国家科技竞争力。根据以往经验，我国中小企业特别是科技型中小企业是最具创新活力的群体。统计表明，我国 65% 的国内发明专利是由中小企业获得的，80% 的新产品是由中小企业创造的。[3] 因此，研究税收激励对于专为中小企业进行直接融资而创设的创业板市场有何影响，具有现实意义。然而，综观我国现有研究成果，针对创业板上市公司的相关研究还比较缺乏，本章拟在这一领域作一尝试。

创业板 GEM（the Growth Enterprises Market）是地位次于主板市场的二板证券市场，以美国 NASDAQ 市场、欧洲的 EASDAQ 市场、日本的 JASDAQ 市场、新加坡的 SESDAQ 市场等为其代表。对于科技创新企业与资本市场实现良好对接，创业板是个很好的平台。其目的主要是扶持中小企业尤其是高成长性企业，为风险投资和创投企业建立正常的退出机制，为自主创新国家战略提供融资平台，为多层次的资本市场体系建设添砖加瓦。2009 年我国创业板在深圳推出，为我国高成长性、高科技企业提供了一个全新的融资平台。创业板在上市门

---

① 陈永伟、徐冬林：《高新技术产业的创新能力与税收激励》，《税务研究》2010 年第 8 期。

② 梁彤缨、冯莉、陈修德：《税式支出、财政补贴对研发投入的影响研究》，《软科学》2012 年第 5 期。

③ 国家发改委官方网站：http：//www. ndrc. gov. cn/zxqy/zhdt/t20060207_ 59009. htm。

槛、监管制度、信息披露、交易者条件、投资风险等方面与主板市场有较大区别。创业板上市公司往往是国家高成长性企业的代表，也是国家高科技企业的聚集地。可以说，创新能力强是创业板上市公司的突出特征。创业板的另一个显著特点是企业规模小。在多层次的资本市场中，主板市场规模最大，中小板次之，而创业板更小，这也使创业板的筹资额较小。以数据为例，仅 2010 年 1 月 1 日至 8 月 25 日，上海证交所及深圳证交所 A 股上市公司所募集资金共达 5393 亿元；[1]而深圳创业板上市公司从 2009 年 10 月成立到 2012 年 10 月，募集资金只有 2272. 6 亿元。[2]

　　高新技术企业性质与规模小这两个主要特点的叠加，使创业板上市公司在创新机制和创新效率方面具有其他企业无法比拟的优势：决策机制灵活，所需建设资金少，建成周期短，管理成本低廉，能够适应市场多样性的需求，创新阻力较小等。但同时，创业板上市公司的创新活动也具有创新风险较高、科技成果转化能力较弱、自身资源的有限性及不确定性等特征，这就决定了其技术创新会面临一些依靠自身力量无法解决的困难，需要从宏观上提供政策环境支持。在一系列制度中，税收政策在减少创业板上市公司经营风险、增加创新投资收益、降低创新投资成本等方面起着不可替代的作用。

　　因此，笔者拟采用创业板上市公司年报数据，实证分析我国企业所得税优惠政策对创业板上市公司技术创新研发支出的影响，从而进一步梳理我国企业所得税税收激励机制与创业板上市公司创新活动的关系。

　　2. 实证方法和数据说明

　　（1）研究方法。笔者参考前人研究成果，建立以下对数线性的面板数据实证模型，以说明企业所得税法实施后所得税优惠政策对创业

---

　　① 付刚：《A 股市场资金全面告急》，《华夏时报》2010 年 8 月 28 日第 1 版。
　　② 斯坦福创业孵化中心：《中国创业板 3 年来为社会募集资金两千亿》，斯坦福创业孵化中心网站，http://www.ezcap.cn/news/2012/10/61120.shtml，2012 年 10 月 23 日。

板上市公司技术创新研发支出的影响：

$$R\&D_{it} = \alpha + \beta_1 \times TAXINCENTIVE_{it} + \beta_2 SIZE_{it} + \beta_3 \times HT_{it} + \varepsilon \qquad (3.1)$$

其中，下标 i 和 t 分别表示企业 i 和年度 t，被解释变量表示创业板上市公司的技术创新研发投入，等于公司研发支出的自然对数。创业板上市公司研发支出数据来源于年度报告中"支付的其他与经营活动有关的现金"和"现金流量表附注"，项目名称主要包括研究开发费、技术开发费、科研开发费、技术改造费、研发投入、研发费用、试制开发费、产品试制费和研究发展费等。解释变量表示企业所得税优惠政策为创业板上市公司带来的税收利益的对数，等于企业所得税名义利率 25% 乘以税前利润总额减去创业板上市公司样本公司实际缴纳企业所得税差额的对数。[①] 解释变量 $SIZE_{it}$ 表示公司规模，等于公司总资产的自然对数。解释变量 HT_{it} 表示行业类型，如该公司为高科技公司，将该变量赋值为"1"；否则，将该变量赋值为"0"。

利用实证模型式（3.1）进行估计时，若所得税优惠政策带来的创业板上市公司税收利益 $TAXINCENTIVE_{it}$ 对应的系数 β_1 为正值且通过了显著性检验，表明企业所得税法实施后所得税优惠对创业板上市公司的技术创新研发投入产生了积极的正面影响。

（2）数据说明。本章研究的初始样本选取遵循两个主要标准：首先，"有形的产品创新"为本书的主要技术创新标的。而"服务创新"（以金融业为主）不属于本书的研究范畴。另外一些企业如农业企业也未列入本书的研究样本，其原因在于企业创新行为并非完全是一种市场行为，上述行业受政策影响较大，若以这些企业作为研究样本，可能会导致研究结果的偏差。其次，本章研究企业技术创新投入水平，与技术创新投入水平相关的信息披露自然成为本书样本选取的另一个重要依据。2009 年我国创业板才正式推出，根据上市公司招股说明书和 2010—2012 年的年报，本章选取样本点的时间区间为

———————————

① 样本公司税前利润总额与实际缴纳企业所得税的数据通过创业板上市公司年报查阅得出。

2008—2011 年。一方面是为了选取较新的数据，即样本公司 2011 年的技术创新投入数据；另一方面将样本点扩大到 2008 年，目的是以更多的样本点保证实证研究结果的稳健性。

按照上述标准，笔者通过查阅年报，获得了创业板上市公司技术创新投入的数据。以这些样本为基础，通过北京大学中国经济研究中心（China Center for Economic Research，CCER）数据库进一步查阅年报获取与本书相关的数据（对数据缺失及异常的样本已进行剔除），得到 511 个有效样本点，样本公司中属高科技行业的企业占 93%，其在各年度的分布情况为：2008 年 71 个、2009 年 144 个、2010 年 147 个、2011 年 149 个。

3. 实证结果解释与结论启示

经测算，各变量的描述性统计如表 3 - 4 所示。

表 3 - 4　　　　　　　　　　　描述性统计

变量名称	样本值	极小值	极大值	均值	标准差
R&D	511	13. 5936	27. 4403	16. 5803	1. 3380448
$TAXINCENTIVE_{it}$	511	9. 2766	18. 0618	15. 8360	0. 9086754
$SIZE_{it}$	511	9. 6478	22. 4975	20. 1189	1. 1377031
HT_{it}	511	0	1	0. 93	0. 254

各变量的描述性统计结果显示，研究样本技术创新研发支出投入自然对数的平均值为 16. 5803，企业所得税优惠政策为创业板上市公司带来税收利益的自然对数的平均值为 15. 8360，公司总资产的自然对数的平均值为 20. 1189。说明创业板上市公司样本公司研发支出占总资产的比重较高，具有较强的技术创新动力，且我国企业所得税为创业板上市公司样本公司提供了较强的税收激励。表 3 - 5 为以企业技术创新研发支出为因变量，以企业所得税税收收益、企业规模、企业行业性质为自变量的实证检验结果。

表 3 - 5   企业技术创新研发支出的所得税税收收益因素分析

变量	因变量：R&D			
	回归系数	标准差	T 值	P 值
常数项	5. 872 ***	1. 130	5. 197	0. 000
TAXINCENTIVE$_{it}$	0. 202 ***	0. 066	3. 034	0. 003
SIZE$_{it}$	0. 361 ***	0. 053	6. 810	0. 000
HT$_{it}$	0. 455 ***	0. 111	4. 102	0. 000
调整的 R^2	0. 165			
F 值	34. 58			

注：*** 表示通过了 1% 的显著性水平检验。

从表 3 - 5 可见，度量我国所得税优惠政策为创业板上市公司带来税收利益的解释变量 TAXINCENTIVE$_{it}$ 的回归系数为 0. 202，且通过了 1% 水平的显著性检验，表明企业所得税优惠政策对创业板上市公司的技术创新研发投入产生了积极的正面影响，企业享受的企业所得税税收优惠每增长 1%，企业的技术创新研发投入会增长 0. 202%。度量公司规模的控制变量 SIZE$_{it}$ 的回归系数为 0. 361，且通过了 1% 的显著性水平检验，表明创业板上市公司的规模越大，越有动力投资于技术创新研发支出。创业板上市公司规模的扩大有利于企业聚集更多资源投入其研发活动，促进企业技术创新。度量行业类型的控制变量 HT$_{it}$ 的回归系数为 0. 455，且通过了 1% 的显著性水平检验，表明创业板上市公司是否属于高科技公司对其技术创新研发支出活动有重要影响。整个模型调整后的可决系数仅为 0. 165，这主要是因为模型设计中暂未考虑包括 GDP 增长、科技型中小企业创新基金等财政扶持支出、鼓励科技创新的金融政策以及货物劳务税和个人所得税等税收优惠政策对创业板上市公司技术创新研发支出的影响。

那么，根据上文的分析，启示我国应怎样进一步完善税收优惠政策，以保证创业板上市公司享受和其他较大规模的企业一样的税收待遇呢？笔者拟在第六章中进行探析。

（三）对企业法人规模无差异征收①——以中小型民营企业为例

不同的企业法人的规模存在差异，根据前文中所提到的对"无差别待遇原则"两个层面的解释，我们可知，要实现对企业法人规模无差异征收，需要达到两个目标：其一，对规模相同的企业法人，应征收税负相同的税收，实现"横向的无差别"；其二，对规模不同的企业法人，特别是处于需要给予扶持的中小规模的企业法人，我们应该给予优惠待遇，实现"纵向的无差别"。下面本书将以我国中小型民营企业为例，对我国中小型民营企业税收负担与企业价值的关系加以分析。

1. 研究初衷

党的十八届三中全会发布的《关于全面深化改革若干重大问题的决定》（以下简称《决定》）对以后发展时期的经济改革与税制改革提出了新要求。在经济改革方面，指出："支持非公有制经济健康发展。非公有制经济在支撑增长、促进创新、扩大就业、增加税收等方面具有重要作用。坚持权利平等、机会平等、规则平等，废除对非公有制经济各种形式的不合理规定，消除各种隐性壁垒"。在税制改革方面，《决定》指出，"深化税收制度改革"，"按照统一税制、公平税负、促进公平竞争的原则，加强对税收优惠特别是区域税收优惠政策的规范管理。"在分析现行税收制度支持非公经济尤其是民营企业发展引导效应的基础上，探讨新一轮税制改革支持非公经济健康发展的路径选择极具现实意义。

以中小型民营企业为代表的民营经济的健康发展，对国民经济又好又快发展具有重要推动作用。中华民营企业联合会对 2012 年民营企业经济发展状况和经营环境问题的调研数据显示，民营企业贡献的就业与新增就业占总就业的 80% 以上，销售收入占全国企业的 75% 以上，对国民经济的贡献占全国经济近 2/3；同时，民营企业税收收入占总税收收入的 49.7%，缴纳的企业所得税占 42.1%。② 笔者选择

---

① 杨杨、汤晓健、杜剑：《我国中小型民营企业税收负担与企业价值关系》，《税务研究》2014 年第 3 期。

② 中华民营企业联合会：《我国民营经济发展状况和经营环境问题研究》，《经济研究参考》2013 年第 44 期。

较能代表我国中小型民营企业样本的深交所中小企业板上市公司数据，探讨自 2008 年企业所得税法实施以来民营企业所得税税收负担与企业价值的关系；且着重考虑区域因素与行业因素，以期对企业所得税法实施效果进行科学评价，并对如何完善支持中小型民营企业发展的税收制度提供建议。

2. 文献回顾与研究设计

单纯研究税收负担与企业价值关系的国内外研究文献较少。具有代表性的研究主要有以下几个：Desai 等（2007）发现企业的税收规避与公司的价值正相关，但这种关系并不显著；虽然这种关系并不显著，但高质量的公司治理会提升税收规避与企业价值正相关性的显著性。Chen 等（2010）通过对家族企业与非家族企业税收政策的对比分析发现，由于非税收影响因素代理成本的存在，相对于非家族企业而言，家族企业在税收规避政策上并不过于激进。Dyreng 等（2010）通过对样本公司管理层特征与税收政策的分析发现，管理层变动会影响企业的税收政策并进一步影响企业的价值。陈娟（2011）研究发现，我国上市公司 1999—2009 年盈利能力与税收负担呈负相关。中华民营企业联合会（2013）通过对 2012 年研究发现，国内税收收入的一半是由民营企业贡献的，但民营企业依旧存在税负过重、税收优惠覆盖范围较窄、部分政策申报程序复杂的困境。本章在此基础上，基于以下研究设计展开分析。

（1）研究假设。第一，税收负担与企业价值。冯延超（2012）对沪深交易所民营企业政治关联与税收负担进行分析后发现，政治关联企业税收负担显著高于非关联企业，且随着这种关联程度的加强，企业的税收负担逐步加重，从而支持了民营企业政治关联对税负影响的"政治成本假设"。[①] 由此可见，在我国财税体制尚不完善的现状下，民营企业倾向于将税收负担变为政治成本的方式来加强与政府的经济联系，以此谋求企业的发展。那么，作为政治关联的税收负担在企业

---

① 政治成本假设是指政治关联企业的税收负担显著高于非关联企业，其背景是政治关联度强的企业宁愿承担更高税负以从政府部门获取其他政治和经济利益。

价值创造过程中对当期及未来一期企业价值有多大影响？为此，本章提出以下假设：

H3-1a：限定条件下，中小型民营企业当期税收负担的减少，能提升当期的企业价值。

H3-1b：限定条件下，中小型民营企业当期税收负担的减少，能提升其下一期的企业价值。

第二，区域因素视角下的税收负担与企业价值。吴祖光（2011）研究发现民营企业税收负担与市场化程度呈负相关，表明民营企业税收负担越重，则其所处地域的市场化程度越低。由此可见，市场化程度与企业税收负担存在必然的联系。随着西部大开发、中部崛起战略的出台，中央对中西部给予一系列税收优惠，在此背景下不同区域税收负担与企业价值存在何种关系？基于此，本章提出以下假设：

H3-2：相对于东部，中西部的中小型民营企业更能通过税收负担的减少提升企业价值。

第三，行业因素视角下的税收负担与企业价值。综观已有文献，少有学者基于行业角度对企业的税收负担情况进行分析。鉴于此，综合考虑了行业因素的影响，拟就税收负担与企业价值的关系进行研究，并提出以下假设：

H3-3：相对于制造业中小型民营企业，非制造业中小型民营企业更能通过税收负担的减少提升企业价值。

（2）数据来源与研究方法。第一，样本选取与数据来源。本章数据来源于 RESSET（瑞思）数据库。数据选取的原则是：剔除金融类企业和有极端值、缺失值数据的企业；为了观察 2008 年企业所得税法实施后两者关系，且使研究口径一致，本书选取的上市公司是 2009 年 1 月 1 日前上市的民营企业；并对样本公司进行行业分类，分为制造业与非制造业。[①] 本章共选取 2009—2012 年深交所中小板民营上市

---

① 涉及三大产业，其中第二产业主要集中在制造业，占 780 家；第三产业主要集中在服务业，且样本公司非第二产业也主要集中在服务业，故将本书行业研究分为对制造业与对非制造业的研究。

公司研究样本 910 个，其中，2009 年 232 个、2010 年 231 个、2011 年 226 个、2012 年 221 个。研究数据遍布东中西部区域，涉及三大产业，第二产业制造业最多，为 780 个。

第二，变量定义与模型选取。

①变量定义。企业价值（q），用企业资产收益率来表示，反映企业价值。税收负担（TETR），反映民营企业所得税名义税率 25% 减去实际有效税率后的税率差；两者相差的正数越大，表明企业所获得的税收优惠越多，税收负担越轻。区域因素（AREA），位于东部，取值为 0；位于中西部取值为 1。行业因素（INDUSTRY），非制造业，取值为 0；制造业，取值为 1。企业规模（SIZE），期初资产总额的对数。

②模型选取。A. 税收负担与企业价值。为了检验假设 H3 – 1a 与 H3 – 1b，构建以下模型（3.2）与模型（3.3）。其中，模型（3.2）中被解释变量为当期企业价值（q_t），解释变量有当期税收负担（$TETR_t$）[1]，控制变量有当期公司规模（$SIZE_t$）。模型（3.3）中被解释变量为当期企业价值（q_t），解释变量有上一期税收负担（$TETR_{t-1}$），控制变量有上一期公司规模（$SIZE_{t-1}$）。

$$q_t = \alpha_0 + \alpha_1 TETR_t + \alpha_2 SIZE_t + \varepsilon_1 \tag{3.2}$$

$$q_t = \beta_0 + \beta_1 TETR_{t-1} + \beta_2 SIZE_{t-1} + \varepsilon_2 \tag{3.3}$$

B. 区域因素视角下的税收负担与企业价值。为了检验假设 H3 – 2，构建模型（3.4），其中被解释变量为当期企业价值（q_t），解释变量有当期税收负担（$TETR_t$）、区域因素（AREA）、交叉项税收负担×区域因素（$TETR_t \times AREA$），控制变量有当期公司规模（$SIZE_t$）。

$$q_t = \sigma_0 + \sigma_1 TETR_t + \sigma_2 AREA + \sigma_3 TETR_t \times AREA + \sigma_4 SIZE_t + \varepsilon_3 \tag{3.4}$$

C. 行业因素视角下的税收负担与企业价值。为检验假设 H3 – 3，

---

[1] 参考 Desai 等（2007）、Dyreng 等（2010）的 ETR 计算，并结合我国实际税收征收情况，得出 ETR =（所得税费用）/（利润总额）。TETR = 25% – ETR，即表明企业实际获得多少税收优惠。

构建模型（3.5），其中被解释变量为当期企业价值（q_t），解释变量有当期税收负担（$TETR_t$）、行业因素（INDUSTRY）、交叉项税收负担×行业因素（$TETR_t \times INDUSTRY$），控制变量有当期公司规模（$SIZE_t$）。

$$q_t = \gamma_0 + \gamma_1 TETR_t + \gamma_2 INDUSTRY + \gamma_3 TETR_t \times INDUSTRY +$$
$$\gamma_4 SIZE_t + \varepsilon_4 \tag{3.5}$$

3. 实证结果分析

（1）描述性统计果分析。如表3-6所示，q中位数与均值仅相差0.74%，表明样本公司整体价值集中在5.6%—6.4%，但最大最小值相差67.15%，表明样本公司企业价值离散程度较大。TETR中位数与均值相差1.78%，且最大值与最小值相差1.9708，表明样本公司税收负担水平比较集中。AREA均值0.2165偏向于0，且中位数也为0，表明样本公司中东部企业居多。INDUSTRY均值0.8560偏向于1，中位数也为1，表明样本公司中制造业企业居多。SIZE均值与中位数仅相差0.0446，且最大值与最小值仅相差2.4220，表明样本公司规模相差不大，由此增强了样本公司数据的可比性，提升了结论的稳健性。

表3-6 描述性统计结果

变量名称	N	最小值	最大值	中位数	均值	标准差
q	910	-0.2119	0.4596	0.0565	0.0639	0.0573
TETR	910	-1.3710	0.5998	0.0995	0.0817	0.1119
AREA	910	0.0000	1.0000	0.0000	0.2165	0.4121
INDUSTRY	910	0.0000	1.0000	1.0000	0.8560	0.3512
SIZE	910	8.3546	10.7766	9.1027	9.1473	0.3717

（2）回归结果分析。如表3-7所示，模型（3.2）中F值为12.0929，表明模型稳健。此外，D.W.值为2.1380，表明模型自相关问题并不严重。其中，$TETR_t$与q显著正相关，表明样本公司当期税收负担的减少能提高当期的企业价值，支持假设H3-1a。模型（3.3）中F值为6.8885，表明模型稳健。此外，D.W.值为2.0108，

表明模型自相关问题并不严重。TETR$_{t-1}$ 与 q 显著正相关，表明样本公司当期税收负担的减少能提高下一期的企业价值，由此支持假设 H3 – 1b。

表 3 – 7　　　　　　　　　　　　回归结果

模型（3.1）		模型（3.2）		模型（3.3）		模型（3.4）	
变量	系数	变量	系数	变量	系数	变量	系数
C	0.1020 *	C	0.0664	C	0.0841 *	C	0.0896 *
	(1.8402)		(1.0521)		(1.7798)		(1.8272)
TETR$_t$	0.0928 ***	TETR$_{t-1}$	0.0801 ***	TETR$_t$	0.1049 ***	TETR$_t$	0.2166 ***
	(5.5897)		(3.4633)		(4.9920)		(4.2336)
				AREA	0.0024	INDUSTRY	– 0.0061
					(0.4628)		(– 0.9004)
				TETR$_t$ × AREA	– 0.0322	TETR$_t$ × INDUSTRY	– 0.1377
					(– 0.9403)		(– 2.5570)
SIZE$_t$	– 0.0029	SIZE$_{t-1}$	– 0.0005	SIZE$_t$	– 0.0028	SIZE$_t$	– 0.0022
	(– 0.5644)		(– 0.0784)		(– 0.5316)		(– 0.4123)
调整后 R^2	0.0575	调整后 R^2	0.0331	调整后 R^2	0.0563	调整后 R^2	0.0735
F 值	12.0929 ***	F 值	6.8885 ***	F 值	8.7535 ***	F 值	11.2979 ***
D. W. 值	2.1380	D. W. 值	2.0108	D. W. 值	2.1374	D. W. 值	2.1486

注：*** 表示通过 1% 的显著性水平检验，* 表示通过 10% 的显著性水平检验。括号中数字表示 t 值（双尾）。

模型（3.4）中 F 值为 8.7535，表明模型稳健。此外，D. W. 值为 2.1374，表明模型自相关问题并不严重。其中，TETR$_t$ 与 q 显著正相关，表明样本公司当期税收负担减少能提高当期的企业价值。此外，TETR$_t$ × AREA 与 q 负相关，且这种关系并不显著，表明相对于东部的中小型民营企业，中西部的中小型民营企业不能通过税收负担的减少提升企业价值，不能支持假设 H3 – 2。模型（3.5）中 F 值为 11.2979，表明模型稳健。此外，D. W. 值为 2.1486，表明模型自相关问题并不严重。TETR$_t$ 与 q 显著正相关，表明样本公司当期税收负担减少能提高当期的企业价值。此外，$TETR_t \times INDUSTRY$ 与 q 负相关，但这种关系不很显著，可能的原因是受选取样本原则及行业因素的影响，没有综合考虑 2009 年后上市的民营企业税收负担与企业价值的关系，由此较弱地支持了假设 H3 - 3。即相对于制造业中小型民营企业，非制造业中小型民营企业更能通过税收负担的减少提升企业价值。

4. 结论

综上所述，本章研究发现：

（1）中小型民营企业当期所得税税收负担的减少，不仅能促进当期企业价值的增加，也能促进其下一期企业价值的增加。这与冯延超（2012）的民营企业政治关联对税负影响的"政治成本假设"相背离。可能的原因是政治关联度对中小型民营企业价值的影响力小于政治关联度对国有企业或大型民营企业的影响。中小型民营企业实际所得税税负水平的减少能增加企业的现金流，降低企业融资费用和生产经营成本，提升企业价值。

（2）相对于东部的中小型民营企业，中西部的中小型民营企业不能通过税收负担的减少提升企业的价值。可能的原因主要是，除西部大开发税收优惠政策外，其他各省也存在批准或正申请待批的税收优惠政策，有些地方政府和财税部门出台"土政策"，变相减免税收，导致西部的中小型民营企业并未能在减轻税负、提升企业价值方面大幅受益。

（3）相对于制造业而言，以服务业为代表的非制造业中小型民营企业更能通过税收负担的减少提升企业的价值。这可能源于服务行业和制造业之间行业特征的差异，也说明服务业的中小型民营企业对税收负担更为敏感。

总体而言，企业所得税税负的降低确实能促进我国民营经济的发展，对进一步发展非公经济起到较大的推动作用。但目前实施的所得税区域税收优惠政策效果不够明显。而以服务业为代表的非制造业中小型民营企业对企业所得税税收负担更为敏感，如果适当降低这些产业企业所得税税负，将有助于进一步推进产业结构调整和经济发展方式转变。

相关税收政策建议拟在第六章中提出。

总之，税收人际公平目标体现的是社会维度的税收公平，因此，本章内容较丰富，分析层次也较复杂。因为上述原因，本章在行文方式上与第四章、第五章有所区别，即将研究概况的内容融入每一小部分中，不在开篇做集中阐述。

税收人际公平目标中的"人"是广义上的概念，其外延不仅包括法律上的自然人、法人，更包括"征税人"与"纳税人"群体。因此，意欲实现税收人际公平目标，不仅要解决纳税人之间权利与义务的公平分配问题，更要解决征税人与纳税人之间权利与义务的公平问题，也即要实现公民的纳税义务与政府的整体履责义务之间的对等。基于此，"税收人际公平的原则"，也相应地划分为两个层次的标准：第一层次的税收人际公平原则，应当是衡量征税人与纳税人之间权利与义务是否对等的标准——笔者将其归纳为"税款缴纳与政府履责整体对等原则"；第二层次的税收人际公平原则，应当是衡量纳税人之间权利与义务分配是否公平的标准——笔者将其归纳为"无差别待遇原则"。

根据第一层次的"税款缴纳与政府履责整体对等原则"，对我国的税收人际公平做实证分析，可以看出我国现行税制中仍存在以下问题：现行税收立法体系不够完善；政府的征税权、用税权缺乏有效监督；纳税人权利受侵害时缺乏有效的司法保障；纳税人维权意识不强等。根据第二层次的"无差别待遇原则"对我国的税收人际公平做实证分析，可以看出在自然人之间的税收人际公平问题上，我国目前仍存在分类计征不够公平、费用扣除设计有失公平等个人所得税方面的问题，以及重要财产税税种缺失等问题。在法人之间的税收人际公平问题上，笔者选择以服务业为例，对我国企业法人所属行业是否无差异征税进行了探讨；以创业板企业为例，对我国企业法人所属生命周期阶段是否无差别征税进行了分析；以中小型民营企业为例，对我国企业法人规模是否无差异征税进行了研究。以上内容均试图为第六章中相关政策建议的提出做好研究基础。

第四章 税收区域公平：理论与现状

第一节 税收区域公平问题研究概况

近年来，随着中国经济的迅猛发展，国家也更加关注社会公平问题，公平的实现不仅包括教育公平、收入公平，还包括税收公平。税收公平事关国家稳定、发展和改革大局，是国家治理体系和治理能力现代化的重要组成部分。如前文所述，从地理维度考察，税收公平应重点关注税收区域公平。

一 国外研究概况

目前国内外很多文献都对税收区域公平进行了研究，这主要表现在税收收入归属权和税收征管管辖权的探讨上。在税收公平方面，威廉·配第在其著作《政治算术》中提出税收要对任何人、任何区域没有任何偏袒，税收负担要适中。[1] 亚当·斯密在《国民财富的性质和原因的研究》中提出了税收的四大原则，即确定、经济、便利和公平原则。斯密认为，在可能的范围内，一个国家的某个公民（区域）要按照自己（本区域）的受益比例或者按照自己（本区域）的能力缴纳税收。[2] 这也形成了税收负担研究较早的理论基础。马斯格雷夫对合理的税收分配制定了两个标准：一是税收作为政府财政收入的最主

---

① ［英］威廉·配第：《政治算术》，陈东野译，中国社会科学出版社2010年版，第33—44页。

② ［英］亚当·斯密：《国民财富的性质和原因的研究》，郭大力、王亚南译，商务印书馆1981年版，第384—386页。

要来源，为了保证政府职能的实现，其收入量应该尽量满足财政支出的要求。① 二是税收收入应由对税种的计税依据掌握最大信息量的政府来征收；在税收征管管辖权方面，塞力格曼（Edwin R. A. Seligman）则主张以经济忠诚（即指各地区对于经济所得做出的贡献）的属地原则作为税收征管的依据，他认为，居住地才具有税收征管的优先性。②

二 国内研究概况

目前，国内关于税收区域公平研究的文献大多以税收与税源的关系为主要研究视角。国务院发展研究中心"制度创新与区域协调研究"（2011）认为，由于生产经营活动具有复杂性和税制设计等原因，伴随经济的发展，发达地区与欠发达地区税收与税源相背离的现象在我国表现得日益明显，已经严重制约着区域之间的协调发展，还易诱发地方政府间展开无序的税收竞争。③ 王辉（2012）认为，税收与税源的非均衡，一方面，会导致地方公共物品的提供出现扭曲，降低居民福利；另一方面，会导致地区产业结构发展不平衡，产业升级缓慢。④ 刘金山（2014）通过对全国31个省份流转税各税种的背离情况进行测算，得出省际财富逆流现象严重的结论。⑤ 王倩（2009）等在《我国区域税收转移的成因与影响》中指出了我国区域税收与税源背离的11种表现形式：总部经济、企业合并纳税、集团公司转让定价、内外资企业的迁移、资源性产品的价格扭曲、省际贸易、区域间税收竞争、税制设计不尽合理、隐形的税收转移、税收政策区域差异等形式导致的背离。⑥ 刘玉池等（1996）指出，税收的横向转移会

---

① ［美］马斯格雷夫：《财政理论与实践》，邓子基、邓力平译，中国财政经济出版社2003年版，第10页。

② ［美］塞力格曼：《租税转嫁与归宿》，许炳汉译，（台北）商务印书馆1971年版，第239—240页。

③ 国务院发展研究中心"制度创新与区域协调研究"：《税收与税源背离的情况及其对区域协调发展的不利影响》，《发展研究》2011年第1期。

④ 王辉：《中国地区间税收与税源非均衡性问题对策研究》，博士学位论文，辽宁大学，2012年，第26—27页。

⑤ 刘金山：《流转税税收税源背离与地区经济发展》，《税务研究》2014年第8期。

⑥ 王倩、刘金山：《我国区域税收转移的成因与影响》，《财经分析》2009年第5期。

导致税收横向分配的不合理，加大区域间发展的差距，这在很大程度上是由 1994 年分税制改革造成的。[1] 此外，国内很多专家学者都认为无序的税收竞争会导致经济的社会净损失，对地方经济发展和财政收入产生不良影响。刘笑萍（2006）认为，我国的税收竞争主要以制度外的税收竞争为主，这种竞争方式产生的负面影响较大，致使西部欠发达地区在竞争上就处于不利地位。许善达（2007）认为，由于地方之间的利益分配缺乏合理的规范，所以，地方政府间的税收竞争不可避免，他主张用比较分析法，即用区域税收总量占全国比重，减去区域 GDP 总量占全国比重，若比重差为正，说明该区域为税收移入地；反之则为移出地。[2]

三 文献概况评述

总的来说，国外文献对税收区域公平问题的研究范围较广，实践应用价值也比较高。但外文文献中对税收与税源的关系，如涉及税收收入的归属权和税收收入的征管权等相关理论的研究并不完全适用于中国目前的国情。如德国、美国等国家的州一级政府通常具有一定限度的地方立法权、征税权和收益权。而在我国，省一级政府没有相关权力。由于中国与世界其他国家在制度、环境、国情和文化上存在较大差异，所以，只能对相关外文文献的理论研究做一定的参考和借鉴，并根据这些先进理论和经验，针对我国国情具体问题具体分析。

国内学者的研究情况则比较符合中国的实际情况。相关文献从各自所选取的视角，尽可能地提出和分析了我国税收区域公平存在的问题，阐述了税收与税源背离的现象，分析了原因并提出了解决措施。不仅如此，还有学者专门针对西部或西部具体省份做了税收区域公平的相关研究，并从税收与税源关系的视角提出了很多切实可行的建议。但笔者认为，上述研究都存在一些共同的局限性：一是许多学者在数据选取上缺乏创新，通常仅用地方级税收收入来衡量一个区域税收与税源关系，这显然已经不符合"营改增"已在全国全面实施的事

---

[1] 刘玉池、王卫、李立群：《税收在地区间的转移》，《税务研究》1996 年第 11 期。
[2] 许善达：《区域税收转移调查》，中国税务出版社 2007 年版，第 97—99 页。

实。二是大部分学者都站在宏观层面的角度对税收转移情况进行论述，如常把中西部内陆和东部沿海进行比较，这样做的好处是看到了中西部省份不断处于劣势地位，税收移出加剧的大趋势，但是，在微观层面的可操作性较小。此外，上述研究多集中于规范性分析，对税收与税源背离程度的测算方法比较单一，相关数据的选取宽度还不够。

笔者力争在前人研究成果的基础上，选用最新的数据并选取更加丰富和科学的方法，以税收与税源的关系为研究视角，进行定量分析，争取在一个合理的框架内对税收区域公平问题进行梳理。

第二节　税收区域公平的原则

税收区域公平的思想古今中外均存在。如前所述，西方学术界对于税收公平有受益原则和纳税能力原则两种学说。我国税收区域公平思想则最早在《禹书》中被提及。新中国成立后，确立了"区别对待、合理负担"的治税原则。但是，由于当时实行的是统收统支的财税体制，也就不存在税收区域公平问题。

当前，我国正处在努力实现中华民族伟大复兴"中国梦"的时代大背景下，不管是出于对区域协调发展还是出于对区域团结稳定的考虑，都必须正确认识税收区域公平与税收中性的关系，处理好税收区域公平与税收效率的关系问题。

一　税收区域公平与税收效率相协调的原则

国家凭借其政治权力对各个经济主体课征税收应该是公平和有效率的。这里的公平是指税收社会公平和税收经济公平。前者是指通过税收实现税收收入和税收负担在各个区域或经济主体之间的合理分配。后者是指通过税收构建区域之间或经济主体之间平等竞争的环境和条件。税收效率包括税收行政效率和税收经济效率。前者是征税过程中最直接、最基本的要求，它要求实现征税成本的最小化。后者是更高层次的要求，它要求把征税带给市场经济的扭曲程度最小化。

税收区域公平与税收效率并非是一对不可调和的矛盾，它们两者是对立统一的关系。其对立性表现为：国家在税收制度的设计、税法的制定及税收政策的选择上很难兼顾公平与效率的统一。区域公平原则强调税收区域分配公平，即实现区域负担大小和受益大小的统一，实现税收与税源的统一；效率原则强调社会资源的最优配置，实现经济与税收收入的最大化增长，然而，要实现这一目标，就有可能破坏区域公平原则，拉开区域之间的经济差距和税收收入差距。其统一性表现为：从一个国家的税制发展和税收政策的调整来看，两者是可以统一而且必须是朝着统一方向发展的。一方面，效率的不断提高是实现区域公平的物质基础。如果在税收征管或分配过程中影响了全局的经济增长和发展，即便能实现税收区域公平，也是舍本求末和事倍功半的。所以，真正的税收区域公平必定是能实现效率要求的公平，也必须是能提高效率的公平，没有效率的税收区域公平只会是无源之水、无本之木，对一个国家全局的发展影响更大。另一方面，公平是实现效率的出发点和落脚点，不能保证公平的税收一定不会是高效率的。税收区域不公平不仅会挫伤地方政府和地方居民的积极性，甚至还会导致区域恶性的经济和税收竞争，破坏市场经济秩序，自然毫无效率可言。所以，真正的税收效率必定是能体现税收区域公平的效率，也必须是能保证相对公平的效率。

目前，我国已成为世界上第二大经济体，但二元经济结构明显，发达地区和欠发达地区之间、发达城市和落后乡下之间的贫富差距与日俱增，税收区域公平问题已经逐渐影响到"两个一百年"奋斗目标（2021 年全面建成小康社会和 2049 年实现中华民族的伟大复兴）的实现。在这种情况下，必须真正重视税收区域公平问题，把它同税收效率兼顾起来，实现区域之间的协调可持续发展。

二　税收区域公平与税收中性相协调的原则

19 世纪末，马歇尔在《经济学原理》中正式提出税收中性原则，认为税收会给纳税人带来其他额外负担，影响市场机制的"中性"运行。1929 年美国爆发经济危机，波及全球，凯恩斯主义得到迅速运用和广泛认可，同时认为税收不该消极中性而应积极作为。20世纪70年代，美国陷入"滞胀"（通货膨胀和经济停滞同时存在），新古典主义重提税收中性思想，主张政府充当"守夜人"，少干预或不干预经济。绝对的税收中性是一种纯粹理想的税收思想，它指除纳税负担外，纳税人不用再承担其他损失或额外负担，即税收的超额负担为零。

从税收实践来看，绝对的税收中性不可能存在。因为在经济全球化的浪潮中，不管是社会主义国家还是资本主义国家，不管是发达国家还是发展中国家，都不再是一个单独的个体，国家"看得见的手"与市场"看不见的手"早已配合默契融为一体，世界经济的稳定运行已经离不开各国的宏观调控和相互配合，税收作为重要的宏观调控手段，是不可能中性的。① 从税收理论上看，税收不可能完全做到中性，即便是在税收制度和税收政策完全合理，税收区域绝对公平的情况下。假若能实现税收区域绝对公平，即每个区域的税率、税收政策和获得的税收收入都一样，仿佛这样就不会影响企业（纳税人）的投资选择，但企业也会因为各个区域的投资需求弹性不同，而导致投资门槛不同，影响其投资选择。假若税收区域不公平，由税制设计不完善、税收政策不合理导致的市场缺陷和税收优惠不一致、税收分配不合理导致的政府不当干预就是普遍存在的，在这种情况下，税收更难达到中性。

税收的本质其实就是一种分配关系。倘若税收分配合理，能实现税收区域公平，政府的宏观调控和政策干预就少，对经济造成的扭曲和对纳税人造成的额外损失就少，税收就会比较中性。倘若税收分配不合理，不能实现税收区域公平，政府的干预和调控就多，对经济造成的扭曲和对纳税人造成的额外损失就多，税收中性就会是"水中月、镜中花"。

① 王国清、朱明熙、刘蓉：《国家税收》，西南财经大学出版社2001年版，第40页。

第三节 我国现行税收区域公平实证分析

一 税收区域不公平的表现形式

目前，我国税收协调机制还不够完善，税收区域不公平现象普遍存在，其表现形式也有很多种。比如，区域税收优惠政策差异明显、税收管辖权不明、地方税收保护主义盛行、税收横向分配机制不健全、总分机构和企业跨区经营的广泛存在等。前三种表现形式可以归结为区域税收无序竞争，后三种表现形式可以归结为总部经济模式。

（一）区域税收无序竞争

我国 1994 年分税制改革的出发点是为了解决中央政府穷而地方政府富的不协调状况。分税制改革主要对税收的纵向分配关系进行了明确，确定了税种在中央与地方的归属权和共享税中央与地方的分成比例等问题，但是，对于税收在地方之间如何进行横向分配没有明确，只是笼统地提出要按照属地原则进行管理，并没有明确设置税收归属权这一关键性要素。加之地方政府因税收分配关系的改变而减少了税收收入。因此，在模糊的税收制度和利益的驱动下，直接点燃各地方政府间税收无序竞争的"战争"，严重影响了市场公平竞争和税制规范，形成税收收益在区域之间非正常流动的格局，出现税收区域分配不公平现象。

区域税收无序竞争是指各级地方政府为了追求本地利益最大化，不顾现实条件，通过提供税收优惠政策或低价土地等措施，吸引各种资源要素流入到本地的不正当竞争行为。由区域税收无序竞争导致税收区域不公平问题主要是由以下几个原因造成的：

一是现行税收横向分配机制不完善。比如企业跨区域经营的广泛存在就很容易引起地方政府间为了争抢税收收益而进行竞争和博弈。由于发达地区掌握了更多的政治、经济和社会资源，通常在竞争和博弈中会占有较大优势，导致税收不断向发达地区转移。

二是现行税收优惠机制不完善。尽管中央一再强调税收立法权和税收减免权归属中央政府，但地方政府为了刺激当地经济发展，竞相出台许多非正规的税收优惠政策或单方面地扩大减免税范围。为了规避非法减免税收的政策风险，地方通常会采用"入库返成、税收折让"等补贴手段形成事实上的"税收洼地"，吸引外来投资并壮大当地 GDP 总量。

三是行政手段干预过度。为了满足投资人在其他方面的要求，有的地方政府会承诺解决企业高管子女的上学问题、配偶的工作和户籍问题，甚至给予部分高管一定的社会荣誉和政治待遇，例如，劳动模范、优秀市民、政协委员和人大代表等政治身份，以达到吸引外部税源和经济资源流入的目的。

四是现行官员政绩考核机制不健全。改革开放后，我国坚持以经济建设为中心，地方官员的政绩考核机制也逐渐发生了变化，出现了"唯 GDP 论"和"GDP 出官、官出 GDP"的怪象。为了在短期内提高 GDP 总量，创造政绩和储备政治资本，地方官员纷纷加入到税收无序竞争的"恶战"当中，甚至超越权限进行违规操作，加剧了区域税收与税源的背离，使税收区域不公平问题进一步恶化。

经济学原理告诉我们，适当的税收竞争有利于提高政府工作效率，转变政府职能，但无序的税收竞争只会导致经济效率的低下和资源的浪费。其一，地方政府不顾及当地经济、生态和社会的承受条件，大幅度、大范围给予投资者优惠政策，多快好省地引进项目，很有可能会打乱一个地区的长远发展规划，给其带来沉重的经济负担。其二，无序的税收竞争会引起资源要素的非正常流动，扰乱市场正常的资源配置功能，使区域间税收与税源发生背离，继续拉大欠发达地区与发达地区的经济差距，加剧"马太效应"的发生。

（二）总部经济模式

总部经济是伴随全球一体化、经济全球化以及各地区合作不断加深而出现的一种新的经济形态，是指中心城市利用其特有资源优势吸引企业把总部落户并布局在该区域。[1] 总部经济会给总部区域带来很

---

① 杨宏：《总部经济模式下区域税收与税源背离的思考》，《中央财经大学学报》2009年第 3 期。

多正外部效应，比如社会资本效应、产业乘数效应、劳动就业效应、消费带动效应和税收贡献效应。[①] 但同时也会给周边区域带来许多负外部效应：一是总部经济把企业价值链高端、高附加值环节向中心城市聚集，而把低端、低附加值环节放在了其他区域，加剧了区域间发展的不平衡。二是总部经济为企业规避和转移税收提供了可乘之机，容易造成税收流失和税收区域不公平问题。

在总部经济模式下，企业总部的生产、研发、销售等基地在空间上出现分离，分离的经营活动必会引起税收的转移，而税收转移的趋势就是从其他欠发达区域流向发达中心区域，出现发达区域"无税源而有税收"，欠发达区域"有税源而无税收"的现象。这种税收分配区域不公现象主要是由企业跨区经营引起的，企业跨区域经营的最主要表现形式就是总分支机构。所谓总机构，是指具有法人资格，能为下属分支机构提供服务的最高管理机构；所谓分支机构，是指由总机构设立，从事生产、销售和分配等经营活动的机构。具体来讲，总分机构可以分为两种存在形式：一种是母、子公司型，子公司为独立法人，进行独立核算。如果母子公司采取汇总纳税[②]的方式（经批准可以进行汇总纳税），按照现行税法规定，子公司之间或母、子公司应缴纳的税收就会发生跨区域转移，由此导致区域间税收与税源的背离。如果不能进行汇总纳税，企业通常会利用区域税收政策的差异进行关联交易，转让利润，或是通过集团公司内部转让定价的方式，调整各子公司的销售利润，从而引起子公司之间或母、子公司的应纳税额和入库地点发生变化，引发跨区域税收与税源的背离。另一种是总、分公司型，分公司为非独立法人，不具有法人资格，企业通常会选择汇总纳税方式（经批准可以进行汇总纳税），使税收在总、分公司各自所在区域进行横向分配，倘若分配合理，区域税收与税源就不

---

① 赵弘：《总部经济》，中国经济出版社 2004 年版，第 60—61 页。

② 从理论上讲，汇总纳税和合并纳税有所区别。汇总纳税是指分公司将应税所得全部汇总至总公司，由总公司计算全体所得纳税；合并纳税是指将母、子公司所得合并，由母公司计算合并所得纳税。但是，由于两者都是由总机构将分支机构所得集中统一缴纳，因此在税收实践上，就把两者合称为汇总与合并纳税，简称汇总纳税。

会背离，倘若企业仅采用汇总纳税的方式而不在区域间进行横向分配，就会产生税收分配区域不公问题。我国现行税法规定按照属地原则来确定纳税地点，很显然，在现行税收管理机制下，税收会从分支机构所在地政府向总机构所在地政府进行转移，区域税收与税源的背离不可避免。

由此可知，不管是区域之间税收无序竞争还是总部经济发展模式等不公平表现形式的存在，引起税收区域公平问题的绝大部分因素都可以归结为是区域税收与税源背离关系所导致的。因此，要研究我国税收区域公平问题，主要就是要对我国各地区税收与税源的关系进行定量分析。

二 我国税收与税源关系的实证分析

亚当·斯密说过："税收是财富分配的利器。"经济决定财政，财政反作用于经济的原理告诉我们，税收收入的最终来源基础是经济，经济情况越好的地区，提供的税收收入就会越多；经济情况欠佳的地区，提供的税收收入就会越少。[①] 因此，某区域的税收与税源是否存在背离关系可以用该区域征收的税收总量同该区域产生的经济总量进行相比予以测算和反映。

（一）税收与税源背离关系的测算

在现代社会中，GDP 已经被世界上绝大多数国家公认为是衡量一国经济状况的最优指标。它既能反映某个国家或地区在一定时期内产生的经济总量，也能反映该国家或地区的经济运行状况。从我国现行税制来看，国家对第一产业（包括农业、林业、畜牧业、渔业）实施的税收优惠政策比较多，第一产业所产生的税收收入就比较少。例如，在 2006 年 1 月 1 日我国就全面废除了农业税，使中国 7 亿农民彻底告别了延续 2600 年的"皇粮国税"。所以，从理论上讲，在计算税收收入总量和 GDP 总量时应该把第一产业产生的税收收入和与之相对应的 GDP 量扣除掉。但在现实研究中，由于税收优惠政策的力度

---

① 杨杨、王立：《税收负担与税收弹性的实证分析——以贵州省 1978—2011 年数据为例》，《会计之友》2013 年第 24 期。

和时间弹性较大，要完全收集不包含第一产业的 GDP 和税收收入等数据的难度较大，因此，笔者选取的 GDP 数据均包含三大产业增加值。

在税收收入统计口径上的选择主要有三种：一是全部税收收入口径，即包括中央和地方两级税收收入。二是地方政府一般预算收入口径，即指地方政府财政收入。三是地方级税收收入口径。由于政府财政收入中非税收入这部分尚不规范，加之社会保障税费数据的缺失，所以，用口径二测算出来的准确性并不高。其他两种口径中，中央级税收收入虽然对地方财力的影响不大，但其对国税机关收入大小的影响很大。地方级税收收入是用来衡量税收与税源背离关系最常用的方法，因为地方税收是地方财政收入的主要来源，自然就是地方政府最为关心的问题。但随着"营改增"工作的全面展开，地方主体税种将面临缺失，地方级税收占全部税收收入的比重也在逐渐减少，此时再把地方级税收收入作为衡量指标恐将不再适宜。因此，选用口径一，即全部税收收入的统计口径，更能从国家宏观大局上来把握税收区域公平问题，把握区域间税收与税源背离问题，让全国一盘棋走得更好、更顺、更活。下面就以此口径对全国各个省份税收与税源的关系进行测算分析。

1. 区域税收与区域 GDP 占比比较法[1]

区域税收与税源关系的测算可以用某区域税收总量与全国税收总量的比值减去该区域 GDP 总量与全国 GDP 总量的比值来衡量。如果差值大于零，则表明该区域是税收净移入地；如果差值小于零，则表明该区域是税收净移出地；这两种情况都说明该区域税收与税源的关系是背离的。如果差值恰好等于零，则说明该区域税收与税源的关系均衡，不存在背离。具体公式如下：

$$S_i = \frac{T_i}{\sum\limits_{i=1}^{n} T_i} - \frac{G_i}{\sum\limits_{i=1}^{n} G_i} \quad (i = 1, 2, 3, 4, \cdots, n)$$

---

[1] 杨杨、杜剑：《我国区域税负公平探析》，《税务与经济》2011 年第 11 期。

其中，T_i 代表 i 地区的税收收入，G_i 代表 i 地区内的 GDP 总量。下面就运用上述公式对全国 31 个省份 2014 年的 GDP 和税收收入情况进行计算，计算结果如表 4 - 1 所示。

表 4 - 1　　　　　2014 年各省份 GDP 和税收收入情况　　　单位：亿元、%

地区	GDP	税收收入	GDP 占全国比重	税收收入占全国比重	区域税收收入背离度
北京	21330.83	11534.50	3.12	9.94	6.82
天津	15726.93	4294.34	2.30	3.70	1.40
河北	29421.15	3750.00	4.30	3.23	-1.07
山西	12761.49	2104.38	1.86	1.81	-0.05
内蒙古	17770.19	2078.15	2.60	1.79	-0.81
辽宁	28626.58	3202.51	4.18	2.76	-1.42
吉林	13803.14	1967.51	2.02	1.70	-0.32
黑龙江	15039.38	2208.25	2.20	1.90	-0.29
上海	23567.70	12083.95	3.44	10.41	6.97
江苏	65088.32	12068.23	9.51	10.40	0.89
浙江	40173.03	6158.44	5.87	5.31	-0.56
安徽	20848.75	3089.60	3.05	2.66	-0.38
福建	24055.76	2957.50	3.52	2.55	-0.97
江西	15714.63	2283.00	2.30	1.97	-0.33
山东	59426.59	6393.61	8.68	5.51	-3.17
河南	34938.24	3640.64	5.11	3.14	-1.97
湖北	27379.22	3633.13	4.00	3.13	-0.87
湖南	27037.32	2955.08	3.95	2.55	-1.40
广东	67809.85	11146.19	9.91	9.60	-0.30
广西	15672.89	1979.88	2.29	1.71	-0.58
海南	3500.72	846.10	0.51	0.73	0.22
四川	28536.66	4058.82	4.17	3.50	-0.67
重庆	14262.60	2231.13	2.08	1.92	-0.16
贵州	9266.39	1794.56	1.35	1.55	0.19
云南	12814.59	2792.70	1.87	2.41	0.53
西藏	920.83	170.71	0.13	0.15	0.01

续表

地区	GDP	税收收入	GDP占全国 比重	税收收入占 全国比重	区域税收 收入背离度
陕西	17689.94	859.96	2.58	0.74	-1.84
甘肃	6836.82	1044.91	1.00	0.90	-0.10
青海	2303.32	355.49	0.34	0.31	-0.03
宁夏	2752.10	476.68	0.40	0.41	0.01
新疆	9273.46	1897.28	1.36	1.63	0.28

资料来源：根据《中国统计年鉴》（2015）和《中国税务年鉴》（2015）数据计算而成。

从表4-1可以知道，绝大部分省份税收与税源的关系都存在背离。以北京市为例，2014年北京GDP占全国GDP的3.12%，而税收收入占全国税收收入的9.94%，差额为6.82个百分点。这意味着如果按照地区GDP贡献值来衡量，北京分享的税收比重应该为3.12%，但其实际分享的税收收入要远高于按GDP贡献所获取的税收收入。同样，作为中国经济中心的上海2014年GDP占全国GDP的3.44%，而税收收入占全国的10.41%，差额达到了6.97个百分点。同样是沿海发达省份，2014年山东省GDP占全国的8.68%，但税收收入却只占全国的5.51%，差额为-3.17个百分点，这意味着山东省实际分享的税收收入要远低于按GDP贡献所获取的税收收入。从东部地区总体来看，还有天津、江苏、海南与北京、上海一样，实际分享的税收收入高，只是差额不如北京和上海这么大；而河北、辽宁、浙江、福建、广东等省份和山东一样，实际分享的税收收入低，且差额也不如山东这么明显。广西2014年GDP占全国的2.29%，税收收入占全国的1.71%，差额-0.58个百分点。从中部地区总体来看，山西、内蒙古、吉林、黑龙江、安徽、江西、河南、湖北、湖南等省份均和广西一样，实际分享的税收收入低。从西部地区来看，陕西2014年GDP占全国的2.58%，税收收入占全国的0.74%，差额为-1.84个百分点，虽然表面上差额比山东省小，但考虑到其经济总量较少，如果用税收收入占全国税收收入的比重除以该省 GDP 占全国 GDP 的比重进行衡量，其实际税收收入与按国内生产总值计算的理论税收收入的差距非常巨大。四川、重庆、甘肃、青海等西部省份的表现和陕西一样，只是实际分享的税收收入与理论税收收入差距不如陕西这么显著。贵州、云南、西藏、宁夏、新疆等其他西部地区省份实际分享的税收收入高于理论税收收入，但仅仅是略高，而不像北京、上海存在巨大的差距。表 4 - 1 的数据说明我国以北京、上海为代表的地区存在明显的税收区域分配不公平现象。

为了避免单一年份的统计偏差，笔者根据《中国统计年鉴》(2006—2015)、《中国税务年鉴》(2006—2015) 的 10 年数据进行分析计算，发现只有北京、上海、天津、江苏、海南、山西、云南、新疆 8 个省份总体上是属于实际税收收入持续大于理论税收收入省份 (其中山西 2014 年变为实际税收收入小于理论税收收入)；贵州、西藏、宁夏 3 个省份 10 年间部分年度实际税收收入大于理论税收收入，部分年度则小于；实际税收收入持续小于理论税收收入省份达到 20 个，其中尤其是山东、陕西等省份的差距较为显著。

为了便于进一步观察和分析，笔者根据《中国统计年鉴》(2006—2015)、《中国税务年鉴》(2006—2015) 10 年的数据分别选取两个区域税收正向背离最明显的省份、两个区域税收负向背离最明显的省份和两个区域税收背离现象不明显的省份进行折线比较。如图 4 - 1 所示。

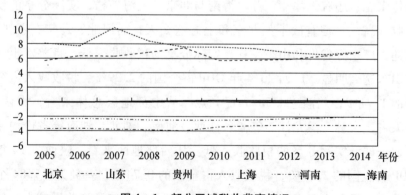

图 4 - 1　部分区域税收背离情况

从图 4 - 1 可以更直观地发现，上海、北京是税收背离中税收净流入非常明显的地区，而山东、河南是税收背离中税收净流出非常明显的地区，正如前文所述，全国大部分地区存在税收净流出现象。

2. 区域税收与区域 GDP 占比差额偏离程度比较法

受历史、地理和政策等因素的影响，我国各区域之间的经济发展极不平衡，"先富"没有带动"后富"，区域之间的发展差距逐渐拉大，各区域的面积与所产生的 GDP 和税收收入极不对称。以贵州、上海两省为例：贵州所占面积为 17.6 万平方公里，占我国国土面积的 1.83%，上海所占面积为 0.634 万平方公里，占我国国土面积的 0.07%。贵州是上海面积的 27.76 倍。但是，2014 年上海市的 GDP 占全国 GDP 的 3.44%，贵州仅为 1.35%；而上海的税收收入占全国税收收入的 10.41%，贵州仅仅为 1.55%，经济影响力天差地别，税收收入的差异更是巨大。因此，如果仅仅用区域 GDP 占比和区域税收占比对区域税收背离程度进行分析仍然不够全面，仅用区域税收占全国税收比重与区域 GDP 占全国 GDP 比重的差额来衡量各区域税收与税源的背离程度是不足以完全反映背离全貌的。为了更客观、真实地测算出我国各地区税收的背离情况，下面将对上文公式进行调整，调整公式如下：

$$S_i = \left(\frac{T_i}{\sum_{i=1}^{n} T_i} - \frac{G_i}{\sum_{i=1}^{n} G_i} \right) \Bigg/ \frac{G_i}{\sum_{i=1}^{n} G_i} \quad (i = 1, 2, 3, 4, \cdots, n)$$

其中，T_i 代表 i 地区的税收收入，G_i 代表 i 地区内的 GDP 总量，下面就运用上述调整公式，对全国 31 个省份 2005—2014 年的我国各地区税收背离程度进行再次测算和统计，测算结果如表 4 - 2 和图 4 - 2 所示。

根据公式，零表示地区税收与税源没有背离，正负数值越大表明该地区税收背离程度越大，其中正值表明是税收净流入地区，负值表示税收净流出地区。从表 4 - 2 可以看出，2005—2014 年平均值最大的仍然为北京和上海，分别为 2.40 和 2.43，和表 4 - 1 的结论一致，北京和上海是全国最大的税收净流入地区，天津也高达 0.89；而

表 4 – 2 2005—2014 年我国各地区税收背离情况

省份	2005 年	2006 年	2007 年	2008 年	2009 年	2010 年	2011 年	2012 年	2013 年	2014 年	2005—2014 年平均值
北京	1.62	1.82	1.78	2.05	2.25	1.77	1.87	1.90	2.07	6.82	2.40
天津	0.90	1.01	0.96	0.91	0.72	0.86	0.82	0.68	0.62	1.40	0.89
河北	-0.31	-0.31	-0.32	-0.29	-0.28	-0.27	-0.26	-0.25	-0.26	-1.07	-0.36
山西	0.19	0.19	0.16	0.25	0.22	0.12	0.09	0.10	0.04	-0.05	0.13
内蒙古	-0.13	-0.16	-0.22	-0.22	-0.22	-0.16	-0.16	-0.20	-0.22	-0.81	-0.25
辽宁	-0.22	-0.27	-0.31	-0.31	-0.31	-0.28	-0.31	-0.26	-0.29	-1.42	-0.40
吉林	-0.19	-0.24	-0.29	-0.25	-0.23	-0.22	-0.20	-0.18	-0.16	-0.32	-0.23
黑龙江	-0.07	-0.06	-0.19	-0.15	-0.17	-0.21	-0.13	-0.12	-0.11	-0.29	-0.15
上海	1.74	1.69	2.29	1.98	1.85	1.93	2.01	1.96	1.92	6.97	2.43
江苏	0.06	0.04	0.06	0.07	0.09	0.10	0.10	0.08	0.07	0.89	0.16
浙江	-0.10	-0.09	-0.11	-0.07	-0.09	-0.11	-0.11	-0.11	-0.12	-0.56	-0.15
安徽	-0.27	-0.25	-0.27	-0.23	-0.21	-0.16	-0.16	-0.16	-0.16	-0.38	-0.23
福建	-0.34	-0.34	-0.38	-0.35	-0.35	-0.33	-0.33	-0.32	-0.29	-0.97	-0.40
江西	-0.40	-0.40	-0.39	-0.38	-0.31	-0.26	-0.27	-0.23	-0.20	-0.33	-0.32
山东	-0.40	-0.39	-0.41	-0.42	-0.43	-0.38	-0.37	-0.36	-0.37	-3.17	-0.67
河南	-0.45	-0.44	-0.45	-0.46	-0.47	-0.48	-0.47	-0.44	-0.41	-1.97	-0.60
湖北	-0.25	-0.24	-0.29	-0.28	-0.30	-0.30	-0.31	-0.28	-0.26	-0.87	-0.34
湖南	-0.33	-0.34	-0.37	-0.40	-0.39	-0.41	-0.41	-0.38	-0.36	-1.40	-0.48
广东	-0.02	-0.05	-0.09	-0.06	-0.07	-0.04	-0.05	-0.05	-0.06	-0.30	-0.08
广西	-0.27	-0.30	-0.32	-0.34	-0.33	-0.30	-0.29	-0.25	-0.27	-0.58	-0.33
海南	-0.12	-0.09	0.06	0.21	0.34	0.45	0.48	0.44	0.39	0.22	0.24
四川	-0.29	-0.28	-0.29	-0.30	-0.27	-0.24	-0.23	-0.20	-0.18	-0.67	-0.30
重庆	-0.28	-0.26	-0.25	-0.25	-0.23	-0.14	-0.14	-0.16	-0.12	-0.16	-0.20
贵州	0.10	0.10	0.02	0.04	0.08	0.10	0.08	0.10	0.12	0.19	0.09
云南	0.42	0.41	0.36	0.39	0.39	0.42	0.35	0.34	0.31	0.53	0.39
西藏	-0.55	-0.57	-0.57	-0.52	-0.51	-0.38	-0.05	0.24	0.04	0.01	-0.29
陕西	-0.11	-0.06	-0.10	-0.09	-0.02	0.01	0.01	-0.01	-0.06	-1.84	-0.23
甘肃	-0.16	-0.18	-0.15	-0.21	-0.03	-0.08	-0.09	-0.09	-0.13	-0.10	-0.12
青海	-0.19	-0.16	-0.17	-0.18	-0.04	-0.07	-0.09	-0.08	-0.06	-0.03	-0.11
宁夏	-0.07	-0.09	-0.14	-0.14	-0.10	-0.06	-0.07	0.00	0.03	0.01	-0.06
新疆	0.08	0.09	0.07	0.18	0.19	0.26	0.30	0.27	0.22	0.28	0.19

资料来源：根据《中国统计年鉴》（2006—2015）、《中国税务年鉴》（2006—2015）和《贵州统计年鉴》（2006—2015）数据计算。

2005—2015 年平均值最小的是河南和山东，分别达到 - 0. 60 和
- 0. 67，仍然和表 4 - 1 的结论一致，说明河南和山东是全国最大的
税收净流出省份；贵州、江苏、广东、宁夏 4 个省份 2005—2014 年
的平均值最接近为 0，说明税收与税源背离程度最低。总体而言，全
国仅有 9 个省份 2005—2014 年的平均值为正数，属于税收净流入地
区，分别是北京、上海、天津、云南、海南、新疆、山西、贵州、江
苏；另外 22 个省份 2005—2014 年的平均值为负数，属于税收净流出
地区，分别是河南、山东、湖南、福建、江西、广西、辽宁、河北、
西藏、湖北、四川、吉林、安徽、内蒙古、重庆、黑龙江、甘肃、陕
西、青海、浙江、宁夏、广东。

　　笔者根据有关统计年鉴 10 年的数据分别选取两个区域税收正向
背离最明显的省份——北京和上海、两个区域税收负向背离最明显的
省份——河南和山东、两个区域税收背离现象不明显的省份——贵州
和广东进行折线比较，如图 4 - 2 所示。

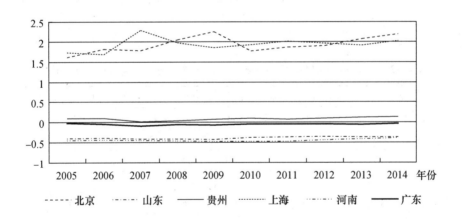

图 4 - 2　部分区域税收背离情况

　　3. 区域税收与区域消费占比比较法

　　目前，世界上绝大多数发展中国家都以间接税为主，因为间接税
具有征税普遍、税负易转嫁等特点，它几乎可以对一切商品和劳务征
税，并将税负最终转由消费者承担，能在一定程度上抬升产品价格，

刺激消费者扩大消费额度，促进经济发展。因此，按照发展中国家的惯例，一个区域的税收背离程度也可以用该区域税收收入占全国税收收入比重与该区域最终消费额占全国最终消费额比重的差额来衡量。如果差额大于零，则表明该区域是税收净移入地；如果差额小于零，则表明该区域是税收净移出地；如果差额恰好等于零，则表明该区域税收与税源不存在背离，是均衡的。运用这种测算方法的好处在于既可以分析某个区域某一年税收背离的动态数据，也可以对该区域某一年税收背离的静态数据进行分析。测算公式如下：

$$D_i = \frac{T_i}{\sum_{i=1}^{n} T_i} - \frac{C_i}{\sum_{i=1}^{n} C_i} \quad (i = 1, 2, 3, 4, \cdots, n)$$

其中，D_i 表示 i 区域税收所占全国比重与消费所占全国比重的差额。T_i 仍然代表 i 区域的税收收入，C_i 代表 i 区域的最终消费额（包括政府消费支出和居民消费支出）。下面运用上述公式对全国 31 个省份 2005—2014 年的税收背离程度进行计算，计算结果如表 4 - 3 所示。

表 4 - 3　　2005—2014 年区域税收收入与区域消费额背离情况　　单位:%

省份	2005 年	2006 年	2007 年	2008 年	2009	2010 年	2011 年	2012 年	2013 年	2014 年
北京	5.59	6.12	5.99	6.32	6.86	5.00	4.98	5.04	5.51	5.87
天津	2.21	2.31	2.13	2.25	1.87	2.16	2.17	1.94	1.80	1.79
河北	-0.87	-0.98	-1.12	-0.90	-0.82	-0.74	-0.56	-0.66	-0.66	-0.60
山西	0.55	0.51	0.56	0.82	0.47	0.34	0.32	0.26	0.01	-0.13
内蒙古	-0.03	-0.06	-0.17	-0.05	-0.23	-0.06	0.00	-0.11	-0.21	-0.39
辽宁	-0.72	-0.73	-0.66	-0.70	-0.78	-0.67	-0.74	-0.54	-0.69	-0.96
吉林	-0.46	-0.48	-0.60	-0.49	-0.44	-0.33	-0.22	-0.14	-0.11	0.05
黑龙江	-0.10	-0.09	-0.58	-0.59	-0.85	-0.87	-0.66	-0.60	-0.63	-0.81
上海	8.23	7.77	10.17	8.12	7.21	6.79	6.57	6.08	5.82	6.18
江苏	2.31	1.83	1.76	1.77	1.86	1.79	1.78	1.69	1.25	0.92
浙江	-0.35	-0.37	-0.51	-0.14	-0.49	-0.65	-0.78	-0.75	-0.65	-0.60
安徽	-1.10	-1.01	-1.06	-1.04	-0.84	-0.72	-0.70	-0.63	-0.53	-0.43

续表

省份	2005 年	2006 年	2007 年	2008 年	2009	2010 年	2011 年	2012 年	2013 年	2014 年
福建	-1.17	-1.17	-1.14	-1.13	-0.96	-0.89	-0.79	-0.61	-0.36	-0.29
江西	-0.92	-0.85	-0.83	-0.79	-0.62	-0.63	-0.69	-0.60	-0.52	-0.19
山东	-2.54	-2.62	-2.99	-3.18	-2.62	-2.10	-2.11	-2.11	-2.06	-1.87
河南	-2.50	-2.47	-2.15	-2.03	-2.28	-2.33	-2.18	-2.09	-2.10	-2.00
湖北	-1.20	-1.29	-1.38	-1.33	-1.19	-1.13	-1.14	-0.93	-0.81	-0.70
湖南	-1.87	-1.88	-1.89	-1.88	-1.72	-1.61	-1.58	-1.39	-1.28	-1.25
广东	-0.55	-0.50	-1.04	-0.94	-0.81	-0.58	-1.20	-1.47	-1.47	-0.75
广西	-1.05	-1.04	-1.05	-1.07	-1.11	-0.89	-0.74	-0.72	-0.80	-0.79
海南	-0.07	-0.07	-0.01	0.04	0.13	0.21	0.22	0.20	0.16	0.20
四川	-1.77	-1.55	-1.56	-1.52	-1.39	-1.31	-1.24	-1.11	-0.99	1.44
重庆	-0.56	-0.55	-0.59	-1.00	-0.48	-0.34	-0.29	-0.33	-0.23	-2.51
贵州	-0.54	-0.50	-0.55	-0.33	-0.34	-0.28	-0.26	-0.16	-0.09	-0.06
云南	0.11	0.11	0.14	0.52	0.17	0.21	0.10	0.06	-0.02	-0.09
西藏	-0.13	-0.08	-0.13	-0.11	-0.12	-0.09	-0.05	-0.02	-0.04	-0.03
陕西	0.06	0.26	0.01	0.07	-0.09	0.04	0.11	0.10	0.04	-1.65
甘肃	-0.42	-0.42	-0.39	-0.49	-0.34	-0.34	-0.37	-0.34	-0.36	-0.33
青海	-0.15	-0.14	-0.15	-0.13	-0.08	-0.07	-0.07	-0.07	-0.04	-0.04
宁夏	-0.11	-0.12	-0.11	-0.10	-0.05	-0.05	-0.05	-0.03	-0.03	-0.04
新疆	0.13	0.03	-0.10	0.04	0.07	0.14	0.18	0.08	0.09	0.10

资料来源：根据《中国统计年鉴》（2006—2015）、《中国税务年鉴》（2006—2015）计算得到。

根据表4-3测算结果可知，2014年北京市税收收入占全国比重超过最终消费额占全国比重5.87个百分点，这意味着北京市实际获取的税收收入要远远高于按区域最终消费额分享的税收收入，是税收净移入地。与北京情况相类似的还有上海、天津、吉林、江苏、四川、海南和新疆等8个省份。与之相对应的是以重庆、河南为代表的其余23个省份，它们的税收收入占比均要低于最终消费额占比，都为税收净移出地。此外，值得注意的是，虽然上述两种方法测算出来的结果大小稍显不同，但各区域税收背离的方向和趋势都是一样的。在此种方法下，大部分中西部省份，特别是西部省份的税收移入程度减弱了，而税收移出程度却相对放大加重了。以贵州省为例，近九年来，贵州的区域税收占比一直要低于区域消费占比，处于税收移出状态，虽然其税收移出程度在逐年下降，但背离程度明显相对偏高，几乎与重庆持平。如果以地区最终消费额为衡量标准，就说明贵州实际分享的税收收入要远低于按最终消费贡献额所获取的税收收入，部分流转税额被转移出去了。

4. 区域税收与区域经济差距系数比较法

经济决定税收，税收最终来源于经济，经济与税收是密不可分的。所以，笔者试图通过区域经济差距系数来反映各个地区经济发展的差距，再用区域税收差距系数来展示各个地区税收收入的差距，通过比较这两个差距系数，来分析某个区域税收与税源的关系是否存在背离。如果区域税收差距系数大于区域经济差距系数，则说明税收收入横向分配存在"劫贫济富"现象；如果区域税收差距系数小于区域经济差距系数，则说明税收收入横向分配存在"劫富济贫"现象。如果两个系数恰好相等，那么区域税收与税源的关系也正好达到均衡，不存在背离。为了更加客观、科学地衡量区域税收与税源的关系，需要借鉴统计学上用来反映变量之间离散程度的离散系数法，相关公式如下所示：

平均数计算公式为：

$$\bar{x} = \frac{1}{n}\sum_{i=1}^{n} x_i \quad (i = 1, 2, 3, \cdots, n)$$

标准差公式为：

$$\sigma = \sqrt{\frac{\sum_{i=1}^{n}(x_i - \bar{x})^2}{n}} \quad (i = 1, 2, 3, \cdots, n)$$

差距系数计算公式为：

$$V_\sigma = \frac{\sigma}{\bar{x}}$$

下面利用上述公式和相关数据，测算 2005—2014 年区域税收差距系数和经济差距系数，测算结果如表 4 - 4 和图 4 - 3 所示。

表 4 - 4 　　　　区域税收差距系数和区域经济差距系数情况

年份	2005	2006	2007	2008	2009	2010	2011	2012	2013	2014
税收差距系数	1.00	0.99	1.06	1.00	0.98	0.93	0.91	0.87	0.87	0.90
经济差距系数	0.84	0.84	0.83	0.82	0.81	0.80	0.77	0.76	0.76	0.76
离散系数差额	0.17	0.15	0.22	0.18	0.17	0.14	0.13	0.11	0.11	0.14

资料来源：根据《中国统计年鉴》（2006—2015）、《中国税务年鉴》（2006—2015）和《贵州统计年鉴》（2006—2015）数据计算。

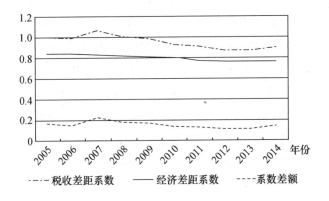

图 4 - 3 　区域税收差距系数和区域经济差距系数情况

表 4 - 4 和图 4 - 3 说明 "劫贫济富" 的现象在这个阶段已经得到了验证。从图 4 - 3 和表 4 - 4 可知，近十年来，区域税收差距系数呈现出先上升后下降的态势，其变化大致可以分为以下两个阶段：第一阶段是 2005—2007 年，这阶段的区域税收差距系数从 2005 年的 1.00 大幅上升到 2007 年的 1.06，说明区域间的税收收入差距突然增大；第二阶段是 2007—2014 年，本阶段区域税收差距系数一路下降，到 2014 年已经大幅下降为 0.90，下降了 15.1%，说明区域间的税收收入差距已在逐年缩小。与此相比，区域经济差距系数的变化就显得非常明确和简单，其在 2005 年和 2006 年均为 0.84，随后逐年下降，到

2014 年已经降为 0.76，下降了 9.5%，这说明各区域之间的经济差距在渐渐缩小。虽然这两个系数的发展形态不太一样，但区域税收差距系数始终要大于区域经济差距系数，说明长期以来，区域间税收与税源的关系都是不均衡的，税收横向分配始终存在"劫贫济富"的问题，不公平现象比较严重。

最后，来看区域离散系数差额，同样呈现出先升后降的形态，从 2005 年的 0.17 上升到 2007 年的 0.22，说明这一阶段"劫贫济富"的情况得到了加剧。随后其一路走低，降为 2014 年的 0.14，下降了 36.36%，大幅好转，并朝着有利的趋势发展。但是，仍然需要注意两个现象：一是区域税收差距系数和区域经济差距系数的降低幅度要远远低于区域离散系数差额；二是区域税收差距系数的下降幅度要远快于区域经济差距的下降幅度。前一种现象反映了在财税政策的作用下，"劫贫济富"的好转程度要远远大于区域间税收差距和经济差距的好转程度，说明调控工具对自身的调控力度不够，对全局的调控力度不均衡，可控性不好。后一种现象反映了缩小区域税收差距起到了缩小区域经济差距的作用，但其效果不明显，两者一快一慢、一前一后。以上两个现象均说明我国财税政策的调控深度还不够，调控效果和调控手段还有待进一步提高、完善和创新。

5. 区域税收背离数测算

通过上述四种方法，笔者分别对区域间税收与税源的关系是否均衡或是否存在背离、区域间税收横向分配是否"劫富济贫"或"劫贫济富"进行了判定，并运用了多种方法对全国 31 个省份 2005—2014 年税收与税源的背离程度进行了测算，但尚没有具体反映出各个区域实际移出或移入的税收收入数额。因此，为了弥补这块"空白"，笔者现引入区域间税收收入背离额的估算方法。从理论上讲，区域间税收收入的背离额可以用 GDP 平均含税量乘以 GDP 总量来推算。所以，GDP 规模相当的省份分配到的税收收入应该相同，GDP 规模同税收收入规模呈同向变动关系。相关公式如下：

$$T_i' = \frac{\sum T_i}{\sum G_i} G_i, B_i = (T_i - T'_i)$$

其中，T_i 代表 i 区域的实际税收收入，$\sum T_i$ 代表税收总额，G_i 代表 i 区域的 GDP 总量，$\sum G_i$ 代表 GDP 总量，T'_i 代表 i 区域理论上应分享的税收收入，B_i 代表 i 区域的税收背离额。下面就运用上述公式对全国 31 个省份 2005—2014 年税收收入的背离量进行测算，测算结果如表 4 - 5 和图 4 - 4 所示。

表 4 - 5　　　　　2005—2014 年区域税收与税源背离情况　　　单位：亿元

省份	2005 年	2006 年	2007 年	2008 年	2009 年	2010 年	2011 年	2012 年	2013 年	2014 年
北京	1579.7	2148.9	2772.0	3560.6	4298.2	3980.3	5041.5	6026.0	6987.1	7917.1
天津	490.9	657.0	792.0	959.7	849.5	1260.0	1563.9	1524.4	1534.1	1627.2
河北	-425.4	-512.7	-685.6	-718.1	-748.7	-873.3	-1073.7	-1165.7	-1292.2	-1239.5
山西	112.1	133.3	155.0	282.0	249.4	168.8	167.6	205.4	83.1	-59.8
内蒙古	-70.5	-113.7	-218.7	-288.0	-333.7	-304.5	-384.4	-546.9	-634.0	-935.5
辽宁	-246.7	-371.6	-538.4	-660.2	-727.0	-815.9	-1125.6	-1117.8	-1354.4	-1652.2
吉林	-97.6	-147.0	-240.7	-246.6	-257.0	÷309.3	-346.5	-382.1	-366.3	-373.3
黑龙江	-50.2	-50.6	-213.9	-190.3	-233.7	-350.7	-277.2	-285.4	-273.2	-342.2
上海	2253.0	2628.5	4518.2	4391.4	4329.6	5337.1	6460.1	6890.6	7178.8	8087.2
江苏	165.4	141.5	248.3	324.9	473.1	631.7	849.7	744.2	745.2	1030.1
浙江	-178.1	-194.8	-321.6	-228.5	-311.6	-475.3	-607.3	-641.3	-751.8	-654.4
安徽	-203.7	-223.7	-313.7	-317.9	-324.2	-314.9	-397.7	-489.7	-521.7	-446.1
福建	-312.6	-375.3	-547.9	-595.1	-659.0	-779.4	-957.4	-1106.9	-1103.6	-1122.1
江西	-227.0	-281.7	-355.6	-411.0	-366.2	-385.1	-517.8	-508.8	-484.7	-382.0
山东	-1030.6	-1236.0	-1667.5	-2006.1	-2258.1	-2386.3	-2820.0	-3176.4	-3481.4	-3684.4
河南	-666.6	-783.3	-1057.3	-1288.0	-1426.8	-1757.5	-2100.2	-2287.6	-2295.3	-2284.5
湖北	-228.5	-262.3	-429.3	-502.9	-594.4	-765.8	-1014.2	-1088.4	-1093.1	-1010.0
湖南	-303.2	-380.2	-557.9	-727.4	-803.3	-1041.5	-1352.3	-1470.3	-1531.7	-1630.1
广东	-56.6	-193.7	-455.1	-367.3	-428.4	-272.3	-447.4	-510.2	-638.4	-353.5
广西	-151.2	-206.1	-297.6	-371.4	-396.7	-460.4	-565.6	-567.5	-664.3	-678.0
海南	-15.6	-14.4	12.1	52.0	88.2	154.7	222.6	239.1	210.2	252.4
四川	-295.8	-350.6	-478.6	-586.2	-594.5	-666.2	-799.3	-829.4	-804.6	-780.6
重庆	-133.3	-146.1	-186.4	-226.4	-230.7	-178.4	-238.5	-309.6	-255.5	-187.6
贵州	6.8	9.1	-13.7	-12.7	6.6	8.9	-21.9	-13.4	16.5	22.3

续表

省份	2005 年	2006 年	2007 年	2008 年	2009 年	2010 年	2011 年	2012 年	2013 年	2014 年
云南	200.2	237.1	270.2	347.6	381.7	472.7	519.0	626.9	629.5	619.5
西藏	-19.1	-24.1	-30.8	-32.1	-34.9	-30.7	-5.4	29.2	5.2	14.5
陕西	-59.4	-42.7	-88.1	-101.8	-29.8	8.9	28.0	-34.0	-168.4	-214.0
甘肃	-44.0	-58.5	-64.4	-102.0	-17.9	-51.6	-78.0	-83.9	-141.3	-114.5
青海	-14.7	-14.6	-21.6	-28.6	-6.3	-14.6	-23.8	-27.5	-20.6	-35.1
宁夏	-6.2	-9.9	-20.9	-26.1	-21.0	-14.9	-26.1	-1.6	12.8	10.0
新疆	28.3	38.1	37.5	117.0	127.8	226.2	328.1	358.3	324.9	324.6

资料来源：根据《中国统计年鉴》（2006—2015）、《中国税务年鉴》（2006—2015）和《贵州统计年鉴》（2006—2015）数据计算。

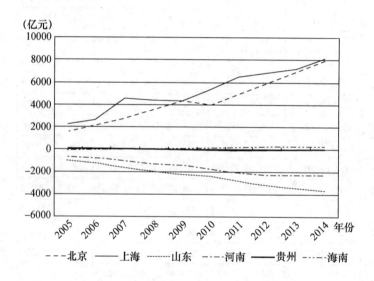

图 4-4　部分区域税收与税源背离情况

　　根据图 4-4 和表 4-5 显示，2014 年有 10 个省份是税收净移入区域，税收收入移入前 3 名的分别是上海 8087.2 亿元、北京 7917.1亿元和天津 1627.2 亿元，上述 3 个直辖市的移入税收收入共计17631.5 亿元，占全部移入税收收入 19904.9 亿元的 88.58%。2014年有 21 个省份是税收净移出区域，税收收入移出前 3 名的地区分别是山东的 3684.4 亿元、河南的 2284.5 亿元和辽宁的 1652.2 亿元，共计 7621.1 亿元，占全部移出税收收入 18179.4 亿元的 41.9%。可以看出，上海、北京和天津是税收移入的最集中区域，也是税收横向分配不公的最大受益区域，移入这 3 个直辖市的税收收入分别占其实际税收收入的 57.6%、62.7% 和 55.2%，可谓占据了"半壁江山"。而税收收入移出的区域就要相对分散一些了，除山东、河南和辽宁外，移出数额较大并移出超过千亿的地区还有河北、湖南、福建和湖北等省份，移出区域数量大、分布广、类型多，既有东部经济大省广东和山东，也有中西部欠发达地区江西和贵州。从图 4 - 4 宏观趋势上看，不管各区域的税收是移入还是移出，税收与税源的背离数额是在逐年扩大的，移入区域的税收加速移入，移出区域的税收加速移出，连原本背离情况并不明显的省份，在近些年也出现了"开叉"（如图 4 - 4 中贵州、海南的折线图所示）的趋势，可见税收不公平问题已经刻不容缓、背离问题亟待解决。

（二）区域间税收与税源的关系特点

通过上述 5 种方法的测算和统计，可以知道，在全国 31 个省份中，有 8 个省份连续多年都是税收移入地，它们分别是北京、上海、天津、山西、江苏、云南、海南和新疆。这 8 个省份中，经济发达的东部地区占 5 个（北京、上海、天津、江苏、海南），西部地区有 2 个（云南、新疆），中部地区只有 1 个（山西），可见，税收移入区域大部分还是集中在东部发达地区。其余的 23 个省份中，东部占 6 个（河北、辽宁、浙江、福建、山东、广东），中部占 7 个（吉林、黑龙江、安徽、江西、河北、湖北、湖南），西部占 10 个（内蒙古、宁夏、甘肃、青海、陕西、西藏、贵州、四川、重庆、广西），可见，税收移出区域主要还是集中在中西部欠发达地区。[①]

税收移入区域虽然大多集中在东部地区，但东部 5 个省份的移入

---

① 本书所指的东部、中部、西部是根据不同区域社会经济发展状况来划分的。东部包括北京、天津、河北、辽宁、上海、江苏、浙江、福建、山东、广东、海南 11 个省份；西部包括内蒙古、新疆、宁夏、甘肃、青海、陕西、西藏、云南、贵州、四川、重庆、广西 12 个省份；中部包括山西、吉林、黑龙江、安徽、江西、河南、湖北、湖南 8 个省份。

差异仍然较大。近十年来，以上海、北京两个直辖市的税收移入程度最高，当然，这也与其城市的经济地位和政治地位相关。上海的背离度一直在6.5%以上，平均每年移入5207.45亿元，北京的背离度则一直在5.5%以上，平均每年移入4431.14亿元。相较而言，天津和江苏的税收背离度就要稳定得多，分别维持在1.7%和0.7%左右，平均每年分别移入1125.87亿元和535.41亿元。海南则是从2007年才开始成为税收移入区域，虽然其税收背离度不大，尚未突破0.3%，但始终保持着上升趋势，从2007年至今，平均每年移入153.9亿元，对于海南这个全国陆上面积最小的省份来说，意义重大。其余3个中西部税收移入省份的背离度比较适中，平均分布在0.3%—0.8%的区间。其中，山西和新疆是资源和能源大省，平均每年分别移入149.7亿元和191.1亿元。云南有"有色金属王国"之称，既是资源大省，也是旅游强省，平均每年移入430.4亿元。

税收移出区域则主要集中在中西部地区，中西部移出省份数量占全部移出省份的71%。21个移出省份中，税收移出较多的有山东、河南、辽宁、湖南、河北、陕西6个省份。近十年来，它们的税收背离度均呈现出先增后降的趋势，而平均税收背离度都无一例外地超过了-1%，平均每年分别移出2374.68亿元、1594.74亿元、860.98亿元、979.79亿元、873.49亿元和70.13亿元。税收移出相对适中的有福建、湖北、内蒙古、四川、广西、浙江、安徽、江西、吉林和广东10个省份，它们的平均税收背离度均在-1%——0.3%这个区间。税收移出相对较小或者说移出不明显的有甘肃、重庆、黑龙江3个省份，它们有的年份移入，有的年份移出，但平均税收背离度几乎都在-0.1%以上。在它们各自所有的移出年份中，平均每年分别移出75.61亿元、209.25亿元和226.74亿元。值得注意的是，这3个省份税收背离度较小的情况与它们各自的经济发展水平不无关系。

为了从宏观上来比较，下面将东部、中部和西部的税收背离度进行计算整理，并用表4-6和图4-5来表示。

表4−6　　　　　　　2005—2014 年中部、东部和西部税收背离情况　　　单位:%

地区	2005 年	2006 年	2007 年	2008 年	2009 年	2010 年	2011 年	2012 年	2013 年	2014 年
东部	8.0	7.9	9.0	8.7	8.3	8.1	8.0	7.4	7.4	8.8
中部	−6.0	−5.9	−7.0	−6.7	−6.7	−7.0	−7.0	−6.6	−5.9	−5.6
西部	−2.0	−2.0	−2.0	−2.0	−1.6	−1.1	−1.0	−0.9	−1.5	−2.17

　　资料来源：根据《中国统计年鉴》（2006—2015）、《中国税务年鉴》（2006—2015）和《贵州统计年鉴》（2006—2015）数据计算。

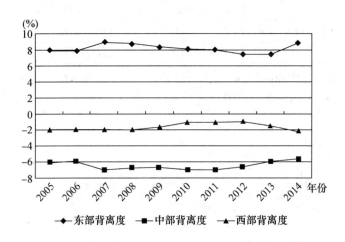

图4−5　2005—2014 年中部、东部和西部税收背离情况

　　从图4−5 可知，近十年来，东部的税收背离度为几乎维持在8%以上，是税收移入大区。中部的税收背离度位于−8%——6%的区间，西部的税收背离度位于−2%—0%的区间，均为税收移出大区。这也说明税收转移的方向是从中西部向东部转移的。

　　东部税收背离的特点同中部的特点相似。东部在2007 年达到税收移入顶峰，移入度为9%；中部同样在2007 年达到税收移出顶峰，移出度为−7%。从2007 年之后，东部的税收移入度开始逐年下降，到2014 年已经下降到8.8%。而中部的税收背离度从2007 年后，又经历了降中有升、升中有降的趋势，震荡前进。相对而言，西部的税收背离度则要稳定得多，前4 年均处在−2%左右，从2009 年开始稳

步下降，到 2012 年已经下降到 - 0. 9% ，2013 年又上升到 - 1. 5% ，
2014 年又变为 - 2. 17% ，但总体移出力度很小。

　　为了更加直观地观察，下面将东部、中部和西部税收背离额进行
统计整理，并用表 4 - 7 和图 4 - 6 来表示。

表 4 - 7　　　　　　2005—2014 年中部、东部和西部税收背情况　　　单位：亿元

地区	2005 年	2006 年	2007 年	2008 年	2009 年	2010 年	2011 年	2012 年	2013 年	2014 年
东部	2223	2677	4127	4713	4906	5761	7106	7706	8034	8483
中部	- 1665	- 1996	- 3013	- 3402	- 3756	- 4757	- 5839	- 6307	- 6483	- 6528
西部	- 559	- 682	- 1113	- 1311	- 1149	- 1005	- 1268	- 1399	- 1700	- 1954

资料来源：根据《中国统计年鉴》（2006—2015）、《中国税务年鉴》（2006—2015）和
《贵州统计年鉴》（2006—2015）数据计算。

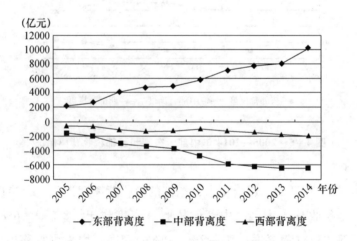

图 4 - 6　2005—2014 年中部、东部和西部税收背离情况

　　可以知道，近十年来，东部地区累计流入税收收入 55736 亿元，
中部和西部分别累计流出 43746 亿元和 12140 亿元。东部的税收移入
额从 2005 年的 2223 亿元增长到 2014 年的 8483 亿元，增长了 3. 82
倍。中部的税收移出额从 2005 年的 1665 亿元增长到 2014 年的 6528
亿元，增长了 3. 92 倍。西部的税收移出额从 2005 年的 559 亿元增长

到 2014 年的 1954 亿元，增长了 3.50 倍。虽然东部、中部和西部的税收背离度均在逐渐下降，但是，移入或移出的税收收入却一直在增加，这也与近年来各地区 GDP 与税收收入的高速增长、经济总量和税收总量规模不断扩大有关。

通过以上数据的测算和分析，在一定程度上已经证明了税收收入移入区通常为发达地区，税收收入移出区通常为欠发达地区的一般性结论。总体而言，中部的整体经济实力和发展程度都要强于西部，但以目前的研究结果来看，中部的税收移出程度要远高于西部，背离情况似乎更加严重。不可否认，近两年来，中国经济增长速度明显放缓，很多地区已经步入了新常态增长阶段，而西部却成为中国经济增长最快的地区，其 2014 年的增长速度已经达到了 9.06%，远超中央 7.5% 的经济增长目标。但我们必须清醒地认识到，这是由于西部经济总量小，税收收入少的现实基础决定的，与经济发达无关，反而在某种程度上反映了西部经济的不发达。西部近十年来，平均每年移出税收收入 1214.03 亿元，相对中部省份的 4374.49 亿元来讲，似乎并不多，但这已经比青海、宁夏、西藏 3 个西部省份 2014 年的总税收收入还多出 211.15 亿元，即意味着西部每年都将会有 3 个省份的税收收入全部流失。以贵州省为例，贵州 2011 年的税收移出额达到顶峰，为 21.9 亿元，相对于其他数百亿甚至数千亿的税收移出大省来说，可能显得微不足道，但必须看到，贵州人均 GDP 排在全国最后一位，税收收入总量排名全国倒数第六位的省情，这移出的 21.9 亿元已经相当于 2011 年贵州省铜仁市（贵州九个地州市之一）的全部税收收入。

第四节　我国税收区域公平问题产生的原因

《论语》曰："不患寡而患不均，不患贫而患不安。"从上文的实证分析可以看出，即便是看似很小的税收移出幅度或税收移出额，对于欠发达、欠开发，大幅度依靠中央转移支付的省份来说，其负面影响都是巨大的。"问题是接生婆，它能帮助新思想的诞生。"笔者试图对产生我国税收区域公平问题的原因进行分析，找出根源，对症下药。

一　税制设计是产生税收区域公平问题的制度基础

税制设计是指政府根据本国经济发展水平和财政需要，对税目、税率及征税范围等税制要素做出的抉择。任何制度最初的顶层设计都不会是完美的，而是随着经济发展和社会进步而不断调整和完善的。目前，我国在理论上确立了以间接税和直接税为双主体的税制结构，在税收归属权缺失的背景下，流转税和所得税本身就会引起区域税收与税源的背离。因此，税收区域公平问题的产生是有一定制度基础的。

（一）流转税税制内含了区域税收与税源背离

1994 年的分税制改革不仅重新划分了中央和地方的财权关系，还确立了以流转税和所得税为主的双主体税制结构。但在税制的实际运行中，我国的税收收入主要还是以流转税为主，2013 年的流转税额已占到了全国税收收入的 56.52%。现行的流转税也被称为商品税，这其中又以增值税所占比重为最大。例如，我国 2013 年的增值税收入为 37193.0 亿元，占税收总量的 34.07%；营业税收入为 16114.1 亿元，占税收总量的 14.76%；消费税收入为 8390.8 亿元，占税收总量的 7.69%。

增值税是指从事货物销售或提供加工、修理修配劳务以及进口货物的单位和个人取得的增值额为征收对象而征收的一种税，其税收主要来源于批发零售业和生产制造业。[①] 我国税法规定，增值税按属地原则征收，扣除 25% 上缴中央财政的部分，其余 75% 部分均由销售地或生产地政府所有，并用于当地公共服务和公共产品的提供。增值税是间接税，属于税负易转嫁税种，工商企业虽为增值税纳税人，但其税收负担却是由最终消费者承担了，纳税人和负税人分离。从理论上讲，最终消费者承担了增值税税负，那么消费行为发生地的政府就该拥有增值税所有权，然而事实并非如此。在现行税制下，如果商品

---

① 人力资源社会保障部人事考试中心：《财政税收专业知识与实务》，中国人事出版社 2013 年版，第 62 页。

的生产和消费环节均发生在不同区域，就会产生增值税从消费地向销售地或生产地转移的现象。我国东部地区的生产制造业和批发零售业发展较早，且大量工商企业聚集，已经形成较为成熟的规模产业集群，生产出来的商品物美价廉。例如，义乌的小商品批发市场以及被称为"世界工厂"的东莞制造业。所以，中西部大部分地区一直以来都是东部发达地区的商品消费市场，中西部消费者在最终消费时负担了增值税，而增值税收入的大额部分却归东部商品生产地政府所有，出现了税收区域分配不公平现象。以贵州省省会贵阳为例，贵阳被称为西部的"小香港"，但这并不是指其经济发展水平高，而是指贵阳的物价水平畸高，堪比香港。物价高主要是由两方面原因所导致的：一方面是由于贵州的经济发展程度低，外面的企业尚不愿来黔投资设厂，而其自身又缺乏能打入市场的品牌商品，所以只能依靠向外省买入；另一方面是由于贵州受自身地理位置和地理环境的制约，成为中国唯一一个不临江、不临海、不临边的内陆省份，加之省内地形以山地、丘陵、高原为主，缺少平原支撑，造成省内外交通皆不便，致使运输成本增加，提高了买入商品的价格。商品的价格越高，贵阳消费者承担的增值税就越多，转移出去的增值税收入也就越多。

由上述例子可知，我国现行的流转税税制本身就会导致税收收入由欠发达地区向发达地区转移，并间接地导致区域税收收入差距和贫富差距不断拉大。伴随"营改增"改革的全面推进，税收与税源的背离问题将会更加明显。原因在于，东部沿海地区经济发达，是我国生产性服务项目的来源地，中西部欠发达地区则是生产性服务项目的消费地，随着"营改增"的全面铺开，欠发达地区不仅会减少税收收入，还要承担进项税额的抵扣，背离加强。①

（二）企业所得税税制加强了区域税收与税源背离

企业所得税是指国家对境内企业和其他取得收入的组织经营、生产和其他所得征收的一种税，以纳税人的企业登记注册地为纳税地

---

① 庞凤喜：《"营改增"与分税制财政体制重塑》，《中国财政》2014 年第 1 期。

点，是中央地方共享税。① 我国企业所得税的汇总分配问题经历了一个渐进的改革过程，具体可以分为以下四个阶段：

第一阶段：1983—2001 年。从 1983 年中央实施"两步利改税"开始，就一直以企业是否实行独立的经济核算作为企业所得税的纳税人标准。如果企业实行的是非独立核算，就将企业所得税统一汇总到总机构进行缴纳。在这一时期，只进行汇总纳税，但并未涉及税收区域分配，所以在事实上就已经形成区域税收与税源的背离。

第二阶段：2001—2008 年。2001 年，国家税务总局下发了《关于汇总纳税企业实行统一计算、分级管理、就地预交、集中清算所得税问题的通知》（国税发〔2001〕13 号文件）。为了保障分支机构所在地政府的利益，该文件参考了美国的合并纳税模式，又在母、子公司的纳税义务承担上参考了法国的方式，即合并子公司对其应负担的税额负有连带责任，所以，具有中国特色的汇总纳税雏形在该阶段基本形成。② 虽然该阶段在一定制度层面上矫正了税收与税源的背离关系，但是，由于在税收实践中很难执行，仍然存在很多问题。

第三阶段：2008—2012 年。2008 年，财政部、国家税务总局和中国人民银行联合印发了《跨省市总分机构企业所得税分配及预算管理暂行办法》（财预〔2008〕10 号文件），明确规定由总分机构统一计算当期应纳税额，总分机构所在地分享 25%，各分支机构分享 50%，剩余 25% 在各地按一定比例进行分配，适用范围为总机构和具有主体生产经营职能的二级分支机构，很好地保护了部分分支机构所在地政府的利益。但是，由于该文件对二级分支机构的认定标准不明，又规定分支机构不参加汇算清缴，补税和退税都与其无关，没有赋予分支机构所在地税务机关相应的检查权而使其监管处于"看得着却管不着"的状态，区域税收与税源背离问题仍未妥善解决。

第四阶段：2012 年至今。2012 年，财政部、国家税务总局和中

---

① 人力资源社会保障部人事考试中心：《财政税收专业知识与实务》，中国人事出版社 2013 年版，第 100 页。

② 韩存、毛剑芬：《国外合并纳税制度及其对我国的启示》，《山东工商学院学报》2008 年第 2 期。

国人民银行联合印发了《跨省市总分机构企业所得税分配及预算管理办法》（财预〔2012〕40号文件），明确了二级分支机构的定义，规定分支机构参加汇算清缴，补税额和退税额分别按照税款分摊比例在总机构和分支机构之间进行。不仅如此，还明确了分支机构所在地税务机关可以单独对该分支机构进行税务检查，查补税款的50%由分支机构所在地入库，剩余的50%由总机构所在地入库。虽然该文件使税款分配进一步合理，但却仍只涉及二级分支机构，三级及其以下的分支机构仍需汇总到二级分支机构进行预缴，由于大型企业集团的二级分支机构通常会设在较为发达的省会城市，致使其他省会或市县一般就只设有三级或以下的分支机构，在现行规定下，这些城市就无法公平参与企业所得税的分配，区域税收与税源背离问题仍未得到妥善解决。

二　企业跨区域经营是产生税收区域公平问题的重要条件

伴随着经济体制改革的不断深入，党的十八报告提出，"要让市场在资源配置中起决定性作用"，使市场功能得到进一步发挥，资源流动更趋自由，配置更显优化。而企业作为市场中最活跃的细胞，它为了实现成本最小化和利润最大化，更会"积极主动地"流向各个区域，自主成立分公司或分支机构，使跨区经营成为必然。然而，现行税法规定：跨区经营所产生的税收（增值税、房产税、资源税、土地增值税和城镇土地使用税）按属地原则征收，即由企业总部所在地的税务机关负责征收，其他区域则不分享相应的税收收益。所以，在企业登记注册地和经营生产地不一致的情况下，税收与税源就会产生背离，使税收区域分配不公成为必然。

（一）总分支机构导致的区域税收背离

在总分机构条件下，企业都愿采取汇总纳税方式，因为这对企业的经营具有积极的作用。首先，总分支机构之间可以实现盈亏互抵，减少企业的当期税负。其次，总机构可以抵扣一些分支机构在独立纳税时无法抵消的支出，形成所得税永久性差异。再次，总分机构之间通过内部交易形成的未实现利润能抵扣一部分，产生资金的时间价值，形成所得税时间性差异。最后，采取汇总纳税方式不仅符合现代税制的发展方向，更有利于集团企业的做大做强。我国总分支机构流转税汇总纳税的条件，如表 4 - 8 所示。

表 4 - 8　　　　　　　总分支机构流转税汇总纳税的条件

	不跨区域	跨区域
总分支机构	一个区域	两个以上区域
税收入库地点	一个区域	两个以上区域
税收征管	唯一	通常由总机构所在地税务机关受托管理，但在原则上多个区域均享有税收征管权
分支机构不具备法人资格	必须汇总纳税	经批准后可汇总纳税，也可不汇总纳税
分支机构具有法人资格	经批准后可汇总纳税，也可不汇总纳税	经批准后可汇总纳税，也可不汇总纳税
区域税收横向分配	不涉及区域横向分配问题	汇总纳税，则涉及区域横向分配；不汇总纳税，则不涉及区域横向分配
区域税收与税源	不背离	汇总纳税，分配合理，不背离，分配不合理，则背离；不汇总纳税，不背离

1988 年，邓小平提出"两个大局"战略布局思想，使东部沿海地区率先迅速发展起来，越来越多的投资者去东部投资，集团企业也纷纷将总部设在东部中心发达城市，例如，有超过三成的中国 500 强企业将总部基地设在北京、上海和天津，由此造成分支机构所在地产生的税收向总机构转移，但是，从税收转移的实际数额来看，情况还略有所不同。由总分机构汇总纳税造成的区域税收与税源背离对西部的四川、重庆、广西这类相对已经获得一定程度发展的省份影响较大，对贵州、青海这类相对更欠发达的西部省份的影响反而较小。原因在于，西部欠发达省份的投资软、硬环境均远远落后于其他省份，对投资的吸引力度不大。仍以贵州省为例，2013 年中国 500 强企业中，总部设在贵州的仅有两家，分别是茅台集团和老干妈集团，是贵州的本土企业。贵州在全国具有的比较优势就是丰富的劳动力和矿产资源，劳动力资源优势只是相对于东部省份来讲，丰富的矿产资源优势又受到喀斯特地貌的限制，目前开采难度大、成本高。因此，很多

大集团企业只考虑在省会贵阳设立分支办事机构，而把分支管理机构、生产厂房设在重庆、成都、昆明等周边经济相对更发达的城市。例如，7-11便利店至今都没有入驻贵州、可口可乐在贵州还没有设立分厂等。所以，虽然前文中的实证分析可以看出，似乎贵州、青海、西藏这类经济底子最差的省份的税收移出并不多，甚至在有些年份还出现移入现象，并不太符合"税收从落后地区向发达地区转移"的一般经济规律。不仅是由于这些省份取得的税收收入本身就很少，更重要的是大型集团企业来这些省份的投资太少，形成的税源不多，移出的税收自然就相对要少。随着这些省份经济实力的不断增强，税收极有可能会更加大量移出，税收与税源背离问题需要我们一直保持警惕。

（二）企业跨区经营导致的区域税收背离

企业在生产经营过程中经常会有一些跨区域的经济活动，例如，管道运输、铁路运输、水电站建设和内河航运等，由此跨区域经营导致的税收属地征管及税收分配问题也随之产生。以水电站建设为例，我国地势西高东低，呈阶梯状分布，水电资源主要聚集在西部地区。随着国家"西电东送"战略工程的实施，西部许多省份逐步将水电资源优势转化成了经济优势，但经济优势并没有同步转化为本地财政优势，造成在水电资源的开发过程中，相关区域之间税收与税源出现背离，产生税收区域分配不公现象，这当中最为典型的案例当数三峡水电站。

三峡工程（全称长江三峡水利枢纽工程），是世界上规模最大、综合效益最广泛的水利水电工程，由大坝、水电站、通航建筑物三大部分组成。三峡电站建设期间（2003—2009年），对三峡电站产生的发电税收，国家采取了特殊的税收分配规定：电力产品的增值税税收负担超过8%的部分实行即征即退政策；增值税地方留成部分和城建税、教育费附加以15.67:84.33的分成比例在湖北省和重庆市分别入库；三峡电站缴纳每笔分成税款按规定的分成比例在湖北省和重庆市之间进行分配，由湖北省和重庆市主管税务机关分别入库。这使严重的税收与税源背离问题出现了，即三峡电站发电税收的主要税种增值税、城建税和教育费附加分配严重不公平；重庆市不拥有三峡电站电力产品的税源却分配了大部分三峡电站应留归湖北省地方的发电税收（占 84.33%）；而湖北省拥有三峡电站电力产品的全部税源却只分配三峡电站发电税收的小部分（占 15.67%）。

若按一般财政体制进行测算，2003—2009 年湖北省本来应拥有税源 87.53 亿元，但若按现行特殊的税收分配政策，湖北省可分配税收总额仅为 3.67 亿元，减少了 83.86 亿元，税收背离率高达 95.81%（其中增值税背离率为 92.51%，城建税及教育费附加背离率为 84.33%）。税收与税源背离情况严重，在三峡问题上，湖北与重庆间存在较大的税收区域不公平问题。

笔者再以贵州省的天生桥水电站为典型案例进行分析。天生桥一级水电站和二级水电站共同构成天生桥水电站，它在空间上跨越了两个行政区域。1995 年，天生桥二级水电站在贵州安龙县和广西隆林县的界河——红水河上建成投产，水电站管道工程和坝区横跨贵广两省份，但主要厂房和发输电设施布局在隆林县内；2000 年，天生桥一级水电站在贵州、广西两省份的界河——南盘江上建成投产，水电站主要工程横跨贵广两省份，电站厂房位于贵州省内，变电站则位于广西辖区内，但很显然，它们在空间上具有不可分割性，既不能完全归属于贵州省，也不能完全归属于广西壮族自治区。天生桥一级、二级水电站的管理机构（简称为水力发电厂和水力发电总厂）均在贵州省兴义市内，都不具有法人资格，属于非独立经济核算的生产管理机构，它们各自的总机构（天生桥一级水电开发有限责任公司和中国南方电网有限责任公司）均设在广东省广州市内，构成总分公司型总分机构，由此导致水电站在生产环节产生的税收大部分转移到总机构所在地政府。虽然国家已明确，具有一般纳税人资格的天生桥水电站应按增值税的适用税率计算出应纳税额，就地缴纳入库，并尽可能把税收收益留在发电区，以辅助当地经济发展。但在实际操作中因涉及相关区域的既得利益，总机构辖区甚至会凭借其强大的政治实力和经济实力以较高的分配比例强制参与税收分配，使资源辖区和总机构辖区在谈判协商过程中始终处于弱势地位，给问题的妥善解决带来一定难度。此外，国家税务总局还规定，要对电力输送产生的过网费（过网费由电网公司安装变电、换流设备和其他电力产品加工的人工投入及成本费用构成）征收增值税，但在贵州向东部各省输电过程中产生的过网费收入却总是由注册在贵州省以外的电网公司取得，并向当地税务机关缴纳税收，再一次使税收与税源发生背离。据相关学者测算，仅企业所得税一项，贵州每年至少有4000万元的税收收入转移到省外。[①]

虽然贵州对建设天生桥水电站的出资比例较小（贵州对天生桥一级、二级水电站的出资份额分别为5%和20%），但投资比例只能作为利润分配的依据，而不该作为分税的依据。贵州作为"西电东输"工程中的电力输出大省，理应在电力生产、加工和销售等环节中获取较大的税收利益来补偿当地政府在移民安置、土地征用和治安维护中的各种费用及牺牲。[②] 但是，由于上述问题的长期存在，使贵州省获取的税收收益与其承担的水电资源开发成本极不对称，税收区域分配不公的形势严峻。

三　初级资源产品定价是产生税收区域公平问题的重要推手

1992年，我国确立了市场经济体制的改革目标，随着改革的不断推进，社会主义市场经济体制在我国也已基本建立，商品价格由市场供需关系所决定，但是，有一部分初级资源产品除外，因为这部分初级资源产品的定价不仅关乎国计民生，更关乎国家长远发展的大局。例如，初级矿产资源产品已是我国经济发展中不可或缺的战略性资源[③]，初级农产品是国民生活的必需品。为了防止垄断利润的形成和出于对稳定物价的需要，国家对许多初级资源产品实施了定价管理。但是，当这些初级资源产品进入市场或经加工进入市场流通后，在市场供求机制的作用下，它们的价格少则涨几倍，多则几十倍，使初级资源产品的真实市场定价同政府定价之间出现大幅度背离，并由此导

---

① 许善达：《区域税收转移调查》，中国税务出版社2007年版，第289—291页。

② 杨杨、王立：《税收与税源背离的现状及原因探讨——以贵州省为例》，《会计之友》2014年第9期。

③ 邓冉：《税收与税源背离问题研究》，硕士学位论文，首都经济贸易大学，2009年，第32—33页。

致资源输出地的税收收益向资源输入地（销售地）转移，区域间税收与税源的背离关系严重，税收分配极为不公。

（一）初级农产品加工程度不高造成的背离

农业是国民经济的基础，粮食是基础的基础。为了进一步支持农业发展，减轻 7 亿中国农民的负担，国家对农业生产者销售自己生产的农业初级产品实行免征增值税的税收优惠政策。[①] 但是，从税收收入的范畴来看，它不仅减少了像贵州这类"农民大省、农业弱省"的税收收入（虽然这部分税收很少），但更为严重的是欠发达省份以非常低廉的价格把大量初级农产品输往其他农业加工大省或国外后，会因农产品的定价不同而导致大量税收收益向输出省份发生隐性转移，使欠发达省份本就吃紧的财政，更是雪上加霜。因此，发达的农产品加工业已经成为一个区域参与税收竞争的重要"武器"。

（二）初级矿产资源定价造成的背离

目前，我国资源税的征税范围包括天然气、原油、有色金属矿原矿、黑色金属矿原矿、其他非金属矿原矿、煤炭和盐 7 种产品。这 7 个税目中，仅有石油、天然气、煤炭是从价计征，其他四类税目的资源税则沿袭了原来的从量计征，即根据开采量而不是根据开采价格来征税。大量企业在开采矿产资源时少有顾忌税收成本，纷纷采取成本最低的粗放型开采模式，使资源输出地的生态环境遭受到了难以抚平的创伤，造成了环境的巨大破坏和资源的极大浪费。开采之后却将一个"千疮百孔"的生态环境留给当地政府来修复，而地方又得不到应有的税收支持，财政负担过重而力不从心，造成资源开发的不可持续性。资源输出地不仅享受不到应有的税收收入，还要承担本区域生态环境恢复的成本和义务，这就使本就存在的税收区域公平问题被进一步放大。

以贵州为例，贵州虽然是老少边穷地区，但却是一个资源大省，磷矿、铁矿等储量在全国占有重要地位，其中煤炭资源储量居全国第

---

① 林颖：《税收竞争框架下税收与税源背离问题研究——以湖北为例》，《财政经济评论》2011 年第 6 期。

五位，素有"西南煤海，江南煤都"的美称，是我国重要的能源续接地。伴随贵州资源开发步伐的加快，资源开发规模也不断扩大，并推动着贵州经济迅速发展。但是，经济的快速发展和资源价格的不断攀高并没有使贵州分享到应有的税收收入，反而加剧了欠发达区域税收与税源的背离，老少边穷地区贫穷落后的现状没有得到根本上的改变，这都是由初级矿产资源产品定价机制所造成的，下面将以煤炭资源为例进行分析。

近些年来，煤炭等矿产资源的价格仍未彻底完全实现市场定价，受这种非市场定价的影响，造成贵州省与煤炭资源有关的税基流失，减少了税收收入。2011—2012 年，贵州共输出原煤 7033.98 万吨，销售价格分别为 590 元/吨、620 元/吨。同期，国外原煤在中国的 FOB 价（到岸价）为 628.52 元/吨、694.43 元/吨。若把进口国外原煤的 FOB 价作为市场价，贵州 2011 年和 2012 年的原煤价格分别比市场价低了 104.43 元/吨、8.52 元/吨。① 依此计算，两年间，贵州因原煤非市场定价造成的税收流失共计 13.84 亿元，税收移出严重。相关数据如表 4-9 所示。

表 4-9　　　贵州省原煤非市场定价造成的税收向外省转移额

年份	煤炭输出量 （万吨）	贵州销价 （元/吨）	FOB 价 （元/吨）	单位差价 （元/吨）	增值税背离 （亿元）	所得税背离 （亿元）	背离合计 （亿元）
2012	4221.14	620	628.52	8.52	0.611	0.899	1.51
2011	2812.84	590	694.43	104.43	4.99	7.34	12.33
合计	7033.98				5.601	8.239	13.84

资料来源：根据《中国统计年鉴》（2013—2012）、《贵州统计年鉴》（2013—2012）、《中国统计摘要》（2013）和中国电煤网（http://www.dm3.com.cn）相关数据计算而成。

2014 年 10 月 11 日，财政部、国税总局联合发布《关于实施煤炭

① 笔者将 FOB 价作为市场价，一是因为进口原煤的价格由市场决定；二是因为 FOB 不含运输成本，进口的原煤和贵州的原煤照样要运到销售地，形成运输成本，具有可比性。

资源税改革的通知》，通知决定从 12 月 1 日起，对煤炭资源税实施从价计征。从最近几个月的实施效果来看，不仅增加了税收收入，发挥了税收的价格杠杆作用，也在一定程度上促进了资源的合理开发与利用。但本次改革各省税率不一，例如，内蒙古的煤炭资源税率确定为9%，山西为 8%，贵州为 5%，说明相关利益方博弈激烈，煤炭资源税改革仍处在"摸着石头过河"的阶段。此外，国家有关部门对于铁矿、磷矿等重要矿产的资源税改革仍未提及，这些矿产资源的开采交易仍存在上述所说的非市场定价造成的税收背离问题。

笔者拟在第六章阐述相关政策建议。

总之，税收区域公平目标体现的是地理维度的税收公平，笔者选择以税收与税源的关系为主要研究视角对我国区域间的税收公平问题进行了较为深入的研究。

在我国目前的税制体系下，税收区域不公平的表现形式主要是区域税收无序竞争和总部经济模式。从理论上讲，规模相同的经济总量应该提供规模相似的税收收益，即经济规模相同的区域应该分得的税收收入相同。因此，某区域的税收与税源是否存在背离关系可以用该区域征收的税收总量同该区域产生的经济总量进行相比予以测算和反映。然而，笔者在运用区域税收与区域 GDP 占比比较法、区域税收与区域 GDP 占比差额偏离程度比较法等五种方法对我国区域税收与税源的背离程度进行实证分析后却发现，全国 31 个省份中，税收移入区域大部分集中在东部发达地区，而税收移出区域主要集中在中西部欠发达地区，这显示了我国区域税收与税源背离的现状，不符合税收区域公平的目标要求。

究其原因，首先，税制设计是产生税收区域公平问题的制度基础。其中，流转税税制内含了区域税收与税源背离，而企业所得税税制则加强了区域税收与税源背离。其次，企业跨区域经营是产生税收区域公平问题的重要条件。即总分支机构和企业跨区经营都导致了区域税收不公平。最后，初级资源产品定价是产生税收区域公平问题的重要推手。包括初级农产品加工程度不高造成的背离和初级矿产资源定价造成的背离。

第五章　税收代际公平：理论与现状^{*}

第一节　税收代际公平问题研究概况

相较于代际公平，更多学者更关注代内公平，因为在解决当前问题上，代内公平更具有效率性，更能够得到当代人的认可，即"庇古近视"①现象。而在历史维度上，仅考虑到当代人的公平，忽略下一代人或者未来若干代人的利益从代际角度来说却是不公平的。就目前我国的税制设计而言，至少应考虑到以下几个代际问题：其一是资源共享机会问题。当代人利用资源的速度一旦超过资源的再生率，就会影响后代人对该资源的共享机会。若该项资源为不可再生资源，由于其开发具有不可逆性，这种单向的流动性必然会减少后代人对该项资源的使用权。其二是生态责任承担问题。目前，我国很多城市已经出现严重的雾霾现象，工业的迅速发展是造成雾霾现象的主要原因，传统"高耗能、高污染"的发展模式，使上一代人与当代人生存发展环境严重不统一，后代人需为上一代追求经济增长造成的环境问题承担责任。其三是财富利益分配问题。在财富的分配上主要指赠与和遗产，前代人赠与或者遗嘱给后代人的财产在数量、金额上必然存在差

---

　　* 本节参见杨杨、姜群《代际公平视角下我国税制改革探索》，《贵州社会科学》2015 年第 8 期。

　　① 庇古近视，即人们倒拿着望眼镜看未来，使未来的利益被看得很小很小，在超过某一时点以后，价值对于当代人来说便可忽略不计，加上经济人本身只注重当前利益，使人们在资源的使用中，出现了不合理和浪费。

异，这样的差异会造成后代人发展起点的不公平。

本章研究的税收代际公平主要将视角放在代际人解决经济、资源、生态等方面出现的利益分配、机会共享、义务承担等问题的过程中是如何以税收为调节杠杆体现公平性的。

一　国外研究概况

20 世纪 70 年代，OECD 国家率先提出经济增长应考虑环境成本，并基于"污染者付费原则"要求排污者提供治理环境污染的费用，以将外部成本内部化。80 年代出现了诸如垃圾税、碳税、噪声税、能源税等绿色税种，这些税种的征收逐步体现代际公平的概念。90 年代至今，全世界范围内具有环保功能的绿色税收体系迅速发展起来，各个国家开始推行有利于环保的税收政策。[1] 1978 年，美国规定对可再生能源技术开发投资给予 15% 的税收优惠政策；[2] 70 年代，荷兰开征环境税；1990—1999 年，芬兰、比利时、法国、意大利、英国陆续开征二氧化碳税等。[3] 这些税收优惠政策和有利于环境保护税种的开征限制了当代人对能源的开采，逐步体现了政府对于能源消耗会对后代人造成环境污染、自然资源分配不公等问题的考虑。

国外学者主要围绕代际公平和税收公平探讨税收代际公平问题。佩基（Page）在《代际公平和社会贴现率》一书中，首先提出了代际公平的概念及代际多数原则，他提出若当前的一项决策会对后代造成影响，那么就应该由这若干代人中的多数进行决策，而作为子子孙孙的后代人数必然会多于当代人数，故涉及后代利益的决策权应当由后代来决定，在资源决策上，应该做到"保证资源基础完好无损"。[4]之后，霍华思（R. C. Howarth）提出了代际财产转移模型（也被称为霍华思模型），模型重点强调了两代人之间财产的转移情况，随着时

① 秦昌波、葛察忠：《环境经济研究进展》，中国环境科学出版社 2012 年版，第 122—123 页。

② 林莉：《美国风能利用考察录》，《科学管理研究》1993 年第 1 期。

③ 钱光人：《国际城市固体废物立法管理与实践》，化学工业出版社 2009 年版，第 28 页。

④ T. Page, *Intergenerational equity and the social rate of discount*, *environmental resources and applied welfare economics*, Essays in honor of John V. Krutilla, Resourse for the Future, 1988.

间的推移，资源的价格必然会与利息率呈正相关的速度上升。通过代
际财产转移可实现代际公平并保证经济效率。其中，代际财产转移是
政府通过具体政策将财产、福利转移给后代，或者通过开发新技术、
直接将自然资源留给后代的方式来实现的。① 同年，奥尔巴赫（Auer-
bach）和考特利克夫（Kotlikoff）提出了代际核算法，从代际平衡角
度进行研究，考虑到未来若干代人的代际公平问题，模型可以找出影
响代际公平的主要因素，为代际公平的研究提供了计量工具，为检验
一国政府当前政策的合理性与未来可持续性提出了有力的依据。② 此
外，其他学者也提出了不同的测量模型，如莫迪利安尼（Modigli-
ani）、安多（Ando）、莫顿（Merton）创建了生命周期模型③；阿莱
（Allais）、戴蒙德（Diamond）、萨缪尔森（Samuelson）构建了代际交
叠模型④，这些模型的建立都为代际公平的测量提供了支撑依据。

　　在税收公平问题的理论研究上，学者着重强调税收负担公平、税
收环境（经济）公平和税收社会公平三个方面的内容。最早提出税收
公平思想的是威廉·配第，他针对英国税制的弊端提出赋税应遵循
"公平、确实、方便、节省"原则，提出税收对于任何人、任何事物
都应该保持"无所偏袒"。⑤ 德国尤斯迪（Jusdi）在威廉·配第后提
出了"平等课税"原则，即一个人税负的大小应该由其负担能力决
定，注重公平、合理性。⑥ 19世纪初20世纪末，阿道夫·瓦格纳
（A. Wagner）提出了"社会公平原则"，提出税收公平更加应该注重
个人在不同社会阶层上的公平性。⑦ 凯恩斯从财富和收入角度提出应

---

① R. C. Howarth, *Intertmporal Equilibria and Exhausible Resoures: An Overlapping Generation Approach*, Vol. 4, 1991 (3), p. 11.
② 转引自王瑶《公共债务会计问题研究》，经济管理出版社2009年版，第203页。
③ 转引自蒋洪《公共经济学财政学》，上海财经大学出版社2011年版，第156页。
④ ［美］布兰查德、费希尔：《宏观经济学》，王立勇译，上海人民出版社1998年版，第91页。
⑤ 转引自胡善恒《赋税论》，商务印书馆1934年版，第30页。
⑥ 转引自郝如玉、刘越《国家税收》，中央广播电视大学出版社1998年版，第61—62页。
⑦ 转引自毛程连《中高级公共经济学》，复旦大学出版社2006年版，第68页。

通过征收高额的遗产税来促进社会公平，实现社会财富的公平分配。[①]此后，美国、英国、法国等国家将此理论用于指导实践，通过税种的征收如资源税、遗产税、环境税等来实现代际税收公平。如何实现自然资源的税收代际公平呢？很多国家采取了实施绿色税制。2013年，日本加大对"绿色投资"的税收优惠，将如水力发电设备、热电联等特定设备加入到税收优惠范围内。同年10月，俄罗斯将原以拥有汽车纳环境税的形式改为以汽车在行驶过程中排放的二氧化碳的数量进行纳税。2013年北爱尔兰对塑料购物袋征税（5便士/个），7月1日起波兰开始征收垃圾税，2015年5月1日南非开征碳税等。[②]各国家通过绿色税种的开征，减少当地人对环境危害品的使用，同时也加大了新产品新能源的开发，提高了资源的利用率，限制了环境污染程度。以期通过税收的形式体现代际在生产环境、资源利用等方面的公平性。

在社会财富的税收代际公平实践中，美国早在1916年开征遗产税，1976年税收改革法案中将遗产税和赠与税合并命名为财富转移税。1977年，在征收财富转移税的基础上，增加隔代转移税。[③]2013年，美国提高了遗产税与赠与税的最高税率，将应纳税额超过100万美元的税率由35%提高至40%。日本于1905年开征遗产税，先后经历了总遗产税制[④]到分遗产税制[⑤]的改革。在税基的计算上，该国采取将继承人一生所获得的赠与、继承、遗赠的财产叠加值为税基，对所取得的累积总额采取累进税率方式课征继承税。1953年至今，采取

---

① 转引自刘涤源《货币相对数量说凯恩斯经济学说评论》，武汉大学出版社2012年版，第491页。

② 中国国际税收发展研究报告：《2014世界税收发展研究报告》，中国税务出版社2014年版，第101页。

③ 高强：《美国税制》，中国财政经济出版社2000年版，第245页。

④ 总遗产税制是指对死亡人所遗留的全部遗产总额课税的税制。它一般不考虑继承人、被继承人之间的亲疏关系和继承人的具体情况，以遗产继承或遗产管理人为纳税义务人。它设有起征点，并设有扣除项目和抵免项目，一般采取累进税率形式。

⑤ 分遗产税制是在被继承人死亡后，光将其遗产分给各个继承人，然后就各个继承人所分得的遗产分别征收遗产税的制度。纳税义务人是继承人，因而分遗产税制可以直接称为"继承税"。分遗产税制的税负大小往往取决于继承人之间的亲疏关系，一般采用累进税率，也允许扣除和抵免。

相继税与赠与税并行的税制结构。① 一些国家虽然没有单独开征赠与税，但其将赠与税并入到遗产税合并征收。如英国税制中规定，对纳税人取得的赠与财产进行时间上的区分计入税基，即财产所有人死亡前 3 年内取得赠与财产的 100%、前 4 年内取得赠与财产的 80%、前 5 年内取得赠与财产的 60%、前 6 年内取得赠与财产的 40%、前 7 年内取得赠与财产的 20% 都归入遗产税税基，超过 8 年前（包含 8 年）取得的赠与财产给予免税处理；新加坡将时间调整为 5 年，即财产所有人在去世前 5 年内给予其他人的财产一并计入遗产税征收范围，赞比亚将其时间缩短为 3 年，文莱则为 1 年。②

二　国内研究概况

综观已有文献，我国学者大多从法律、道德、政府、社会伦理、环境等角度对代际公平进行探讨，但是，从税收角度对代际公平研究的文献较少，总体来说，分为以下几个部分：

（一）国内对税收代际公平的实证研究

在税收代际公平实证分析研究方面，学者可以分别从资源、环境、遗产等方面进行了研究。李春辉、李爱珍（2003）利用环境代际公平判别模型对晋陕蒙接壤区污染环境进行分析，得出 1990 年与 1980 年该地区环境代际公平系数为 0.456，而 2000 年与 1990 年该地区的代际公平系数为 0.452，下降了 0.004，表明两代间环境不公平，并提供了环境代际公平系数的测量方法。③ 胡赛阳（2011）利用矿产资源代际配置的 Scheafer 模型，分析了为实现矿产资源代际公平，当代人对矿产资源效用增长的投资或者补偿必须大于矿产资源的消耗力度。④ 车卉淳、赵娴（2013）利用代际财产转移模型（也被称为霍华思模型）说明，代际竞争性交换导致资源配置的效率发生变化，两代

---

① 王旭：《从日本遗产税税制看我国遗产税税制设计》，《国际经济》2013 年第 9 期。

② 雷根强：《遗产税赠与税的国际比较与我国相应税制建设》，《中国经济问题》2000 年第 2 期。

③ 李春辉、李爱珍：《环境代际公平及其判别模型研究》，《山东师范大学学报》2003 年第 3 期。

④ 胡赛阳、马淞江、罗道成：《矿产资源实现代际公平配置的可能性和条件研究》，《中国矿业》2011 年第 8 期。

人之间的时间差会使资源价格必定以相当于利息率的比率上升。[1]

（二）实现税收代际公平目标的政策建议研究

江涓（2007）从国债与税收的关系角度讨论了代际公平，认为由于税收政策的滞后性，大量的国债将以税收的形式间接转嫁给后代人。[2] 史伟、魏晓平（2010）提出，可以通过建立代际补偿基金，加大科研投入和环境投入实现不可再生资源的代际公平。[3] 杨成湘（2011）认为，本代利己主义盛行的结果是当代人只顾眼前利益，导致代际权利不平等，代际关怀递减，因此树立代际关怀的消费观、确立合适的代际储存才是实现代际公平的重点。[4] 车卉淳、赵娴（2013）指出，市场机制与可持续发展的矛盾实际上是"经济人"假定与代际公平之间的矛盾，应合理建立代际财产转移机制，从代际财产实物补偿和价值补偿等方面实现资源的代际平衡。[5] 总之，代际公平引发了越来越多的关注，目前已经建立的相关模型有代际财富转移模型、代际不可再生资源补偿公平性研究模型等，但是，基于税制方面约束力的相关研究仍然不多。

三　文献概况评述

总的来说，国内外学者主要从环境、法律、社会、经济、道德等多方面、多角度地对代际公平进行了探析，同时提出了产生税收代际不公平的原因和实现代际公平的意义。虽然税收代际问题已逐渐被重视，但大部分学者的研究仍仅限于理论层次，对代际的税收公平实证分析不够深入，对于税收公平测算方法单一。且代际公平更多地被放置在了税收之外的视角，基于代际公平视角下的我国现行税制改革方

---

① 车卉淳、赵娴：《"代际公平"问题的经济学分析及其资源可持续性利用的路径选择上环境代际公平及其判别模型研究》，《经济理论问题》2013 年第 2 期。

② 江小涓：《税收公平原则与公债制度优化》，《中国法学会财税法学研究会 2007 年会暨第五届全国财税法学学术研讨会论文集》，2007 年，第 251 页。

③ 史伟、魏晓平：《不可再生资源代际公平的测定及实现策略》，《商业时代》2010 年第 8 期。

④ 杨成湘：《实现代际公平的可能路径》，《中南大学学报》2011 年第 2 期。

⑤ 车卉淳、赵娴：《"代际公平"问题的经济学分析及其资源可持续性利用的路径选择环境代际公平及其判别模型研究》，《经济理论问题》2013 年第 2 期。

向的研究也较鲜见。

笔者力争在前人研究的基础之上，分两个层面对税收代际公平进行探析：第一个层面，通过实证研究分析我国现行税制下税收代际公平是否实现的问题。第二个层面，也是更为重要的一个层面，笔者试图梳理出政府怎样使用税收这个工具，从而更快更好地逼近自然资源传承的代际公平目标和社会财富沿袭的代际公平目标。

第二节　税收代际公平的原则

一　税收能力原则

能力原则即考虑税收的纵向公平原则，税收的承担应由个人所拥有的财富或者占用自然资源的数量进行纳税能力测定。根据纳税人的所得，包括资本利得及资本所有权所得、赠与财产、获得的遗产、开发自然资源获得的所得等作为纳税能力的尺度，来确定纳税人应该承担的税负，以财产来测定纳税能力，能够减小贫富差距，如纳税人如果获得了某项财产收入，获得收益的同时提高了税负承担能力，可以根据纳税人不同的经济条件，不同的支付能力将课税对象分开，能力强者承担较高的税负，能力弱者承担较轻的税负，更能体现公平性原则。同时，政府可以通过制定税收优惠政策、转移税负，实现纵向的税收公平。

二　税收效率原则

税制的构建要考虑经济效率原则，如环境税的开征要起到干预市场资源配置的作用，提高资源的重复使用率，使当代人与后代人在自然资源、生存环境上有一个较为平等的平台。同时，由于我国资源税税负较低，在征税过程中要注意税收成本最小化税收收益最大化原则。我国即将开征环境税，那么在税收制度上需要考虑到简化税制，避免在征税过程中出现较为复杂的征税程序。现存我国税制中对于资源税的征税较为复杂，资源税的征税对象是矿产和盐，当一个企业在开发资源的过程中会涉及占用耕地、土地等，就需要同时缴纳耕地占用税和土地使用税，需要税务部门的反复测定应缴税额。

三 税收弹性原则

改革开放以来，我国一直坚持可持续发展战略，环境税的开征有利于改善环境问题，资源税的完善有利于资源的合理利用，遗产税的开征有利于社会财富的公平分配，这些税种的开征对于实现代际间税收公共具有极重要的意义，开征过程中需要考虑到对于经济的影响，需要循序渐进地适时调整，保证税收收入稳定，才能利用税收收入对环境状况、资源存量、财富分配进行合理性处理。[①]

第三节 我国现行税收代际公平实证分析

伴随着我国经济的迅速发展，税收收入也呈现逐年上升的趋势，但是，我国现行税制下代际的税负是否公平呢？笔者拟对我国的税收现状进行分析，对影响代际公平的税种进行研究，并结合相关数据建立模型，以期得出结论。

一 代际公平视阈下我国税收现状分析

我国税制一直在不断的调整中，税收收入的增长幅度也很可观，1978 年我国税收收入为 519.28 亿元，到 2015 年我国税收为 110604 亿元，税收收入在 37 年间增长了 212 倍，随着税收收入的大幅度增长，代际间的税收公平目标是否实现？本节拟运用数据对此进行实证分析。

奥尔巴赫（Auerbach，1991）提出了一种可以衡量财政体系负担和财政可持续性的代际核算办法，它相较于用财政赤字来衡量代际间财富分配和税收负担更能体现长远性和可持续性。[②] 笔者拟在我国现行财政体系下计算出各代的代际账户值，并利用相关系数计算出政府

---

① 吴家强：《关于构建绿色环境税收体系的研究》，财政部财政科学研究所 2013 年版，第 8—9 页。

② Auerbach, A., Gokhale, J. and Kotlikoff, L., *Generational Account*: *A Meaningful Alternative to Deficit Accounting*, in Bradford, D. (ed.), Cambridge, MA: MIT Press, Cambridge, MA, 1991, pp. 55 – 110.

未来消费的现值及净财富值，得到未来的代际账户值，经比较得到代际账户是否平衡，以评估我国现行税制下代际税收负担情况。

（一）税收代际公平的效应分析

代际核算的公式可以表示为：

$$\sum_{s=0}^{D} N_{t,t-s} + \sum_{s=1}^{\infty} N_{t,t+s} = \sum_{s=t}^{\infty} G_s (1+r)^{t-s} - W_t^g$$

其中，N 表示代际账户；D 表示人均最大寿命；r 表示贴现率；G_s 表示 s 年政府消费总额。

其主要原理是当政府将未来所有消费值转换成现值减去政府现存净财富（W）等于当代人在生命周期内缴纳的净税额与后代人在生命周期内缴纳的净税额的现值之和时，才能实现代际公平。即当代政府的消费总额等于社会净财富与各代各种税收的总和，当代政府发生的消费由当代人和后代人共同承担。

等式左边代表现存与未来所有代的代际账户值之和，即现存代的社会成员在生命周期内缴纳的净税支付总额现值与未来所有代的社会成员在生命周期内缴纳的净税支付总额现值之和。等式右边代表政府在未来 t 年消费总额的折现值与 t 年时政府净财富的差额。上式表现了税收在不同代际的合理分配，政府利用税收政策来约束当代人在资源、财富上的消耗并对后代人进行间接补偿。

假设政府的税收来源于全部公民，转移支付最终也消费在公民身上，且代际核算账户的计算时间需要定一个基年，直到该代人的生命正常结束，即要计算出当代人正常寿命。若假设后代人的人均代际账户值与社会生产率的速度成正比增长，则可以根据社会生产率的增速计算求出代际人均生命周期和后代人的人均代际账户值。通过对后代人的人均代际账户现值与当代人的人均代际账户值比较结果来判定各代之间是否承担相同的税负。我们在研究代际账户值时，不得不考虑代际账户值变化对人的消费所产生的影响。

下式为对人均生命周期的估算式：

$$\sum_{S=t}^{K+D} \left[C_{s,k} \right] (1+R)^{t-S} = W_{t,k}^P + \sum_{S=t}^{K+D} E_{S,k} (1+r)^{t-S} - N_{t,K}$$

其中，$C_{S,k}$、$I_{S,k}$、$E_{S,k}$ 表示所有 k 年出生的人在 S 年（即模型中我们所选定的基年）发生的消费、个人发生的代际转移及因劳动取得的收入（将上述发生额折现到 t 年）；$W_{t,k}^{P}$ 表示 k 年出生人在基年的所有净财富；$N_{t,k}$ 表示 k 年出生人在基年的代际账户值；$P_{S,k}$ 表示 k 年出生人在 S 年剩余人数。

从上式中可以看出代际账户值，即 $N_{t,k}$ 所表示 k 年出生的人在 k 年出生以后所缴纳的所有税收总额的折现值会影响到 k 年这一代人的消费，故可以利用代际核算方法来衡量税收政策对代际平衡的影响。

计算代际账户值的公式如下：

$$N_{t,k} = \sum_{s=\max(t,k)}^{K+D} T_{s,k} P_{s,k} (1+r)^{t-s}$$

其中，$T_{s,k}$ 表示 k 年出生的一代在 s 年对政府的平均净税支付额；$P_{s,k}$ 表示 k 年出生的一代在 s 年的人口总数；当 $N_{t,t}$（当前出生的人均代际账户值）$\geqslant N_{t,t+i}$（$i \geqslant 1$，将来出生的人均代际账户值）说明现存的税收体制偏向于后代人；反之，后代人将承受较高的税收负担。[①] 我国的财政收入 95% 来自税收，对我国现行税收体制的平衡性进行测定，并讨论加入遗产税与环境保护税对代际税负承担的影响。

（二）统计与假设

为了构建模型，我们需要对人口、税收、转移支付、政府消费、政府的净财富值和贴现率进行统计并进行预测，同时模型需要对参数进行假设。

1. 人口预测

在人口预测上本章采用大多数国家的预测办法，即奥尔巴赫（1991）等提出的将人口按照年龄和性别进行分类，鉴于我国城乡差距大的国情，本书在人口预测上加入了城乡这一新类别。采用队列要素法，在 2010 年第六次全国人口普查的基础上，利用报告中公布的死亡率、分性别城乡的人口基数、生命周期等数据，同时假定妇女生

---

① 蒋云赟：《中国代际核算体系的构建与社会保险制度改革研究》，北京大学出版社 2015 年版，第 4—9 页。

育能力不变，城乡人口流动性保持在一个平均的水平。在此基础上预测出了 2011—2111 年分类别的全国人口数。

以下为人口预测的具体方法：

$$x(t) = \begin{bmatrix} x_0(t) \\ x_1(t) \\ \vdots \\ x_m(t) \end{bmatrix} \quad x(t+1) = \begin{bmatrix} x_0(t+1) \\ x_1(t+1) \\ \vdots \\ x_m(t+1) \end{bmatrix}$$

其中，$x_a(t)$ 表示 t 年时，a 年龄的人口数，$x_{a+1}(t+1)$ 即表示 $t+1$ 年时，$a+1$ 年龄段的人口数，m 表示当代人最高年龄。

$$B(t) = \begin{bmatrix} 0 & \cdots & b_{10}(t) & \cdots & b_{25}(t) & \cdots & 0 \\ \vdots & \ddots & \vdots & \vdots & \vdots & \ddots & \vdots \\ 0 & \cdots & 0 & \cdots & 0 & \vdots & \vdots \end{bmatrix}$$

$b_i(t) = h_i(t) \cdot k_i(t)$，$i = 10$，$\cdots$，$25$

$x_{(t+1)} = H(t) \cdot x(t) + \beta(t) \cdot B(t) \cdot x(t) + f(t)$

其中，$\eta_a(t)$ 表示 t 年时，a 年龄人口的留存率，$h_i(t)$ 表示 t 年时，i 年龄人的生育模式；$k_i(t)$ 表示新生儿男女不同时的不同比例；$\beta(t)$ 表示 t 年时生育率；$f(t)$ 表示人口流动比率。

用上述方法分别计算出不同性别及城乡人口预测数。

2. 税收预测

分年龄段分别从性别、城乡和不同税种三个方面对人均税负进行计算，同时对各税种的增长率进行测算。利用《中国统计年鉴》上各行业的消费总额、城乡消费数额、个人所得税税收及相关税收总额，按照性别、城乡、进行矩阵办法统计计算出人均不同税种的税负情况，并按照不同的增长率、贴现率进行折算。

本章假设房产税、资源税、城镇土地使用税、城市维护建设税、耕地占用税等不区别城乡而共同承担，且人均负担的税负和收入成正比，可以得到分年龄、性别、地域的人均税负承担情况。

3. 模型中的其他假设因素

由于传统的代际核算办法对生产率增长率进行假设，同时选择一个基准假设，本章采用同样的方法。在考虑我国 2020 年 GDP 翻两番的战略目标的前提下，且我国 21 世纪前 20 年的 GDP 年前增长率徘徊在 7% 左右，扣除人口正增长的因素，本章假设房产税、资源税、城镇土地使用税、城市维护建设税、耕地占用税等不区别城乡而共同承担，且人均负担的税负和收入成正比，可以得到分年龄、性别、地域的人均税负承担情况（见表 5 - 1）。

表 5 - 1　　　　2010 年分年龄、性别、地域的人均税负
（房产税、资源税、城镇土地使用税、城市维护建设税、耕地占用税等）

年龄（岁）	城镇（男）	城镇（女）	农村（男）	农村（女）
0	83.02	243.53	15.91	46.68
5	96.92	298.75	18.58	57.27
10	182.25	355.20	34.94	68.09
15	612.17	658.59	117.34	126.24
20	1382.41	1359.44	264.99	260.58
25	2225.10	2005.12	426.52	384.35
30	2748.84	2204.63	526.91	422.60
35	3006.30	2129.10	576.26	408.12
40	3056.07	2093.66	585.81	401.32
45	2983.79	2047.36	571.95	392.45
50	2793.64	1913.34	535.50	366.76
55	2551.08	1721.04	489.00	329.90
60	2272.34	1546.36	435.57	296.41
65	2058.99	1470.08	394.68	281.79
70	2009.29	1474.64	385.15	282.67
75	2117.15	1509.76	405.83	289.40
80	2178.02	1532.09	417.49	293.68
85	2005.66	1444.96	384.46	276.98
90	1641.44	1048.59	314.64	201.00

生产率增长率 {2020 年以前 $g = 7\%$，（2010 - 2050] 年 $g = 5\%$，2050 年后 $g = 3\%$}

由于各国在运用代际核算办法时所采用的贴现率大多在政府债券

的利率（即无风险利率）和实际资本收益率之间，故本章采取同样的假设。

　　资本收益率 =（税前利润 + 净利息支出 + 财产税）/有形资产

　　21 世纪初，工业资本企业资本收益率为 10.83%①，考虑到我国经济迅速发展会带来税收、人们消费的增长，本书假设贴现率近似等于资本收益率，即假设：

　　（1）贴现率比生产率增长率高 3 个百分点；

　　（2）总和生育率城镇为 1.1—1.4，农村为 1.45—1.8；

　　（3）城市化率（2020 年前每年提高 1%，2050 年前每年提高 0.6%，达到 75% 后不变）；

　　（4）GDP 增长率 = 政府支出增长率 = 生产率增长率 + 人口增长率工资增长率 = 人均税收增长率 = 生产率增长率。②

　　（三）模型模拟与分析

　　运用 Matlab 软件构造代际核算体系对我国现行税收负担情况进行模拟分析，以 2010 年为基年③，2010 年前为当代人，2010 年后为后代人，对 2010 年前、后代人的代际账户值进行测算，前提还需要假设后代人的代际账户值按照生产率增长率增长。由于我国城乡收入分配差距加大，故将城镇与农村人口代际账户值进行分别核算，区别分析。从表 5 - 2 中可以看出，城镇出生人均代际账户值（男女）为农村出生人均代际账户值（男女）的 16.451 倍，城镇人年龄在 50 岁开始出现负值，即城镇人口在 50 岁后缴纳的税收现值要比从政府得到的转移支付现值低，而农村人口的人均代际账户值一直为正数，即农村人口从出生到生命结束所缴纳的税收要大于从政府得到的税收现值。重点分析代际城镇、农村代际账户值，从表中可以看出，未来人

---

　　① 蒋云赟：《中国代际核算体系的构建与社会保险制度改革研究》，北京大学出版社 2015 年版，第 101—106 页。

　　② 蒋云赟：《我国增值税扩围对财政体系代际平衡状况的影响》，《财贸经济》2012 年第 3 期。

　　③ 选取 2010 年为基年的原因是：我国第六次全国人口普查于 2010 年进行，文中较多地利用了该报告中的人口统计数据。

均代际账户值经过了生产增长率调整后，城镇男性的代际账户值是385776 元，女性是 158153 元，即未来城镇男女人均代际账户值是出生时的 2.5739 倍，农村为 2.5738 倍，从数据中可以看出，我国税收体系公平性缺失，城镇后代人向政府缴纳的净税额现值要比当代人高出 157.29%，农村后代人代际账户现值较低，为 157.38%，后代人要承担的税负比当代人至少高 157.29%，从而说明我国现行税收体制是不利于税收代际公平目标的实现的。

表 5 - 2　　2010 年为基准下城乡分年龄、性别人口人均代际账户　单位：元

年龄（岁）	城镇（男）	城镇（女）	农村（男）	农村（女）
0	149880	61445	11819	1027
5	178340	74790	17224	2948
10	217880	95239	40567	22376
15	263170	127390	73398	50039
20	309400	158890	91478	61108
25	315860	157480	92806	59083
30	275550	120950	80676	49359
35	222460	79512	66285	38133
40	160080	59198	52107	26651
45	82568	20763	39096	15667
50	− 20322	− 38914	26477	6118
55	− 174670	− 49411	14026	− 746
60	− 226170	− 48923	4580	− 5373
65	− 231970	− 47508	1473	− 5834
70	− 218060	− 47121	497	− 5054
75	− 181430	− 39907	680	− 3763
80	− 142210	− 28822	753	− 2602
85	− 93890	− 20487	533	− 2266
90	− 51077	− 14767	− 92	− 2268
95	− 19088	− 9227	− 351	− 2019
未来代	385776	158153	30421	2642

（四）实证分析小结

本小节利用代际核算办法对当代人人均代际账户值进行计算，并对后代人的人均代际账户值进行估算，模型包括对未来人口的估计、税收负担的比较、贴现率与政府消费水平的预测，通过城镇、农村人口及性别差异分析得出我国代际税收负担不公平，即未来代的税收负担较重，从表5-2中可以看出，对于城镇人口来说，20—30岁代际账户值最高，而50岁以后开始出现负值的现象，农村人口（男）代际账户值在20—30岁均达到最高值，农村女性由于参与劳动率低，故低于男人均代际账户，但农村的人均代际账户值男性几乎全为正值，从表中可以看出，农村的人均代际账户值低于城镇人口，表明我国农村人口承担的税负低，农村人口大多采取自给自足的生活模式，政府给予的福利较少。城乡的税负承担不均衡状态在我国现行税制的基础上，会延续到后代，并持续加大不均衡程度。从后代人人均账户值与当代人的比例（2.5739∶1）中可以看出，后代人的人均账户值大于当代人，说明我国税制存在代际不公平现象。

由于我国税制中还没有开征遗产税，同时环境保护税在全国人大常委会2016年立法工作计划中处于通过初次审议的阶段，故暂无法探讨我国税收对于两个税种的依存度，但是，开征两大税种必然会增加当代人的税负，同时在降低后代人税负上提供贡献值，可以预估的是，将明显缓解我国代际不平衡状况。

二　我国现行税制下代际不公平原因探析

（一）现行税制中税种的不完善

1. 资源税

资源税在我国税收收入中所占比重一直低于1%，2013年资源税收入为1005.65亿元，占税收收入的0.9098%，2014年资源税收入达到1083.82亿元，占税收收入的0.9094%，虽然占总税收收入比重较稳定，但是，资源税的征税范围较窄、税负低的现象依然存在，过低的税负对于资源的开采、利用无法起到抑制作用，且资源在利用过程中会产生环境污染问题，对后代人也造成了资源无法共享、环境产权不公的问题。"据有关资料，我国在国民经济周转中，社会需要的最终产品仅占原料的 20%—30%，即有 70%—80% 的资源在生产过程中作为废物而白白地被抛弃掉。生产系统消化、转化能力低下、排放物'废物'不废，而回收能力又很差，此乃我国资源浪费严重的又一症结所在。"[①] 自 2016 年 7 月 1 日起，我国全面推开资源税改革，实行从价计征并清理收费基金，除传统上对矿产品和盐征税外，试点开征水资源税，虽然资源税正处于改革阶段，但是，由于土地面积大，我国的资源种类繁多，通过资源税来提高资源的使用效率，实现代际间资源公平共享仍然亟待解决。此外，资源税税负仍然较低，与高额的矿产资源利润相比，过低的矿产品成本，让开采者忽略了开采资源的税负问题，无法起到资源的合理利用目的，无法起到税收的资源保护效应。

2. 消费税

引导消费的目的在我国消费税中体现得还不够充分。如税目中没有对造成环境污染严重的物品（塑料袋、电池、煤炭、一次性用品等）进行征税。这些物品价格低廉，但会对环境造成严重的污染，且造成的污染将由后代人来承担。再如，我国没有配合环保型汽车在消费税方面的优惠措施，无法起到控制购买取向的作用。

3. 房地产税

房地产税交易环节税负较重。目前，我国房地产市场税收面临的最大问题是购置和交易环节税负较重，而房地产保有环节税收收入仅包括房产税和土地增值税两个税种，规模较小。且由于各地区税收优惠政策不同，房地产保有环节税负水平不公，造成了房地产市场发展不均衡的现象，无法通过税收来调控房地产市场发展。税负的公平性缺失，税负分担不公的现象不利于房地产资源市场的整合，资源无法达到合理利用目的，同时无法利用税负对房地产进行调控，无法实现代际间个人财产税负分担平等性。

4. 其他税种

我国城市维护建设税一般占税收总收入的 4% 以下，地方税收收

[①] 陈凤臻、于显双：《环境问题与可持续发展》，内蒙古教育出版社 2004 年版，第 148 页。

入低，导致地方为保护环境的支出就小，无法起到其征税目的。耕地占用税征税范围未包括湿地，减弱了税收的调节力度。车船税是按照辆或者吨进行征税，没有将税率和车辆的排气量结合设计，未考虑到环境问题。

（二）现行税制中税种的缺失

1. 遗产税

在我国，遗产税方案曾几次被提出又几度搁浅。众所周知，遗产税除增加财政收入以外，更重要的职能是调整贫富差距、促进社会公平。在代际视角下，由于遗产和赠与的存在会造成后代在出生起点，教育水平的不同，加大社会贫富差距，无法为后人提供一个较为公平的竞争基础，使穷者越穷、富者越富的现象更加严峻。据统计，截至2003年，世界上已经建立税收制度的127个国家和地区中，已经有74个国家开征遗产税，从征收遗产税和赠与税国家分布的情况来看，经济稍微落后的国家不征收这两个税种者居多。① 我国目前税制中遗产税的缺失使其代际公平性不足。

2. 环境税

现行我国税制中，在增值税、消费税、资源税等税种中散见与环境税相关的一些条款，虽然2015年全国人大发布《中华人民共和国环境保护税（草案）》，在2016年6月开展的全国人大常委会立法工作计划中，对环境保护税法进行初次审议，但是，环境保护税对保护环境起到的作用还无法估量，在我国现行税制中，体现环境资源保护能力的税种较少，无法有效起到税收对环境、资源的调控作用，不利于环境保护、控制资源过度开采的问题，增加了后代的税收负担，不利于代际公平。

3. 社会保障税

面对人口老龄化问题日趋严重，失业人员逐年递增的问题，我国社会保障的压力也在不断扩大，应该尽快制定出一套符合我国国情的

---

① 刘荣、刘植才：《开征遗产税——我国经济社会发展的历史选择》，《税务研究》2013年第3期。

社会保障税制，充分体现税制的公平性，更好地实现代际间税负合理性分配。

4. 其他税种

国外一些国家已经开征水污染税、二氧化硫税、垃圾税等，这些税种的开征对于环境保护具有显著的作用，会抑制三大产业在发展过程中对环境的污染程度。目前，我国已经完成环境保护税征求意见稿的审核，需要尽快将排污费转变成环境保护税的征收，改变排污费由于归属于费类，征收归地方管辖，征费困难及征税机构与工厂私底下交易等行为，真正起到预防和治理环境污染问题。我们可以借鉴国外的一些税种的设置，如大气污染税、固体废弃物税、噪声税等，以期逼近税收代际公平目标。

第四节　实现税收代际公平的路径探讨

一直以来，在税制不断改革的进程中，代际税负的平衡却并未达到理想的状态。笔者在第三章中通过实证分析得出我国代际税负不公平的结论，笔者在本节中将从代际自然资源和社会财富两方面进行分析。

一　税收自然资源代际公平的实现

自然资源分为可再生、不可再生和恒定资源三种类型，它们是经过数亿年的演化而形成的，是经济发展的基础。可再生资源再生速度的缓慢性和不可再生资源的有限性对实现代际公平造成很大的障碍。当代人会不自觉地为实现自身利益最大化而忽略后代人利益，过度开采自然资源，破坏资源的代际公平。

（一）自然资源代际伦理视角的思考与反思

自然资源按照提供物质能量的种类可以分为土地资源、气候资源、水资源、生物资源和矿产资源五种。广义上讲，出现在全球范围内的一切要素都可以称为自然资源，包括无生命的物质，如矿产；也包括在历史演变中的产物，如动物、植物、化石等。也就是说，人从一降生便开始接触自然资源，参与资源分配。

当代人资源的消耗固然可以促进经济的发展，但同时也带来了资源利用的负效应。国内外都曾发生过由于资源过度消耗导致环境污染和长远性危害的事件发生。如 1989 年 11 月 2 日雅典的"紧急状态事件"[①]，2010 年 7 月 3 日我国紫金矿业污染事件[②]，近年来，我国被雾霾笼罩的诸多城市，以及全世界范围内经常出现的儿童铅中毒现象。究其原因，即上一代人资源消耗带来的后果由下一代人承担，由此产生了代际不公平的问题。

自然资源代际冲突影响了人们的生活质量和可持续发展规划，消除代际间伦理障碍是实现代际公平的关键之一。[③] 工业革命以来，人们的理念以"征服自然""主宰自然"为主，虽然经济得到了迅速的发展，但却造成前一代人对自然资源的超额透支由下一代人偿还的现象。当代人在肆意利用自然资源的过程中，由于后代人的缺位（不在场），当代人无须与后代人对资源的开采进行协商，即后代人无阻止和反对的权利，且前一代人对后代人的损害有一种间接性和隐蔽性，后代人无法拿出确切的证据来证明当代人对其造成的后果。表面上看，可再生资源并不影响后代人对其的使用，但是，可再生资源消耗的速度一旦超过再生速度，就会带来"资源赤字"现象，形成代际不公平现象。

在资源的代际伦理分析中，代际分配目的在于合理地对资源进行分配，使当代人与后代人的资源利用数量保持一致，如果资源的利用能够带来技术的进步，那么当代人可以充分利用该项资源，但一定要保证当代人对资源的利用能够补偿后代的损失。近年来，我国政府开

---

① 希腊首都雅典市中心大气质量监测站显示，空气中二氧化碳浓度 318 毫克/立方米，超过国家标准（200 毫克/立方米）59％，市民出现头疼、乏力、呕吐、呼吸困难等中毒症状，学校停课，限制出租汽车和摩托车行驶，熄灭所有燃料锅炉，主要工厂削减燃料消耗量 50％。

② 福建紫金矿业紫金山铜矿湿法厂 2010 年 7 月 3 日发生铜酸水渗漏事故，事故造成汀江部分水域严重污染。紫金矿业，当初是靠压低成本提炼"低品位"金矿发家而闻名，伴随它一路的却是多次的重大环境污染事故。

③ 廖小平：《伦理的代际之维》，人民出版社 2004 年版，第 190 页。

始越来越关注自然资源的代际公平问题。2005 年中国共产党十六届五中全会提出，"在经济发展的基础上，更加注重社会公平"。2007 年党的十七大报告再次提出，"要处理好效率和公平的关系，再分配更加注重公平"。2013 年党的十八届三中全会提出，"用制度保护生态环境"，因此，"在代际公平与经济效率孰为优先的选择中，我们主张代际公平优先于经济效率"。① 正如习近平总书记 2013 年在中共中央政治局第六次集体学习时强调的："生态环境保护是功在当代、利在千秋的事业。要清醒认识保护生态环境、治理环境污染的紧迫性和艰巨性，清醒认识加强生态文明建设的重要性和必要性，以对人民群众、对子孙后代高度负责的态度和责任，真正下决心把环境污染治理好、把生态环境建设好，努力走向社会主义生态文明新时代，为人民创造良好生产生活环境。"② 代际公平与可持续发展是密不可分的，当代人无限度地追求经济效率和经济利润，只会损害当代人的长远利益和后代人对资源的利用权利。

也有学者从经济学角度进行分析，对经济效率与代际公平的价值优先性问题进行了探索，认为市场经济伦理对解决代内问题是合适的，而对解决代际问题是不够的。③ 市场经济伦理考虑的主要是当代人的利益，有学者在资源代际公平的模型中，引入正贴现率的因素，但是，"代际贴现的真正问题不在于未来影响的限制非常小，而在于无法想象它在重新配置代际资源时能够在补偿的衡量方面扮演一个有意义的角色"。可持续发展伦理要比市场经济伦理高一个伦理规范，代际问题只有结合可持续发展伦理才能实现理想的公平性。

（二）对我国自然资源税收现状分析

如前文所述，税收作为调节经济的重要手段，在实现自然资源和社会财富的代际公平方面有着不可比拟的优势。但是，对现有我国自然资源税收现状进行分析后，发现仍存在如下问题：

---

① 廖小平：《伦理的代际之维》，人民出版社 2004 年版，第 243 页。
② 习近平：《在 2013 年 5 月 24 日在中共中央政治局第六次集体学习时讲话》，新华网（http：//news. xinhuanet. com/energy/2013 -05/25/c_ 124762798. htm），2013 年 5 月 25 日。
③ 章铮：《市场经济伦理与环境伦理》，人民出版社 2004 年版，第 315 页。

1. 资源税收入占税收总收入比重小

1984 年，我国开始征收资源税，表 5 - 3 为我国 1984—2014 年资源税征收情况，从表 5 - 3 中可以看出，1984 年资源税仅为 4.13 亿元，虽然到 2013 年资源税收入达到 110530.7 亿元，绝对额增加了近 26763 倍，但是，从相对值来看，资源税占税收的比重从 0.4360% 上升到 0.9094%，仅提高了 0.4734 个百分比，29 年间资源税收入占整体税收收入的比重区间为 [0.4088，0.9793]，未出现较大的增长幅度，占比未超过 1%，资源税收入并没有构成我国税收收入的主要来源。

表 5 - 3　　　　　　1984—2014 年我国资源税征收情况　　单位：亿元、%

年份	资源税	税收总收入	资源税占税收比重
1984	4.13	947.35	0.4360
1985	16.64	2040.79	0.8154
1986	18.62	2090.73	0.8906
1987	20.96	2140.36	0.9793
1988	20.79	2390.47	0.8697
1989	20.51	2727.40	0.7520
1990	22.10	2821.86	0.7832
1991	21.41	2990.17	0.7160
1992	23.73	3296.91	0.7198
1993	25.62	4255.30	0.6021
1994	45.50	5126.88	0.8875
1995	55.06	6038.04	0.9119
1996	57.35	6909.82	0.8300
1997	56.63	8234.04	0.6878
1998	61.93	9262.80	0.6686
1999	62.86	10682.58	0.5884
2000	63.62	12581.51	0.5057
2001	67.11	15301.38	0.4386
2002	75.08	17636.45	0.4257
2003	83.30	20017.31	0.4161

续表

年份	资源税	税收总收入	资源税占税收比重
2004	98.80	24165.68	0.4088
2005	142.63	28778.54	0.4956
2006	207.26	34804.35	0.5955
2007	261.15	45621.97	0.5724
2008	301.76	54223.79	0.5565
2009	338.24	59521.59	0.5683
2010	417.57	73210.79	0.5704
2011	595.87	89738.39	0.6640
2012	904.37	100614.28	0.8988
2013	1005.65	110530.70	0.9098
2014	1083.82	119175.31	0.9094

资料来源：1983—2014 年《中国统计年鉴》。

2. 资源税征收范围小

自 2016 年 7 月 1 日起，我国全面推开资源税改革，实行从价计征并清理收费基金，除传统上对矿产品和盐征税外，试点开征水资源税。但是，此次资源税的改革并没有对森林、草场、滩涂等资源征税，故当代人在开采利用森林、天然草场等资源时，由于不需要付出额外代价，会造成资源过度开采和利用、环境污染严重等后果，即代际资源共享权利不均等现象。同时，当代人为发展工业，会增加碳的排放量，而碳排放的数量值与气温的升高呈现正相关性，造成全球气候变暖、土地干旱、害虫繁衍、沙漠化面积增大等生态问题。[1] 应加大资源税的征收范围，将不可再生资源、濒临耗尽的资源、开采速度大于再生速度的资源、加剧生态问题现象的污染物排放均纳入资源税征收范围，在税制中全面体现公平性。

综上分析，笔者认为，由于资源税税负较低、征税范围小，我国

---

① 白万平：《碳排放增加与气温变化统计因果关系的多重检验》，《贵州财经大学学报》2013 年第 5 期。

现行资源税的征收并未起到遏制环境污染的作用，较低的税负既无法反映资源的稀缺性，也无法补偿开采资源发生的外部成本。从1999—2013年我国工业企业单位数统计中发现，1999年，规模以上工业企业单位数为162033个，2010年达到顶峰值452872个，后出现下降趋势，到2014年为377888个，较1999年依然增加了近2.33倍。工业的发展与资源的利用和污染物的排放密切相关。工业企业在开采和利用如海洋、森林、草原、滩涂等可再生资源时，由于利用此类资源的周期较长，而税制中又缺乏对此类资源征税条款的明细，从某种程度上就意味着，对于工业企业掠夺自然资源的默许。由于当代人无须对开采利用此类资源付出额外的成本，间接地推进了工业企业的发展，造成资源在代际的不公平分配。

3. 环境税开征范围狭隘

在2015年6月财政部、国家税务总局、环境保护部共同发起《中华人民共和国环境保护税法（草案）》公开征求意见之前，我国环境行政性收费主要包括排污费和补偿费，排污收费制度是环境治理的主要手段，但在收费过程中由于所属法律层次低，出现收费面较窄、收费标准低的现状；在执行过程中征管效率较低，对污染物排放量的检测技术水平需要提高；同时地方政府存在弹性收费的情况，许可证数量有限又引发政府垄断的行为和地方保护主义。2016年6月环境保护税法通过初审，逐步进入实施阶段，但环境税税目包括污染物排放、污染产品、生态保护、二氧化碳等，通过对污染物污染程度、重金属、挥发性有机物等排放量的测算及对自然资源开发、生态环境破坏补偿，二氧化碳大气排放量统计等行为征税。我国拟开征的环境保护税更像是狭义上的环境税。同时，环境保护税相对于传统税种查账征收的方式，在税收征管上必然存在很大的技术困境，且污染者很有可能通过税负转嫁的形式将税负转嫁到消费者身上，故环境保护税的开征需要考虑到各方面众多的因素。

开征环境保护税对代际所处环境不公平的问题给予一定的思忖。该税种的开征有利于保护和改善环境，促进社会节能减排，推进生态文明建设，优化我国税制，同时能够对环境有害与否的经济行为加以区别，使当代人在从事有损环境的经济行为时，承担除一般经济主体需要承担的税负外，加征一道环境税负，从而减少我国目前很多企业寻找地方行政性收费漏洞进而对环境的污染现象。提高环境保护税率至与治理环境污染成本相等或者更高的水平，将环境成本内部化，保证代际生存环境的平等性。

二 税收社会财富代际公平的实现

如第一章所述，自然资源的代际公平固然是代际公平的重要组成部分，社会财富的代际公平也是代际公平理念所不可或缺的部分。由于社会财富可以通过血缘继承制度从当代人传递到下一代，在没有任何限制条件的情况下，下一代人的社会财富的起点不公平会由于这种财富传承现象日益加深，进而形成代际不公平问题。税收作为各国调节收入分配差距的重要杠杆，应该且必须在调节代际财富差距方面有多作为，以进一步推动社会的机会公平。无论是代际资源公平还是代际财富公平，都必须纳入税收公平目标之框架中进行通盘考虑，这是实现税收立体公平的题中应有之义。

笔者认为，随着历史遗留下来的民族、文化、技术、科学、物质遗产都属于社会财富的范围内，本节主要从税制的角度对我国社会财富的代际传承公平进行探讨。

（一）社会财富代际公平的探讨与总结

物质财富是社会财富的载体，但是，随着时代的进步，社会财富已不再仅仅限于实物，股票、债券等金融衍生工具使社会财富的范围更广、更复杂。一般认为，社会财富既包括自然资源、实物产品，也包括技术知识等，而如何在代际合理分配已经存在的社会财富，并保持社会财富的持续创造是实现代际公平最大的难题。改革开放以来，我国贫富差距拉大，社会财富开始在城市、发达地区、政府、垄断行业等方面集中，代与代之间在社会财富方面的不公平分配愈加明显。

为实现当代人与后代人在社会财富上的公平性，需要从税收和道德两个角度进行考虑，通过征税补偿资源的使用、开发，增加当代人的使用成本，通过道德使当代人能够合理分配社会财富。我国目前税制中，财产税相较于所得税和商品税更能够体现对社会财富的调节作用，能够对社会存量财富进行调整。

（二）对我国财产税类的税收现状分析

目前，我国财产税体系很难发挥保障代际公平性及资源合理分配的作用。在社会财富方面，当上一代人赠与下一代人一定的物质财富或者下一代人继承上一代人遗产时，代际在出身地位、生活条件、教育水平等方面即出现不平等现象，此时便需要通过税收手段如开征遗产税、赠与税等来保障代际在取得社会财富时的公平性。当前我国财产税类包括如表 5 - 4 所列房产税、土地增值税、车船税、城镇土地使用税和契税五大税种。随着经济的发展，我国财产税类占税收收入的比重如图 5 - 1 所示，逐年增长，1994 年仅占 2.4%，到 2013 年占9.87%，增长了 7.47 个百分点。五大税种税收收入均出现不断上升的趋势，如房产税 1994 年收入 64.51 亿元，2013 年达到 1581.5 亿元，扩大了 24.5 倍；土地增值税收入是增长速度最快的，到 2013 年已经达到 3293.91 亿元，而 1994 年只取得 0.01 亿元收入。虽然财产税类的比重逐年上升，但是，其占比重依然没有超过 10%，而多数发达国家财产税收入占一国全部税收的比重多在 10% 以上。[1]

表5 - 4			我国财产税收入与结构					单位：亿元、%	
年份	房产税	土地增值税	车船税	城镇土地使用税	契税	财产税合计	国家税收总收入	地方税收收入	财产税占国家总税收比重
1994	64.51	0.01	12.14	34.55	11.82	123.03	5126.88		2.40
1995	87.65	0.30	14.50	35.85	18.26	156.56	6038.04		2.59
1996	102.18	1.12	15.15	39.42	25.20	183.07	6909.82		2.65
1997	123.93	2.53	17.21	43.99	32.34	220.00	8234.04		2.67
1998	159.85	4.27	19.05	54.21	58.99	296.37	9262.80		3.20
1999	183.53	6.18	20.86	59.07	95.96	365.60	10682.58		3.42
2000	209.58	8.39	23.44	64.94	131.08	437.43	12581.51		3.48

---

[1]　巴曙松：《物业税改革对房地产市场的影响研究》，首都经济贸易大学出版社 2011年版，第 6 页。

续表

年份	房产税	土地增值税	车船税	城镇土地使用税	契税	财产税合计	国家税收总收入	地方税收收入	财产税占国家总税收比重
2001	228.59	10.33	24.61	66.18	157.08	486.79	15301.38		3.18
2002	282.40	20.51	28.89	76.84	239.07	647.71	17636.45		3.67
2003	323.90	37.30	32.20	91.60	358.05	843.05	20017.31		4.21
2004	366.30	75.10	35.60	106.20	539.87	1123.07	24165.68	9999.59	4.65
2005	435.96	140.31	38.90	137.34	735.14	1487.65	28778.54	12726.73	5.17
2006	514.85	231.48	49.98	176.81	867.67	1840.79	34809.72	15233.58	5.29
2007	575.46	403.10	68.16	385.49	1206.25	2638.46	45621.97	19252.12	5.78
2008	680.34	537.43	144.21	816.90	1307.54	3486.42	54223.79	23255.11	6.43
2009	803.66	719.56	186.51	920.98	1735.05	4365.76	59521.59	26157.44	7.33
2010	894.07	1278.29	241.62	1004.01	2464.85	5882.84	73210.79	32701.49	8.04
2011	1102.39	2062.61	302.00	1222.26	2765.73	7454.99	89738.39	41106.74	8.31
2012	1372.49	2719.06	393.02	1541.72	2874.01	8900.30	100614.28	47319.08	8.85
2013	1581.50	3293.91	473.96	1718.77	3844.02	10912.16	110530.70	53890.88	9.87

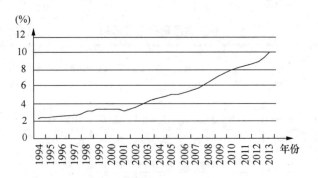

图 5-1　财产税占国家税收收入比例

　　由于财产税类税收征收权主要归属于地方，故有必要对地方财产税收收入进行分析。从图 5-3 可以看出，我国财产税占地方税收收入的比重呈增长趋势，2004 年占比为 11.23%，2013 年达到 20.25%，增加了 9.02 个百分点。据统计，2010—2013 年，美国、加

拿大、英国、澳大利亚、爱尔兰、新西兰等国家的财产税收入占地方
税收收入比重均在75%左右，而OECD国家中，财产税收入平均占地
方收入的43%左右。① 除财产税占地方税收比重较小外，该类税种的
配套设备也不健全，我国目前对于财产的评估、登记及管理仍有欠
缺，缺少专门对房产、土地的评估机构，造成税基实际小于真实值的
状况，需要较完善的配套设备对财产进行管理。

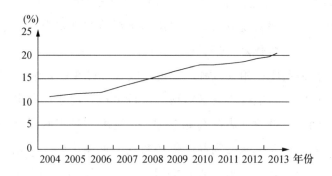

图 5 - 2　财产税占地方税收收入比重

我国现行的房产税属于财产税类，是指以房屋作为征税对象，按
房屋的计税余值或租金收入为计税依据向产权所有人征收的税种；城
镇土地使用税则是对土地征税，按照土地的面积来计税征税。按理
说，房子是建在土地上的，但我国却分别对房屋和土地进行征税，不
够合理。因此，我国税制改革下一步应该是将这涉及房地产的11个
税种（在我国包括房地产业营业税、企业所得税、个人所得税、房产
税、城镇土地使用税、城市房地产税、印花税、土地增值税、投资方
向调节税、契税、耕地占用税）进行重新整合，统一成"房地产
税"。

2011年起，我国已经在重庆、上海两地进行了房产税试点改革，
但是，从房产税试点效果来看，所期望的税制本身的调节作用并不明

---

① 安体富、蒋震：《我国资源税：现存问题与改革建议》，《涉外税务》2008 年第 5
期。

显，而且对地方政府税源贡献也不大。也正因为如此，我国房产税从 2011 年在沪、渝试点以来一直未扩大试点。①

目前，我国在土地开发、房地产交易和不动产持有环节涉及太多种类的税费。2015 年"两会"期间，恒大地产董事局主席许家印还表示，现在各种审批费用已经占房价成本的 11%。"最少的地方收 37 项费用，最多的地方收 157 项费。"因此，鉴于我国目前房地产领域税费种类偏多的情况，未来确实应该取消房产税，进而改征房地产税，合并税种，完善税制改革，以进一步调节贫富差距（存量差距），以进一步逼近税收代际公平目标。

三　其他税类中相关税种对实现税收代际公平的影响

流转税中，增值税主要是对动产进行征税，由于商品分为必需品和奢侈品两类，低收入者的恩格尔系数②较高，对于必需品的购买量较大，收入中用来购买必需品的份额较高，而富人购买生活用品支出比例较小，对比之下，低收入者承担了税负率较高。消费税的征税范围中，对木制一次性筷子和实木地板的征税税率均为 5%，两者的生产原料都为稀缺资源，5% 的税率相较于高额的利润额并没有起到制约厂商开采资源的行为。同时，消费税税目中将酒精细分为工业用酒精、食用性酒精、医疗用酒精，分别按照不同的税率进行征税，但是，对高档消费场所，如歌厅、舞厅、台球厅等却没有进行细分，没有按照消费水平进行征税，故存在公平性缺失现象。

所得税中，2011 年 9 月 1 日，我国将个人所得税免征额调整为 3500 元，虽然近几年个人所得税经历了三次调高工资薪金所得费用扣除标准，但是，个人所得税制仍然存在公平性缺失的问题。这在前面第三章中已有详尽阐述，这里不再赘述。

---

① 宇博智业市场研究中心：《2012—2016 年房地产行业市场发展格局及投资前景调查分析报告》。

② 恩格尔系数是食品支出总额占个人消费支出总额的比重。19 世纪德国统计学家恩格尔根据统计资料，对消费结构的变化得出一个规律：一个家庭收入越少，家庭收入中（或总支出中）用来购买食物的支出所占的比例就越大，随着家庭收入的增加，家庭收入中（或总支出中）用来购买食物的支出比例则会下降。

　　除个人所得税本身存在不公平性外，我国在所得税中并没有对资本利得进行征税，更多的是将税制限定在了劳动所得范围，我国目前只有证券投资所得税一种，对于股票市场缺乏所得税的征管，同时电子商务方面也存在大范围的税收漏洞。随着经济的发展，越来越多的人开始采用网上购物的模式，如天猫、淘宝、当当、聚美优品等采取网络销售模式，对于 C2C 类型的电子商务活动，由于双方都是个人，且该种销售模式具有数量多、流动性大、隐蔽性强的特点，工商登记制度不够完善，成了税收征管中最大的盲点。据艾瑞咨询[①]和易观国际[②]两家机构的调查，按照 2007 年中国网络零售购物 560 亿元和增值税 4% 的简易征收率测算，考虑到目前大部分城市增值税起征点为 5000 元的因素，C2C 电子商务税收漏洞规模 2 亿多元。[③] 这些税收漏洞对于代际税收的负担率是不公平的。

　　四　税式支出与税收代际公平

　　税式支出是政府的一种间接性支出，属于财政补贴的一种方式。它主要是指政府为了实现一定的目标，以特殊的法律条款规定的、给予特定类型的活动或纳税人以各种税收优惠待遇而形成的收入损失或放弃的收入。[④] 税制中主要表现为税收扣除、税收减免、优惠税率、税收递延等形式，即牺牲一定的税收收入来实现一定的社会经济目标。税式支出可以激励生产，改变消费方向，促进资源的合理配置。

　　假设市场上只有资源 A、资源 B 两种资源，当市场上资源 A、资源 B 价格均保持不变时，生产商对于两种资源的偏好相同，无差异曲线的斜率表示了资源 A、资源 B 的替代率，CD 表示税式支出前生产商对两种商品的购买力，无差异曲线为 I_1 均衡点为 E 点。当对资源 A、资源 B 进行征税时，购买力下降到 FG，无差异曲线为 I_2 均衡点

---

　　① 成立于 2002 年，中国第一批网络行业从业人员的行业研究资讯网站，主要提供网络广告行业发展相关资讯。

　　② 成立于 2000 年，是中国互联网和互联网化市场卓越的信息产品，服务及解决方案提供商。

　　③《中国税收政策前沿问题研究》第 6 辑，中国税务出版社 2011 年版，第 23 页。

　　④ 张云鸾、赵璇：《财政与税收》，中国金融出版社 2013 年版，第 42 页。

为 H 点。此时，政府采取税式支出，对资源 A 进行税收减免，由于资源 B 不存在税收优惠，购买力下降到 OG，而资源 A 不受影响，购买量依然为 OC，此时，生产商的购买组合变化 CG，生产商减少对资源 B 的购买力，增加对资源 A 的购买，无差异曲线为 I₃ 均衡点为 Q，从图 5-3 中可以看到，c > a，纵坐标对应的d > f，此时，替代效应发生，税式支出可以使厂商减少支出，并向政府引导的方向使用资源。

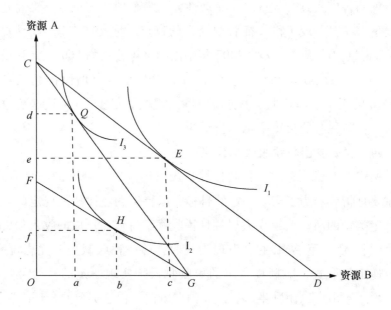

图 5-3　税式支出的替代效应

政府利用一定的税式支出，控制企业对自然资源、社会财富的利用、分配方向，对资源利用率高的企业、创新程度高的企业给予一定的税收优惠，可以降低对资源的依赖度，节能减排，体现代际对资源的公平利用权利，减少环境污染，形成良性的循环机制，社会、自然环境朝着政府预期的方向发展。

总之，税收代际公平目标体现的是历史维度的税收公平，税收代际公平问题的重要性正不断被理论界和实务界所认可，也逐步成为税收公平问题研究的一个重要组成部分。笔者在本章中对两个层面的内容进行了探讨：

第一个层面，通过实证研究分析了我国现行税制下税收代际公平是否实现的问题。笔者利用代际核算办法对当代人人均代际账户值进行了计算，并对后代人的人均代际账户值进行了估算，分析得出的结论是，在我国现行税制下，我国代际税收负担不公平，即未来代的税收负担较重，后代人的人均账户值大于当代人，说明我国现行税制不利于代际公平目标的实现。

第二个层面，也是更为重要的一个层面，笔者试图梳理出政府怎样使用税收这个工具，从而更快更好地逼近自然资源传承的代际公平目标和社会财富沿袭的代际公平目标。由于前代人、当代人、后代人受时间条件限制无法处于同一平台上进行沟通交流，故处于当代人的位置时，当代人的行为不会受到不在场人的制约及反对，易形成当代人不自觉自身利益最大化的思维模式，循环反复形成路径依赖，代际公平目标的实现能够改变传统的思维模式。在税制中加入环境保护税、开征遗产税、改革资源税、完善财产税等改革措施，可以达到"双重红利"效果，有效地填补了我国现行税制中代际公平实现路径的缺乏。

第六章 和谐社会下实现税收公平
目标体系的制度选择

第一节 实现税收人际公平的制度选择

依照本书在第一章和第三章中对"税收人际公平"所做的定义，本书中"税收人际公平目标"中的"人"是广义上的概念，其外延不仅包含法律上的自然人、法人，而且包含"征税人"与"纳税人"群体。因此，要真正实现税收人际公平目标，三个方面的内容必不可少，即征税人与纳税人之间权利与义务的公平问题、自然人之间的税收人际公平问题和法人之间的税收人际公平问题。

一 实现征税人与纳税人之间的税收人际公平的制度选择

涉及征税人与纳税人之间的税收公平，需要从三个角度进行考虑，"征税人"角度，即政府的角度；"纳税人"角度；以及"征税人与纳税人之间应该存在怎样的关系"的相关规定的角度。在这三个方面的内容中，笔者认为，第三方面即"征税人与纳税人之间应该存在怎样的关系"是最关键的，它实际上规定了征税人与纳税人的行为边界，使征税人与纳税人都有规矩可循，从而实现征税人与纳税人之间的税收公平。那么，其中的关键是什么呢？就是税收法定原则。

（一）**严格遵守税收法定原则**

税收法定原则，又被称为"税收法律主义"，作为税法的基本原则通行于当今世界各国。自从党的十八届三中全会、四中全会明确提出要"落实税收法定原则"，这一原则即作为我国税收立法的顶层设计被热议，充分展示了党中央对税收法定原则的高度重视。税收法定原则要求税的课税要素的确立和变更都应该由法律规定，以法律的形式确定下来。这就使税收从诞生之日起就天然具有了稳定性的要求。

1. 严格遵守《立法法》，树立正确的立法理念

被誉为"管法的法""立法的法""第二宪法"的《立法法》是我国规范立法活动的重要上位法，2015 年 3 月，十二届全国人大三次会议表决通过关于修改立法法的决定。在修改后的《立法法》中，按照落实税收法定原则的要求，将"税收"专设一项作为第六项，明确为："税种的设立、税率的确定和税收征收管理等税收基本制度。"凸显了"中国式立法民主"。

其实，"无代表，不纳税""未经纳税人同意，政府不得征税"等传统观念已在大多数国家深入人心。而如本书第三章所述，我国目前的税收法定主义落实得还不够，财税部门时有"任性"之嫌，典型的例子就是自 2014 年年底到 2015 年年初，我国财政部、国家税务总局曾在一个半月内在没有充分法律依据的前提下连续三次上调燃油税税率，引起舆论哗然。

无论是税种的设立，税率的确定还是税收征收管理，都是税收立法的重要内容，在税收立法中，"纳税人"权利与代表国家的"征税人"权力须均衡配置，才能真正实现税收法定。具体而言，应该特别强调和强化保护纳税人权利的基本立法理念，明确税收立法特别是税收收入、支出立法必须体现纳税人意志，将税收权力还给人民。

2. 制定统领税收法律的税收基本法

我国目前税法体系不够完备，具有统领地位的税收基本法缺位，使目前已有的各税收实体法和程序法立法层次不高，授权立法过多。

作为我国整体法律体系的一个组成部分，税法与其他法律关系紧密。在缺失税收基本法的情况下，税收单行法与其他法律之间可能出现缝隙较大的问题，若出现问题，则难以与其他法律进行相互协调，严重时还可能出现法律间相互抵触的情况。制定了税收基本法后，税法可被视作一个整体与宪法及其他各体系的法律进行互相协调，对于

促进我国社会的法治进程具有重大意义。

通常而言，具有"母法"地位的税收基本法会对事关重大的、基础性的、全局性的相关问题做出规定，涵盖相关基本概念的界定、税法应遵循的基本原则、征纳双方的权利义务、税务争讼等内容。具体内容一般包括总则、税收管理体制、税收管辖权、税务主管机关、纳税人、税收征管、税收监察、法律责任、附则等内容。

3. 进一步完善《预算法》，确保纳税人的监督权

笔者在第三章中曾对新《预算法》进行过分析，此次修订后的新《预算法》内容丰富，基本解决了全口径预算、公开透明预算体系、立法宗旨等关键问题。预算法修改后，人大对预算的审查监督权得以大幅度的强化，但仍存在一些问题，如初审机构——预算委员会仍然缺位、人大审查仍然采取"一揽子表决"、预算编制只覆盖了基本支出等。下一步，我国应该进一步完善预算相关内容。

首先，应该成立全国人大预算委员会。我国目前在人大常委会下设预算工作委员会，但由于其工作内容、人员编制等与同是人大常委会下设的财政经济委员会基本重合，而财政经济委员会难以全部承担财政预算工作，造成其应该发挥的作用发挥得不够。笔者建议成立专门的全国人大预算委员会，作为专业机构进行业务性的基础工作，成为常设的、专业的预算管理监督机构。从政治体制角度考虑，全国人大预算委员会的成立可以使全国人大对于国务院包括预算监督在内的法律监督权行使得更深入、更透彻；从业务工作需要的角度考虑，鉴于预算审查监督工作兼具经济层面、政治层面和社会层面的特征，又具有很强的专业性，因此，由全国人大预算委员会行使预算的审查监督更加符合预算的性质。

其次，供审议的预算材料中增加项目支出的内容。目前我国预算收支编列包括两套主要体系，即按功能分类和按经济分类。如果说功能分类的作用是告知"what"（钱用来干了什么），那么经济分类则是告知"how"（钱是怎么用的）。功能分类体系支出虽涉及社会经济生活的方方面面，如外交支出、国防支出、公共安全支出、科学技术支出等，但即使公开，纳税人对资金的具体去向仍然较难知晓；而在经

济分类体系中，如工资福利中的基本工资、津贴补贴；对个人和家庭补助中的退休费、医疗费；再比如商品和服务支出中差旅费、因公出国（境）费、公务招待费、会议费、公务用车运行维护费、工会经费和福利费等都能清晰呈现。因此，在下一步预算改革中，不仅对中央一级预算，对所有本级一般公共预算支出，都应要求既要按照功能分类编列，也要按其经济性质分类。

最后，目前我国中央预、决算公开偏多的是"大类"预算，笼统预算和原则性预算，更多具体项目和支出用途的细节较为欠缺。下一步，我国应将公布内容继续细化，供审议的预算材料中增加项目支出的内容，出台全国统一的政府预、决算公开的"国家级标准"，从而更有助于人大代表和广大公众知晓资金用于何处，更加有效地行使税监督权。

（二）征税人角度——不断完善我国税收管理体系

税收管理是服务于税制的。旨在以公正、有效率而又富有成效的方式，取得财政收入。税制改革一直是中国改革进程中的重要主题。所有良好税制的背后，都离不开同样良好的税收管理制度的支撑。在这个意义上说，一国税收管理的水平能否与其税制改革进程相适应，必然在一定程度上决定改革的成败，也足以决定其税收人际公平目标能否顺利实现。

1. 征税人意识层面的转变

首先，应该强化法制意识，提升依法行政意识和能力。要求征税人牢固树立法治观念、法治意识，着力提高运用法治思维、法律手段解决复杂问题的能力；杜绝以权代法、随意执法等有法不依、执法不严、违法不究的现象。

其次，应该强化服务意识，维护纳税人合法权益。国际货币基金组织认为，如果把税收征管比作一座金字塔，那么税收服务就是塔基。税收服务在税收工作中的重要位置由此可见一斑。我国早在1993年即提出了"为纳税人服务"的口号。在今后的改革中，"征税人"群体应加大"主动服务意识"，树立"品质效率型"服务，不断探索和改善为"纳税人"服务的方式方法。

2. 税收管理手段的转变

（1）建立"合作型"征纳关系。现代税收管理区别于传统税收管理最根本性的一个特征，就是"纳"与"征"的分离。从"公平"的角度来说，"征税人"和"纳税人"相互合作，各负其责，可以使征纳责任在这两个群体间更加明晰，推动"纳税人"群体的税收遵从有效实现，能够更好地维护税收人际公平；从"效率"角度来说，随着纳税人数量不断增加，现代涉税事务日趋复杂化，传统的"威权型"税务机关、"对抗式"的征纳关系已经不再适应发展要求，凸显出征管成本过高的缺点。这也要求"征税人"群体将税务管理的重心转移到税收不遵从行为上，瞄准靶心，提高效率。

（2）确定以纳税人为本的税收管理战略。我国税务主管机关应该更加重视今后的税收发展战略，并从中体现以纳税人为本的理念，营造"温暖"的税收氛围。第一，应力争摆脱过去冰冷无情的纯粹权力机构形象，让纳税人轻松地、自主地申报纳税；第二，以真心理解公民、帮助纳税人的态度，使公民在不受任何委屈或负担的情况下心甘情愿地纳税；第三，要保持透明清廉，公正中立，成为为提高纳税人福利水平全力以赴的全方位服务机构。

（3）引入纳税人自我评估制度。纳税人自我评估制度，是指在没有税务机关干预的前提下，纳税人自行如实申报收入，自己计算应纳税所得额和应纳税额，实行自核自缴，自我管理。税务机关不再对其申报表进行严格"审核"，而是予以"确认"即可。当然，如果纳税人由于自身原因而导致的申报错误，税务机关通过稽查发现后，纳税人应承担损失并交纳滞纳金。

因此，纳税义务的自我评定事实制度上包含三个不可分割的主要环节：一是纳税人对其纳税义务的自我评定；二是税务机关对纳税义务的最终确定；三是征纳双方对纳税义务有异议情况下的争议解决机制。[①]

在国外的税收管理实践中，已对个人所得税和企业所得税实施了

---

① 高培勇、马珺：《现代税收管理的国际经验及对中国的启示》，《国际税收》2013 年第 10 期。

纳税人自我评估制度的国家，所产生的税收争讼问题，比未实施此制度的要少得多。因此，笔者认为，我国下一步也应该在全国范围内推行由纳税人自我评估为基础的税收管理制度，并为此做好一系列基础工作，包括简明稳定的税法；税务机关能够为纳税人提供良好服务；申报与缴纳程序尽量简单；以有效的欠税强征能力作为保证；基于风险的选择性审计；公正的惩罚措施；公正而及时的争议解决机制等。

（三）纳税人角度——保障纳税人权利的实现

诚然，为解决市场失灵所带来的问题，国家必须提供公共产品和公共服务，否则就会损害到纳税人的个人利益。但是，如果政府行使权力不当，有可能造成"政府失效"的问题，因此，政府行使权力的半径应该在人民授权的范围内。在现代法治社会里，纳税人不仅具备单纯的与税款征收有关的身份意义，而更是"政治人"，基于这一理解，纳税人权利应外延至更加广阔的，体现于税收立法、税款征纳、税款使用等税收经济活动全过程的权利。在我国当前社会经济条件下，若要实现征税人与纳税人之间的税收人际公平，重视与完善纳税人权利尤为重要。

1. 完善纳税人保护司法体系

（1）扩大司法审查范围。扩大司法审查的范围是税收法治化的要求。而如前第三章所述，虽然我国将 2015 年 5 月 1 日开始实施的新的《行政诉讼法》中将"具体行政行为（如具体征税行为）"改为"行政行为"，但并不意味着"抽象行政行为（如各级政府部门制定的行政规章）"可讼，只是可以进行附带性审查，充其量是"向前迈了半步"。下一步，为了解决税收相关法律级次较低的问题，应将行政机关的司法审查的半径扩大，将抽象行政行为纳入，使法院能够对各级政府行政部门制定的行政规章、规定及其他规范性文件进行相关合法性审查；同时，不同法律效力间效力关系的厘清，也将有助于减少地方干预税收的可能性。

（2）提高税收司法人员专业素质。随着我国社会经济改革进程的不断推进，税收学正发展成为一门"显学"，税法的内容日益丰富，复杂程度不断增大。与此同时，日趋增多的纳税人群体，更加广泛的应税事项，也使税收争讼案件数量随之增加。由于涉税案件通常都具有较强的专业性特征，因此，司法机关在处理各类涉税案件面临较大难度，对具体经办人员的专业综合素质也提出了更高要求。经济的快速发展和税收学属于交叉融合学科的特性，使我国目前迫切需要一大批既具有国际视野和战略思维，又精通法律、税收、会计等业务知识的高素质复合型司法人才。目前的当务之急是培养一批综合素质高的税收司法人员（如经过专门税法训练的法官），充实到涉税争讼案件的审判中，以防止由于司法人员水准的限制而使纳税人权利受到损害的情况发生。

（3）充分发挥税收司法保障制度的功能。税收司法制度的保障职能在中国税收法治化进程中发挥着重要作用。从其具体作用来看，一旦缺乏税收司法保障，就会导致税收执法人员任意扩大其行政执法权力的自由裁量权，损害广大纳税人的权益，损害税收法律制度的公平正义性，进一步深化纳税人的税收不遵从行为，加深纳税人与税务行政机关和税务执法机关的对立情绪，损害社会的和谐和可持续发展；同时，税收司法保障体系的不完善会极大地阻碍税收执法权的正常运转，由于税收司法保障的不完善，部分地区曾出现税收执法人员被阻止其正常执法，甚至出现部分暴力抗税、危害税务人员身体健康权的情形，税收行政人员和税收执法人员依法履行职责的前提是其行政权和执法权受到法律的保护，如果税收司法保障制度不能充分保护相关行政人员和执法人员的工作权力，势必影响税收法律制度的权威性，在影响税收行政人员和执法人员工作积极性的同时，扰乱正常的税收法律秩序，扭曲已有税法法律体系的公平性和正义性，加剧纳税人之间的税收不公平程度。

（4）逐步引进纳税人诉讼制度和纳税人公诉制度激励机制。税收司法体系的独立性和公正性需要纳税人的参与。为了进一步贯彻《预算法》和"八项规定"要求，纳税人公诉制度的实施势在必行。通过广大纳税人为了国家公益提起诉讼，更能有效地监督预算的有效执行和遏制各种腐败浪费之风，进一步推进税收公平。当然，由于我国各地区经济发展水平和纳税人的受教育程度差异非常大，有必要对纳税人公诉制度的程序进行详尽的规定，充分考虑我国国情。另外，在纳税人公诉制度实施的初期，为了调动广大纳税人维护税收制度公平的积极性，应在推出纳税人公诉制度的同时推行纳税人公诉的激励制度，对为了公共利益提起公诉的纳税人予以奖励，奖励的具体金额可以按照挽回国家损失的具体金额的一定百分比进行规定。

（5）进一步完善我国现有的人民陪审员制度。我国现有司法体系中的人民陪审员制度是在借鉴发达国家司法体系中的陪审员制度的基础上，结合我国具体国情，所进行的司法体系重大改变。在税收司法体系中，从纳税人中间选择合适的陪审员，充分发挥其参与和监督作用，促进现有税收司法体系的进一步完善，有利于税收诉讼案件的公正性，深化纳税人对税收立法、执法、司法体系的理解，在保障税收征纳双方合法权益的同时，进一步推动税收司法体系的公正性和透明度，在保障税收司法权威性的同时维护纳税人的合法权益。税收司法体系中的人民陪审员制度需要进一步明确人民陪审员的权责，切实选择具有相应税收司法资质的纳税人，确保人民陪审员职责的正确行使。

2. 纳税人权利自我保护的完善

（1）进一步加强对纳税人权利的宣传。要实现对纳税人权利的保护首先需要纳税人认识到自身的权利和义务。作为普通的纳税人而言，其最迫切的需要是要了解税收立法、执法、司法对纳税人权利和义务的具体影响。同时，纳税人权利意识的提高有利于纳税人依法纳税并积极参与税收制度建设，有利于推动我国税收公平目标的实现。

历史上我国比较强调"皇粮国税"的理念，导致对纳税人权利的忽视，而更强调税收的强制性、无偿性和固定性特点。这种理念导致在税收立法、执法、司法过程中过于强调纳税人的义务而非权利。从法律角度上看，权利和义务是对等的，纳税人承担了依法纳税等义务，就应该享有相应的税收知情权、监督权、司法救济权等权利。值得庆幸的是，近年来随着财政部、国家税务总局等国家行政机关对纳税人权利的逐步加强重视，纳税人权利的宣传工作取得了极大的进展。除在国家税务总局网站纳税人可以清晰地了解到自身所享有的权利之外，各地税收机关在正常的税收知识手册宣传和每年5月的税收宣传月的宣传活动之外，还采取趣味税收竞赛、税收动画视频、税收微课堂等生动活泼的形式向纳税人普及税法知识，帮助纳税人了解自身的权利。随着纳税人权利意识的提高，近年来纳税人主动参与税收法律体系完善的激情也不断高涨，从前几年个人所得税抵税扣除额征求意见时的民众高昂参与热情，到近年来纳税人对"营改增"、小微企业税收优惠、房产税法改革的关注，都表明我国近年来纳税人权利意识的觉醒和纳税人权利宣传工作的初见成效。当然，由于我国传统文化的影响，我国纳税人权利宣传工作仍有很长的路要走，只有广大纳税人对自身的权利清晰并积极参与税收体系建设，才能更好地保障我国税收体系的公平性目标实现。

（2）提高纳税人权利保护能力。第一，广泛建立纳税人协会。随着纳税人权利意识的提高，如何提供具体的路径选择达到保护纳税人权利的目的就成为非常重要的一个问题。从发达国家和部分发展中国家的纳税人权利保护实践来看，以纳税人协会为代表的非政府组织有利于凝聚纳税人的力量，更大范围和幅度地为纳税人服务，更好地保护纳税人的权利。从我国纳税人协会发展来看，目前，以广东和内蒙古为代表的省级纳税人维权组织已经成立，而且内蒙古和北京还充分利用现代的互联网技术，建立了纳税人网站，全国已经有超过24个地区（或地级市）建立了相应的市级纳税人维权组织。正如消费者权益保护协会的成立极大地保护了消费者权益一样，纳税人维权组织的成立在普及纳税人权利知识，帮助纳税人树立纳税意识和权利意识，监督税收执法权的合法性，参与税收立法建设等方面发挥了积极作用。因此，进一步发展和完善纳税人维权组织，有利于切实提高纳税人的权利保护能力，促进税收公平目标的实现。

第二，大力发展税务代理和税务咨询业务。由于税法所具有的保障国家财政收入、调控经济、维护社会公平等多项职能的约束，导致各国的税法体系都较为复杂，虽然20世纪80年代以后各国都推行简化税收制度进程，但总体而言，税法是一个比较专业的领域。就我国税法来看，虽然现行仅仅只有18个税种，但涉及经济社会的方方面面，仍然具有复杂性和专业性，因此，要切实保护纳税人权利必须需要专业人士的协助，这就需要学习美国、日本等发达国家的税务代理制度，进一步完善和发展我国税务代理和税务咨询业务，通过税法的专业代理发展满足纳税人维护自身权利的需求。

3. 优化政府职能

党的十八届三中全会发布的《中共中央关于全面深化改革若干重大问题的决定》中再次强调了加快转变政府职能，进一步建设法治政府和服务型政府。这也是税收公平目标的必然要求。无论是进一步遵循税收法定原则，严格界定征税机关的执法权和执法程序；还是进一步推进纳税服务工作，提高纳税人的税收遵从程度；抑或是推进税收信息化，通过电子化申报等方式简化纳税人的纳税申报程序和申报资料，都需要政府，尤其是涉税政府部门进一步改变观念和作用，切实树立为纳税人服务的理念，遵循法律规范，严格履行法定程序，在尊重纳税人权利的基础上切实履行法律赋予政府的相关行政权力，真正推动税收公平，促进社会和谐。

二　实现自然人之间的税收人际公平的制度选择

本书在第三章中曾对自然人之间的税收人际公平目标实现的关键点进行过分析，认为个人所得税和财产税类最能体现自然人之间的税收公平。欲达到自然人之间的税收人际公平目标，我国现行税制还需就以下几方面进行完善。

（一）个人所得税制的完善

在我国现行的《个人所得税法》中，规定将纳税人的各项收入分成 11 个税目，采取"分别征收，各个清缴"的征管方式。在这 11 个税目中，由于"工资、薪金所得"税目采取的是代扣代缴的办法，征收成本较低，征收效率较高，使这个税目在全部的 11 类收入中比重较大，也使我国的个人所得税沦为"工薪所得税"[1]，严重欠缺公平，起不到"劫富济贫"的调节作用。

---

① 高培勇：《谈贫富差距：个人所得税已成工薪所得税》，《新京报》2013 年 8 月 15 日第 1 版。

考虑到以上现状，在下一步我国个人所得税制的改革中，应循序渐进推进综合与分类相结合的个人所得税制。实际上，"综合与分类相结合"的个人所得税制改革方向在我国"九五时期"就已经明确，作为一个国家层面的税制改革目标，延续至今已几十年，虽然还未完全实现，但始终反复被提出。这个目标的实现的确存在一些现实的约束条件（如我国税收征管环境等），我们应该在尽可能全面考虑各种条件约束的情况下，结合全球化背景和中国国情，摸索出"综合与分类相结合"的可能的实现路径。

1. 综合与分类相结合的个人所得税制的初始方案

初始方案拟设定三个前提：

第一，以现行的分类所得税制的基本要素为基础不变。

第二，年应纳税所得额在 12 万元以上的纳税人仍要自行申报。在此基础上实施综合计征。设计一个综合的累计税率，那些分类税制下的代扣代缴的税款就是预缴税款，年终进行汇算清缴，多退少补。

第三，纳入综合计征的税目为小范围的工资薪金和劳务报酬所得。

初始方案的征管成本比起现行的分类所得税制的征管成本将不会增加太多，但其重要的现实意义在于真正迈出了"综合与分类相结合"的改革的第一步，为后面的进一步改革奠定基础。

2. 综合与分类相结合的个人所得税制的拓展方案 1

拓展方案 1 拟设定三个前提：

第一，以现行的分类所得税制的基本要素为基础不变。

第二，年应纳税所得额在 12 万元以上的纳税人仍要自行申报。在此基础上实施综合计征。设计一个综合的累计税率，那些分类税制下的代扣代缴的税款就是预缴税款，年终进行汇算清缴，多退少补。

第三，扩大纳入综合计征的税目范围，拟包括工资薪金、劳务报酬所得、特许权使用费（如著作权等）和稿酬。

可以看出，拓展方案 1 和初始方案最大的不同在于纳入综合计征的税目范围，拓展方案中纳入了综合计征范围的税目实际上可以归纳为"劳动所得"，从自然人之间的税收公平性来看，拓展方案的公平性比初始方案的公平性要强，但当然税收征管成本也会较高。

通过上文的描述，我们可以较为清晰地看到，在上述的改革路径中，初始方案的初衷是不对现行个人所得税制做"伤筋动骨"的改动，因而其实现的难度不会太高，改革相对来说较容易进行；而拓展方案 1 较之初始方案的最大不同之处则在于纳入到综合计征的税目的多寡，亦即个人所得税综合征收范围的宽窄程度的不同。可以预想的是，若遵循以上改革路径，随着改革步伐的加快和改革进程的加深，我们还可以有拓展方案 2，可考虑在拓展方案 2 中将纳入综合计征的税目进一步扩展到个人的"可持续性收入"（如财产租赁收入、股息利息所得等），这样的方案将会使个人所得税制的公平性进一步增加，但同时由于征管成本的提高，其效率可能有所降低。

不管怎样，在设计未来"综合与分类相结合"的个人所得税制时，"迈出第一步"是最重要的，之后可以通过 n 个拓展方案的递进，逐步实现由初始方案向目标方案不断完善，切实向自然人之间的税收公平目标靠近。

3. 适时以家庭为单位推进个人所得税制改革

我国现行的个人所得税制对纳税人的家庭负担、家庭支出等不同情况区分度不够，实行"一刀切"的征收方法，客观上造成了自然人之间的税收不公平状况。针对这种情况，我国应适当借鉴国外的做法，适时推进以家庭为单位纳税，也即是根据不同家庭的不同的负担状况进行征税。

若实施以家庭为单位的个人所得税制，以下几个问题需提前厘清：

第一，"家庭"概念的界定。西方家庭与中国家庭的概念有很大区别。因此，在个人所得税制的实际改革中，我们应该以父母、子女为单位，划分确定为一个家庭纳税单位？还是应该以户籍为基础来确定一个家庭纳税单位呢？这是一个亟待确定的问题。

第二，申报模式不宜单一化。虽然以家庭为单位进行纳税申报是西方国家较为普遍的做法，也能够较好地体现自然人之间的税收人际公平。但由于我国家庭形态的复杂化，其不宜作为唯一的纳税申报方式在我国推行。我国可以采取多种申报方式并行的路径，如针对单身人群、单亲家庭、夫妻联合申报、家庭联合申报等设计不同的纳税申报表，实施差异化的税前费用扣除和具有不同层次的税率级次，由纳税人自行选择申报身份，因人而异，因事而异。

（二）财产税类税制的完善

财产税类税制的完善对于自然人之间的税收人际公平的实现意义重大，同时其对于税收代际公平的实现也起到了不可或缺的作用。基于此，笔者拟在"实现税收代际公平的政策建议"中对此税类的改革建议进行详尽分析，这里不再赘述。

三 实现法人之间的税收人际公平的制度选择

（一）对企业法人所属行业无差异征收的税收政策建议①——以服务业为例

本书第三章指出，要实现对企业法人所属行业的无差异征收，需要达到两个目标：其一，对所属相同行业的企业法人，应征收税负相同的税收，实现"横向的无差别"；其二，对所属不同行业的企业法人，我们应该根据我国目前的经济大环境，判断其所属行业的位置，评估其行业的纳税能力，对国家需要优先发展的企业法人给予优惠待遇，实现"纵向的无差别"。下面将以服务业为例，提出对企业法人所属行业无差异征收的税收政策建议。

1. 确定税收激励促进服务业发展的目标和重点

以我国"十二五"规划纲要为主要依据，目前，我国服务业的相关税收激励政策应该以提高服务业比重和水平为重点，优化服务业结构，推进服务业规模化、品牌化、网络化经营等方面。因此，我国服务业税收激励政策的目标主要应包括：一是完善生产性服务业的相关税收激励机制。对于国家已经出台的扶持软件产业、金融业、物流业、科技服务业等行业的税收优惠政策，必须加大扶持力度。二是发展生活性服务业的税收激励机制。应进一步制定、实施以下相关的税

---

① 杨杨、杜剑、包智勇：《促进我国经济结构服务化的税收激励政策分析》，《税务研究》2012 年第 2 期。

收优惠政策，以社会服务业、农村服务业、旅游业等行业为重心。此外，还应对外向型服务业加大优惠力度，税收优惠的对象应重点关注承接国际服务业外包的企业。针对当前经济社会的客观需求，按照一定的先后次序，分期分批地对服务业发展的关键领域实施特定的税收激励政策。同时，激励的重点应放在基础性、支撑性环节，如支持基础项目研究、支持企业获得多种筹资渠道、支持人才教育和培训、鼓励技术改造与创新等，使税收激励变为支持服务业发展的源头活水。

2. 以税收激励的组合优势促进经济结构服务化

中国目前的税制一共设置18个税种，实际开征17种（固定资产投资方向调节税暂停征收）。在这些税种中，只有寥寥几个税种与服务业的关联性不大（资源税、车辆购置税和烟叶税），其他税种则都与服务业有较强相关性。如增值税涉及批发零售业、信息传输、计算机服务和软件业；与批发零售业相关性较强的消费税；而绝大部分服务行业更是与城镇土地使用税、房产税、车船税、印花税等税种都相关；个人所得税与服务业中的从业人员、个体工商户、独资和合伙企业的收益相关；企业所得税则直接影响到各个服务企业的收益。

因此，国家在制定促进经济结构服务化的税收激励政策时，应注重发挥各税种之间的协调配合作用，发挥其组合优势。可制定以服务行业为主，多税种并举的综合性税收扶持政策，涉及增值税、企业所得税、个人所得税、房产税、土地增值税等一系列税收激励政策，并建立出口退税等配套政策，改变单一税种扶持的现状。

3. 加大对生产性服务业的税收激励力度

转变企业所得税税收优惠方式。逐渐将直接优惠转变为间接优惠，根据服务业各行业的自身特点灵活采用跨期结转、项目扣除、缩短折旧年限、延长减免期限等办法，充分发挥间接减免在税收优惠中的作用。此外，为满足生产性服务行业对高素质劳动力的需求，可加大对职工培训费用的税收鼓励，对于职工培训费用，可在允许100%扣除的基础上，给予一定的加成扣除。

4. 发展生活性服务业的税收激励机制

（1）完善和实施有关商贸服务业的税收优惠政策。在目前已有的针对商贸服务业中小超市税收优惠政策基础上，制定包括农产品批发市场、社区菜市场等在内的税收优惠政策。如增值税方面，建议对农产品批发市场中以个体经营户方式经营的批发经销商，按增值税小规模纳税人销售额的3%减半计征应纳税额，为批发市场中的经销商减负；个人所得税方面，尽早展开个人所得税综合与分类相结合的征收改革试点，减轻个人所得税税负，以推动个人对最终产品和服务的消费需求。①

（2）税收优惠多管齐下助推体育业发展。企业所得税方面，建议除已有的税收优惠政策外，在计算应纳税所得额时，还可对企业发生的符合广告费支出条件的体育竞赛表演冠名赞助费用等以不超过当年销售（营业）收入的固定比例进行扣除；对企业、个人和其他社会力量向公益性体育事业的捐赠，企业以不超过年度利润总额的固定比例在计算应纳税所得额时扣除。另外，参照我国《企业所得税法》中加计扣除优惠的规定，允许体育企业为开发新技术、新产品、新工艺发生的研究开发费用，未形成无形资产计入当期损益的，在根据规定据实扣除的基础上，按照研究开发费用的50%加计扣除，形成无形资产的，按照无形资产成本的150%摊销。

其他税种方面，涉及房产税、城镇土地使用税的体育企业，如缴纳确有困难，可按相关规定向主管地方税务机关申请减免税优惠。

（二）对企业法人所属生命周期阶段无差别征收的税收政策建议②

本书第三章中通过分析得知，要实现对企业法人所属生命周期阶段的无差异征税，以下两个目标的实现缺一不可：其一，对所属相同生命周期的企业法人，应征收税负相同的税收，实现"横向的无差别"；其二，对所属不同生命周期的企业法人，特别是处于需要给予扶持的处于发展、成长期的企业法人，我们应该给予优惠待遇，实现

---

① 吕敏：《我国生产性服务业优化发展的税收政策选择》，《税务研究》2010年第9期。

② 杨杨、杜剑、包智勇：《促进我国经济结构服务化的税收激励政策分析》，《税务研究》2012年第2期。

"纵向的无差别"。我国创业板上市公司处于企业生命周期中的成长期，根据本书第三章的实证研究，我们得出以下启示：

1. 现有的企业所得税优惠政策对我国创业板上市公司技术创新研发支出具有较强激励作用，能有效促进我国创业板上市公司进一步加强研发支出

"两税合并"后，我国的企业所得税税收优惠体系主要对高新技术科研成果的实际转化给予了一系列优惠措施。具体包括：国家重点扶持的高新企业适用 15% 的企业所得税优惠税率；企业研究开发费在计算企业所得税应纳税所得时据实扣除后加计扣除 50%；对形成无形资产的研究开发费按成本的 150% 摊销；符合相关规定的创业投资企业采取股权投资方式投资于未上市的中小高新技术企业两年以上，可以按照其对中小高新技术企业投资额的 70%，在股权持有满两年的当年抵扣该创业投资企业的应纳税所得额①；对由于技术进步、产品更新换代较快的固定资产，允许缩短其折旧年限（不得低于规定折旧年限的 60%）；居民企业转让技术所有权所得不超过 500 万元的部分免税，超过 500 万元的部分减半征收所得税等。这些税收优惠政策有效地发挥了激励企业积极进行技术创新研发活动的作用。

2. 高技术行业的企业有更高的技术创新研发投资意愿，税收优惠政策有助于其研发投入活动

因此，应进一步加大对高技术企业的企业所得税税收优惠政策，针对企业创新最需要支持、处境最为艰难的研发过程加大税收优惠激励。比如，可进一步降低高技术企业研发支出固定资产的最低折旧年限，以促进高技术企业用于研发支出的设备加速折旧，加快企业资金的周转速度，增加企业用于更新设备和进行技术进步的可支配资金，帮助创业板上市公司实现其对研发设备投资的良性循环；将对经济特区和上海浦东新区重点扶持的高新企业自取得第一笔生产经营收入所属纳税年度起企业所得税 "二免三减半" 的税收优惠政策，扩展到全国范围内重点扶持的高新技术企业。

---

① 详见国税发〔2009〕87 号文。

3. 目前，我国创业板上市公司规模越大，就越有利于激发投资企业技术研发的动力

与主板上市公司相比，创业板上市公司规模普遍较小，企业所得税法应对高新技术企业中的中小企业进一步加大税收优惠力度，如可参照澳大利亚 2011 年 7 月 1 日开始实施的研发经费税收信用政策①，对我国高新技术企业中的中小企业（尤其是下降或亏损企业），若其应纳税总额不足以抵扣研发支出费用 50% 的加计扣除额时，政府可以现金形式对企业退税。此外，还可将针对软件行业职工培训费用税前扣除的优惠范围扩大，允许中小高新技术企业符合条件或经批准的向教育培训机构支付的职工培训费用按实际发生额在计算应纳税所得额时扣除。这些措施的施行，将使创业板上市公司拥有更充足的现金流，有利于企业规模的进一步扩大，从而形成企业加大技术研发投资的良性循环。

当然，本书第三章的实证结果也表明，影响我国创业板上市公司技术创新研发投入的因素还有部分是由企业所得税税收优惠政策带来的税收收益以外的因素所决定的，比如，当地的 GDP 水平、企业的人力资源因素、其他税收激励政策、财政支出激励政策、鼓励科技创新的金融政策等，这也是未来可以研究的方向。以所得税中的个人所得税为例，为促进企业高科技人才进一步投身于技术创新研发活动，可考虑对高技术企业研发人员的奖金予以单独的个人所得税税收优惠。

（三）对企业法人规模无差异征收的税收政策建议②

1. 推进税制改革，引导中小型民营企业发展

据第三章的分析，降低企业所得税税负能促进中小型民营企业的发展。应在考虑企业和居民承受力的基础上，保持宏观税负的相对稳定，进一步公平税负，引导民营企业的发展。从税制改革的方向来看，进一步实行结构性减税，全面推行"营改增"有助于进一步减轻

---

① Kim Carr, R&D Tax Credit Wins Parliamentary Support, 24 Aug. 2011, http://ar-chive. innovation. gov. au/ministersarchive2011/carr/MediaReleases/Pages/RDTAXCREDITWIN-SPARLIAMENTARYSUPPORT. html.

② 杨杨、杜剑、包智勇：《促进我国经济结构服务化的税收激励政策分析》，《税务研究》2012 年第 2 期。

包括中小型民营企业在内的企业税收负担，促进企业健康发展。而在企业所得税制调整方面，可考虑对为中小型民营企业提供担保服务的信贷担保基金的担保收入实行企业所得税免税，允许中小型民营企业高于同期同类银行贷款基准利率20%以内的利息费用在企业所得税前扣除，鼓励金融机构向中小型民营企业提供贷款担保，解决民营企业融资难问题。

2. 统一税制，清理规范区域性税收优惠政策，减少"税收洼地"

据前文分析，由于区域性税收优惠政策目前在我国还不够规范，导致西部大开发等政策效果并不明显。近年来，很多地方政府以"招商引资"为目的，各种地方性税收优惠政策层出不穷，过多过滥。同时，一些地方政府和财税部门通过变相减免税（如税收返还等），使区域间税负不均，影响到了我国的税制规范和税收区域公平（关于税收区域公平的内容，详见第四章的分析）。因此，按照《决定》的要求，下一步税制改革的一项重要内容是以"统一税制、公平税负、促进公平竞争"为原则，强调税收优惠政策由专门税收法律法规统一规定，对各地方政府采取的税收返还等"土政策"加大清理力度，进一步完善预算制度，清理各地对大型企业不合理的财政返还制度，严格禁止各种越权税收减免，为中小型民营企业建立起公平的竞争环境。对扶助落后地区发展的西部大开发税收优惠政策、上海自贸区试点地区税收优惠政策之外的其他区域性税收优惠政策逐步予以清理，彻底终止不合理的、已执行到期的区域性税收政策；明确未到期的政策终止的过渡期；尽快将带有试点性质、具推广价值的税收优惠政策转化为普惠制，在全国范围内用法律形式予以确定并实施。由此，给中小型民营企业营造更为公平的税收大环境和更为稳定的税收政策预期。

3. 简化税制，进一步规范税收的产业优惠政策，推动产业优化升级

据前文分析，以服务业为代表的非制造业中小型民营企业对税收负担更为敏感，税收负担的适当降低有利于推动非制造业中小型民营企业的发展，更好发挥税收促进经济发展方式转变和经济社会持续稳定发展的作用。进一步简化税制，对现行产业税收优惠政策进行规范

清理，对传统产业不再给予税收优惠政策，对战略性新兴产业和各类服务业的税收优惠政策进行有效评估，保障促进产业升级和企业创新税收优惠政策的科学性。跳出税收看税收，从宏观经济发展趋势、国际科技发展趋势等角度科学判断战略性新兴产业和高附加值的服务业，在对各地税源进行科学合理调研统计的基础上，对需要进一步调整的产业税收政策进行预估，提高税收制度制定的科学性和稳定性。

第二节　实现税收区域公平的制度选择

哲学家罗尔斯曾说过，"社会公正应该是有利于最不幸者"。① 近年来，我国地方政府的事权逐步扩大，但中央并没有建立与地方事权相匹配的财权，反而随着"营改增"试点业务的扩大，地方财权开始"缩水"。很多地方政府，特别是像贵州这类欠发达地区地方政府的财政早已是捉襟见肘，甚至入不敷出，"土地财政、债务危机"等情况早已屡见不鲜。加之税收与税源的背离现状又使欠发达地区的税收移出，使其本就左支右绌的财政，更是岌岌可危，导致欠发达地区部分公共物品供给不足，发展缓慢。俗话说，"基础不牢，地动山摇"，因此，要解决我国税收区域公平问题，就要解决税收与税源的背离问题。一方面，许多发达国家已经有一些好的政策和措施经验，值得我们借鉴；另一方面，也要从我国地方政府尚不具备税收立法等相关权力的实际情况出发，以中央统揽全局的顶层调节为主，地方具体而微的加强管理为辅，立足我国各省份省情，逐步解决好省份间的税收区域公平问题。

一　国外实现税收区域公平的政策启示

区域税收分配问题不仅关系到区域间的协调发展，还关系到一个国家的安定团结和长治久安。然而，不同国家选取的财政模式又不尽相同。目前，世界上绝大多数国家主要选取了以下三种财政模式：一

---

① 转引自潘跃《为残疾人撑起梦想的天空》，《人民日报》2013 年 12 月 3 日第 2 版。

是中央集权制国家下的财政集权模式，以英国为典型；二是联邦制国家下的财政分权模式，以美国为典型；三是联邦制国家下的财政集权分权兼顾模式，以德国为典型。虽然这些发达国家选取的财政模式不同，但是，它们都通过一些税收分配政策很好地解决了区域税收与税源背离问题，下面将着重对这些国家的先进经验进行介绍和总结，提供借鉴。

（一）典型发达国家的税收分配机制

1. 美国实现税收区域公平的方法

美国财税体制的分权比较彻底，联邦、州、地方三级政府都拥有独立的税务系统、本级的税权和固定的税源。联邦政府以个人所得税和社会保障税为主，州政府以销售税为主，地方政府以财产税为主，三级政府对一些主要税种（社会保障税、所得税）都有征税权。州和地方政府可以依据本区居民的偏好来确定支出，并据此决定税率的高低，拥有较大的自主性税权。在州际税收分配方面，美国建立了州际税收竞争规则，用双层司法体系减少了地区间税收竞争的尺度；建立了州际税收协调机制，用州际税收协定形成了各州之间的合作，用税收协调机构来调节州际税收协定未涉及的税收纠纷和争端。在企业跨区域经营的税收分配方面，美国把税基分配作为基础，采用三种方法进行分配：一是审核法。美国对于跨区经营企业的汇总纳税申报有相当严格的条件限制，对于不满足汇总纳税条件的企业，其在不同区域的经营行为将被视为独立的企业经营，分别核算税基。二是分配法。美国用这种方法来核算公司子公司的收入和分配情况。例如，把分公司的利息和红利从经营所得中分离出来，并分配给公司总部所在州。三是公式法。这是美国运用最普遍的一种方法，主要通过公式的设定来分配税基，公式中最主要的三个因素为企业在该州的销售份额、财产份额和工资份额。其实，美国同样存在区域间经济发展不平衡的问题，也曾实施过西部大开发战略，即西进运动。当时美国对西南部诸州实施较低税率，把税收较多留在地方，并把东北部发达地区的税收向西南落后地区转移，以培养它们的发展能力。

2. 德国实现税收区域公平的方法

德国的财税体制兼顾了集权与分权，实施以专享税为辅、共享税为主的三级分税制，是欧盟联邦制国家的典型。财政平衡理论是德国基本法中相当重要的一项条款，联邦政府通过横向财政平衡、纵向财政平衡等手段的运用，实现均衡分配财力的目标。其中，横向财政平衡是德国财政平衡内容中的核心，具体可分为三步实施：一是平衡增值税收入。将州一级政府超过75%的增值税部分按州居民人口直接进行分配，剩余的25%则用于各州的财政平衡。其分配依据是增值税由最终消费者负担了，75%的部分理应按人口进行分配。25%的增值税部分以各州人均税收作为基础进行分配，能提升贫困州的财政能力，是一种平衡非对称性分配。二是平衡财力水平。首先，测算各州财力指数，以此衡量各州税收水平。其次，测算各州财政平衡指数，即测算该州需要多少财力才能达到全国人均支出水平。对于人口密度大，公共支出多的州提供财政平衡修正指数。最后，将各州财政平衡指数和财力指数进行对比，确定各州之间财政转移支付的数量。三是联邦补助。该补助是德国政府对贫困州的专项补助，用于各州之间财力的平衡。对于企业跨区域经营的税收分配方面，德国采用税收分解法。市镇财政局对企业员工征收的工资税（个人所得税）要据实划入纳税人第一居住地（家庭所在地或配偶和孩子居住地）的财政局。[1] 公司所得税（企业所得税）由总公司交给当地财政局，并由当地财政局将归属各分公司的公司所得税进行分解，划归给不同分公司所在地的财政局。

3. 英国实现税收区域公平的方法

英国的财税体制高度集中，除个人居住用的房产税是地方税外，几乎所有税种都是中央税，主要包括所得税、增值税、国民保险税、石油税等。中央根据财政支出横向和纵向平衡原则，按照大区、郡、

---

[1]　德国大城市中心附近存在许多的小城市。这些小城市通过优良的居住环境，吸引那些在城市工作的人去安家，这样就能得到更多的工资所得税分解部分。得到的税收越多，小城市的发展就越好，从而形成城市布局的良性循环。

区三级行政层级采取地方补助和专项补助，实施转移支付。地方补助是指中央对核算出的地方总支出与地方税收收入的差额进行补助。专项补助是指用于地方治安维护、生态保护和公共服务等项目。由于英国对地方实行收支统一管理，中央对地方收支计划进行审批时可以对其支出进行限制，再通过以上两种补助方式，确保地区间公共产品供给能力的均衡。对于英国来说，几乎不存在区域税收分配问题。首先，在高度集中的财税体制下，几乎所有税收都归中央政府所有，唯一属于地方的房产税，其征税地点也十分明确清楚，在体制上就不存在税收与税源背离问题。其次，英国已经形成比较完善的转移支付制度和公共财政体制，能较好地保障各区域的公共服务供给能力。最后，英国的地方政府只管支，不管收，收、支之间没有太大联系，地方政府和地方市民自然也就不关心区域税收分配问题。

（二）国外的税收分配原则

1. 税收归属权的分配原则

财政联邦制是税收归属权的分配基础，是指如何把财政和税收在不同层级政府间进行分配的体制。多年来，国外专家和学者一直致力于探索联邦制国家最优的税收分配结构。目前，西方理论界比较赞同的是马斯格雷夫的税收分配原则。马斯格雷夫认为，中央政府对与再分配密切相关的累进税制，对分配不均的税基拥有统一征税权；地方政府可以按分配比例对在区域间流动的税基征税；中央主要负责征收用于稳定政策的税收，地方主要负责征收循环稳定的税收；对于使用税和收益税，各级政府均可以共享。从理论上讲，上述分配原则可能是最具税收效率的，但它没有考虑到政府横向和纵向的转移支付及中央与地方财权与事权的划分等现实问题。事实上，许多西方国家的各级政府都拥有一定独立的主体税种和辅助税种，共同构成比较完善的税收体系。例如，美国联邦政府以所得税和社保税为主，州政府以销售税和烟酒税为主，地方政府以财产税为主；日本将按能力原则（国民经济能力）课征的税种划归中央，主要包括消费税、所得税、财产税等24个税种，将按利益原则课征的其余21个税种划归地方；澳大利亚联邦政府以所得税、消费税为主，市州政府以土地税和市政税为主。从各国税收划分的实践来看，设置的共享税越少越好，但是，由于各国的国情和财政需要不同，情况也各有所不同。

2. 税收管辖权的分配原则

税收管辖权的概念最早在国际税收领域中被提出，是指某个国家在一定范围内所拥有的税收管理权力，它体现了一个国家在一定税收领域中的主权，具体包括居民税收管辖权和收入来源地税收管辖权。[①]前者是指一国以它所管的人为范围，包括居民、公民、企业、社会组织和团体，对其行使税收管辖权。后者是指一国对与本国有经济源泉关系的一切财产和所得行使税收管辖权，不管财产拥有者是否为本国居民，只要其一切所得来源于该国境内，该国政府对其就有权征税。[②]目前，世界上绝大多数国家对两种税收管辖权都采取并用原则，以期能实现本国税收利益最大化，但是，随着全球经济一体化进程的加快，纳税人所得也日趋国际化，为了不影响纳税人跨国经营的积极性，大部分国家都采取了抵免法和免税法两种方式来避免国际重复征税，兼顾投资国和所得来源国双方利益。但是，要对国内各个区域的税收管辖权进行分配却存在以下几个难题：一是要明确划分各个区域的市民和企业比较困难，限制了要素流动。二是主权国家相对比较容易辨别收入来源地，而一个国家内部区域之间，收入来源地经常存在交叉。因此，西方国家最普遍的做法就是让区域之间形成税收管辖协议或是设立税收协调机构来负责沟通协调。

3. 税基归属权的分配原则

税基归属权即是一种明确税收归属方的权利，它包括间接税税基分配和直接税税基分配两个方面。间接税税基分配原则主要包括税收来源地和目的地两个原则，两者的适用范围各不相同。税收来源地原则是指对一切能产生经济利润的生产经营地（生产地、批发地、零售地等）进行征税的分配原则。但是，由于区域之间可能存在实际税率不同的情况，企业通常会进行税收筹划来调节商品在不同流通环节的

---

① 杨斌：《国际税收》，复旦大学出版社 2003 年版，第 1—2 页。

② 同上书，第 2—3 页。

价格，导致不同区域获取的税收也就不同。目的地原则是指只对销售（劳务）行为的最终消费发生地征税，对生产、流通等中间环节不征税。它的优点在于避免了企业因存在区域税负差别而选择不同生产经营地点扭曲投资方向的现象，提高了税收效率，使纳税人和负税人得到了统一。而在税收来源地原则下，地方政府为了增加 GDP，而使出各种手段吸引资金，既扭曲了市场，使纳税人和负税人出现不一致的情况，还背离了税收中性原则。所以，从理论上讲，目的地原则要优于税收来源地原则，但是，在运用前者进行国内税收分配时存在不可操作性，原因有二：一是如果各个区域都保持自己的财政边界，就会妨碍国内统一大市场的形成，增加商品的流通成本。二是在现行货币流通机制下，税务部门很难区分商品是中间购买行为还是最终购买行为，也很难计量以现金交易方式为主的应纳税销售额。再来看直接税税基（主要指所得税）的分配，目前，世界上绝大多数国家普遍采用公式法在区域间进行税收分配。例如，加拿大把销售份额和工资薪金份额作为两个主要的分配因素；而美国则把销售份额、工资薪金份额和财产份额作为主要的分配因素。由于每个国家的具体国情不同，它们在因素选取、权重确定、资产计量等问题上又各有不同。

（三）解决税收区域公平问题的启示

正所谓"他山之石、可以攻玉"，虽然中国是世界上仅存的 5 个社会主义国家之一，与西方资本主义国家在生产关系和上层建筑上有本质的区别，但是，在解决区域税收公平问题上，西方国家已有很多成熟的做法，先进的措施和宝贵的经验值得我们研究和学习。具体有以下四点启示：

1. 要真正重视区域税收公平问题

从财税体制上看，我国更加接近于德国，属于集权分权兼顾型财税体制。但是，德国相当重视区域税收的公平分配和区域公共服务的均衡供给，它将财政平衡理论作为基本法的重要条款，把横向财政平衡理论作为财政平衡理论的核心内容，为区域税收公平分配和区域公共服务均衡供给奠定了法制基础，提供了法律保障。近年来，我国也逐渐开始注重追求税收公平目标，但仅限于对居民收入分配和再分配层面的调整，而区域税收横向分配问题却长期得不到重视。虽然国家已明确提出"要调整中央和地方政府间的财政分配关系"，但是，由于缺乏相关具体的指导性措施，使我国区域税收与税源背离问题仍长期得不到解决。此外，虽然我国也提出要实现公共服务均等化的目标，但并没有像德国一样把该目标上升到法律层面，缺乏有力的法治保障。

2. 要设立税收协调机构

美国在处理州际税收分配问题上建立了州际税收竞争规则，让各州之间形成州际税收协定，并成立专门税收协调机构来调节州际税收协定未涉及的税收纠纷和争端。而我国在处理区域税收与税源背离问题上并没有成立专门的协调机构，大部分都是由中央政府"一案一裁"，也没有让区域之间形成公平稳定的税收协议，而是由地方政府凭借各自政治和经济实力进行多边谈判，这严重影响了区域税收分配的可遵循性和统一性。

3. 要在制度上规范汇总纳税行为

美国对申请汇总纳税的企业设有相当严格的条件限制，对于不符合汇总纳税条件的企业，其跨区经营行为将被视为独立的企业经营。我国对这方面的规定是"对于符合条件的企业，经批准后可以进行汇总纳税"，但又没有设定具体明确详细的条件，在制度上就比较模糊，主观随意性较大。

4. 要加大对欠发达地区的税收倾斜力度

美国在西进运动中把税收更多留在了西部，帮助其发展；德国对每个州都设立了财力指数和财政平衡指数，对于财力指数达不到财政平衡指数的州，可以从平衡基金中得到补助。对于财力指数大幅超过财政平衡指数的州，要将其大幅超过部分的70%财力转移给贫困州。虽然我国每年对西部欠发达省份的转移支付也比较多，但在区域税收分配问题上，并没有更多地关注欠发达地区的税收移出问题，在税收分配政策上给予的支持并不多。

二　促进我国税收区域公平的政策建议

随着我国经济的发展，西部欠发达省份同东部发达省份的差距已是越来越大，然而，受税法规定不明、税制改革不彻底、地方政府事权和财权划分不清、地方利益固化等因素的影响，由区域税收与税源背离问题导致的欠发达地区税收移出问题更是迫在眉睫，亟待解决。但是，建立规范化的税收区域横向分配制度的涉及面很广，是牵一发而动全身的改革，因此，在制度设计层面绝不能一蹴而就，而必须循序渐进。而欠发达省份就更要因时而变、随事而制，积极发挥主观能动性，出台一些具有可操作性的规则和措施，尽量减少本地税收收入的移出。

（一）从制度上完善税收横向分配

我国现行税法中，税制要素包括纳税人、负税人、征税对象、税目、税率、计税依据、减税免税、纳税期限、纳税环节等①，但并没有包括税收收入归属权，这可以说是当前我国税收理论和实践的重大缺陷。由于当时我国实行的是计划经济，在统收统支的财税体制下，地方政府的收、支关联不大，也不关心税收的归属问题，便没有从税收立法上考虑税收横向分配问题，所以，我国目前的几个大税种多多少少都存在税收与税源背离问题。

1. 建立税收归属权制度

在市场经济条件下的今天，流转税在不同区域间进行转移是不可避免的。一方面，流转税的征税对象为流转额，而生产要素的流转并非局限于某地而是自由的，税基就会跟随生产要素发生同向流动，引起区域间税收转移。另一方面，伴随地方政府的税收竞争越发激烈，加剧了这种税收转移的发生。从理论上讲，若将现有的几大税种全部统一为中央税，即学习英国对地方实行收支统一管理的模式，便可直接避免地方政府的税收竞争，也就不会存在区域税收与税源的背离问题。但是，从现实角度考量，这其实是回到了计划经济时代"统收统支"的管理模式下，既不利于提高地方培养税源的积极性，也淡化了地方对税收的贡献，不符合受益原则。我国应把受益原则作为指导思

---

① 人力资源社会保障部人事考试中心：《财政税收专业知识与实务》，中国人事出版社 2013 年版，第 48—54 页。

想来处理税收归属问题，"谁支付，谁受益"，减少"免费搭便车"的现象。① 从国际税收的管理角度来讲，一个国家的流转税和所得税可以按目的地和来源地两种原则征收，目的地原则即指对进口产品征收同本国类似产品承担的税，出口产品免税；来源地原则即指对出口产品征收同出口国类似产品承担的税，进口不征收。② 很显然，如果能将我国流转税和所得税按目的地（消费地或行为发生地）征收变为按来源地征收，就能在较大程度上避免税收与税源背离问题，保持税收与税源的一致性，把对经济的扭曲程度降到最小。

2. 完善区域横向分配制度

分税制改革至今已 20 多年时间，总体上运行良好，为我国的繁荣富强提供了强大的制度支持。因此，规范区域税收横向分配宜在现行财税体制的框架内在进行。如果将几大税种全部划归中央，就会与现行分税制相悖；如果对流转税和所得税按来源地原则征收，又大幅提高税收征管难度和征管成本。因此，上述两种方法在现行背景和条件下并不是最优选择。如果现阶段在税收环节不能实现区域税收的公平分配，那么在财政分配环节就应该进行人为干预和指导，财政分配就成为消除或减少背离的最关键环节。财政分配包括纵向和横向分配，财政纵向分配即指财政转移支付，由分配部门集中待分配资金，再按一定方式分配到各个区域。纵向分配需要注意以下两点：一是要科学设定分配系数。分配部门要充分考虑各个区域的经济发展水平、贫富程度等因素，对欠发达地区要专门设置分配系数，区别对待，防止"熟人吃好肉，生人吃骨头"的不合理现象，在分配过程中出现新的背离。二是要提高财政分配效率。尽量减少各部门各环节的行政审批环节，打破部门利益藩篱，用公开透明的分配方案杜绝"跑部钱进"的行为，提高财政分配效率。财政纵向分配的主要功能旨在解决区域公共服务供给均等化问题，但并不是保持税收与税源一致性的有

---

① 张成福、党秀云：《公共管理学》，中国人民大学出版社 2007 年版，第 59 页。

② 汪勤：《目的地原则和来源地原则边境税调整下的均衡》，硕士学位论文，华东师范大学，2010 年，第 20—42 页。

效方式。建立财政横向分配制度在我国还处于摸索和研究阶段，而德国在这方面已经积累了相当丰富的经验。① 财政横向分配是指区域政府间通过财政资金的协商往来，解决区域之间可能存在的利益问题。毫无疑问，税收与税源背离问题就是我国区域之间存在的重大利益分配问题，而建立财政横向分配制度是解决背离最直接有效的方法。1996 年，中央在扶贫开发会议中确定了"对口帮扶"政策，其本质就是一种财政横向分配，但要真正达到上述效果，还需要国家在制度设计上进一步完善和创新，处理好中央与地方、地方与地方之间的关系。

（二）完善跨区域经营管理机制

随着我国市场经济的发展，跨区经营的企业越来越多，汇总纳税现象越发普遍，税收与税源背离问题日趋尖锐。2012 年 6 月 20 日，财政部、国家税务总局、中国人民银行联合印发了《跨省市总分机构企业所得税分配及预算管理办法》（财预〔2012〕40 号）（以下简称《办法》），进一步完善了跨省市总分机构企业所得税收入的征缴和分配管理工作。办法明确提出要按"统一计算、分级管理、就地预缴、汇总清算、财政调库"的处理办法，兼顾总机构和分支机构所在地利益②，使区域税收分配进一步合理，但《办法》中仍有一些问题尚未得到妥善解决。一是《办法》已明确提出总机构和二级分支机构所在地的税收分配方案，但规定三级及其以下分支机构的资产总额、职工薪酬和营业收入要统一并入二级分支机构计算，使三级及其以下分支机构所在地的税收收入转移到二级分支机构和总机构所在地，出现税收与税源背离。二是《办法》规定对中石油、中石化、中海油等 18 个大型国有企业总分机构缴纳的企业所得税要全部上缴中央，暂不实行本办法。众所周知，大型国有垄断企业的利润巨大，对地方资源消

---

① 毛蕾、王海萍：《德国的横向财政转移支付及对我国的启示》，《科技与产业》2006 年第 9 期。

② 国家税务总局：《跨省市总分机构企业所得税分配及预算管理办法》，http://www.chinatax. gov. cn/n8136506/n8136593/n8137537/n8138502/12009775. html，2012 年 6 月 2 日。

耗也极大，2013 年国有企业实现利润 2.4 万亿元①，然而，这部分税收收益地方却无法分享，造成税收与税源背离。所以，在国家法律政策层面，要继续完善三级及其以下分支机构所在地的税收分配机制，完善大型垄断企业对地方的税收分配机制，逐步解决好税收与税源的背离问题。

对于地方层面来讲，可以从以下几个方面积极发挥主观能动性：

第一，要加强欠发达省份的谈判效率。目前，我国尚没有专门的机构负责协调税收区域公平问题，区域政府间自发形成的谈判制度便成为解决背离问题最直接有效的方法。受政治实力和经济实力的影响，欠发达地区在谈判中长期处于劣势地位，即便如此，也要尽最大努力争取本区域的合理税收收益。以税收移出省份作为资源辖区"有税源无税收"的事实为依据，摆事实，讲道理；以国家要求把税收尽量留在资源辖区的规定为准绳，按政策要求办事。若多方谈判无果，还可以邀请中央相关部门，以税法和协调规则为根据，做出公平、客观的裁定。

第二，要加强对就地预缴的管理。就地预缴是指税源地为避免税收向总机构所在地转移，就地对非独立核算的分支机构预征税款，再由总机构所在地进行结算，实现与税源地的税收分配。税收移出省份可采用两种方法预征：一是固定预征法，即把企业分支机构在贵州实现的销售收入乘以预征率便可得到应纳税额，该方法优点是简单便捷，缺点是不够灵活；二是比重预征法，即由总机构统一核算应纳税收，再按各分支机构的销售比重来进行分配。该方法优点在于税款分配灵活公平，缺点在于总、分机构所在地的信息不对称，征管难度大。

第三，要加强对企业关联交易计税价格的控制。例如，贵州某公司总部对上海关联公司的产品销售价要低于该产品的购进价，就会造成增值税转移到上海。对于这种情况，贵州省的税务部门要积极调查，并对相关企业采取调价措施，保证税收与税源的一致性。

①　曾金华、崔文苑：《2013 年国企利润总额约 2.4 万亿》，《新快报》2014 年第 1 期。

（三）改革初级资源产品定价机制

由初级资源产品定价造成税收移出省份税收与税源背离问题主要包括两方面：一是初级矿产资源定价造成的背离。二是初级农产品加工程度不够造成的背离。我们先从初级矿产资源来分析解决。煤炭、稀土等初级矿产资源属于国家战略资源，直接影响到我国的工业化进程和经济安全，具有准公共品性质。所以，国家对其生产、价格进行一定程度的控制是具有充分合理性的（如果仅对生产产量进行控制）。问题是部分西部省份已经掉进了"资源陷阱"，即资源优势不仅无法转变为经济优势，还无法转化为税收优势。一方面，部分西部省份从资源开发中获取的收益根本无法弥补因此导致的生态破坏和环境污染；另一方面，受初级矿产资源非市场定价的影响，导致部分省税收收入移出，资源开发对这些省份的税收贡献很小。因此，尽快理顺初级矿产资源的价格既有利于国家发展目标的实现，也有利于解决税收移出省税收与税源背离问题。具体方法如下：一是引进价格竞争机制，与国际接轨。要充分发挥市场在资源配置中的决定性作用，实现市场价格机制的自我调节，形成初级矿产资源的最优价格。二是继续推进资源税改革，开征环境税。要扩大目前资源税从价征收的税目范围，逐步提高征税标准；根据"谁开采、谁负责，谁污染、谁治理"的原则对企业开征环境税，形成对地方治理环境和生态恢复的补偿机制。税种改革不怕慢、就怕站，通过资源税税率的提高和环境税的开征就能增加企业的开采成本，提高初级矿产资源的价格，为解决部分省份税收与税源背离问题奠定基础。

对于初级农产加工程度不够导致的背离，税收移出省份要千方百计延长本省农业产业链条，构建农产品种植、收购、加工、销售等环节无缝对接的高效农业加工产业体系。这样既可以最大限度地享受国家对农业生产者自产自销初级农产品的免税政策，也可以实现农业生态加工与经济发展的有机结合，还能扭转税收收入隐性流出的态势，对于实现税收区域公平有着重要的积极意义。因此，要解决好税收与税源背离问题，就要提高初级农产品的加工程度，税收移出省份需要从以下几个方面努力：一是要坚持走特色农业发展道路。要强化农产品加工业的主体培养，强化加工设备的配套，强化加工技术的科技支撑，强化农业资源的整合，走出一条符合本省份特色的农业发展新路径。二是要努力打造属于本省份的名片。以贵州省为例，应着重打造"烟、酒、茶、药、旅游"五张名片，着力把优势特色农业做大做强，实现农产品加工业的规模化、产业化和专业化发展。三是要因地制宜地探索农牧结合、农渔结合、林牧结合等生态加工循环模式，丰富园区产业加工内容，提高加工农产品的综合经济效益。四是要加大对特色农产品加工业的扶持力度。应根据"十三五"期间农产品加工业的发展规划和发展目标，加大对特色农产品加工业的投资，全面提升该区域特色农产品的品牌宣传。

第三节　实现税收代际公平的制度选择①

一　发达国家税收代际公平的启示

　　税制中最重要的就是税制结构的构建，合理的税制设计在发达国家中已经达成共识，但是，由于受到文化、经济、政治、法律等条件限制，在西方发达国家中国家间的税制还是有区别的，对比西方发达国家税收代际公平制度原则及绿色税收体系构建标准，对于我国税制的构建具有借鉴意义。

　　（一）制度的比较

　　总体上分析，西方发达国家税制经历了三个阶段，首先是以直接税为主体，而后是以所得税为主体，到现在以直接税与间接税为双主体的模式，具体的转变是以经济发展程度和人均收入水平进行调节的。表6-1为发达国家税制1965—2009年税制结构，从表中可以看出，占税制结构大部分比例的为所得税、社会保障税和流转税、财产税。2009年，所得税类占33%，社会保障税类占27%，流转税类占

---

　　① 杨杨、姜群：《代际公平视角下我国税制改革探索》，《贵州社会科学》2015年第8期。

31%，财产税类占5%。所得税类一直占有较高的比重，而社会保障税逐渐出现上升的趋势，流转税则处于较为平稳的发展趋势。

表6-1　　　　　　　　发达国家税制结构　　　　　　　　单位:%

年份	1965	1975	1985	1995	2005	2009
个人所得税	26	30	30	26	24	25
企业所得税	9	8	8	8	10	8
社会保障税	18	22	22	25	25	27
工薪税	1	1	1	1	1	1
财产税	8	6	5	5	6	5
一般流转税	12	13	16	19	20	20
特殊流转税	24	18	16	13	11	11
其他税收	2	2	2	3	3	3
总额	100	100	100	100	100	100

资料来源：*Revenue Statistics* 1965-2010。

2014年国际货币基金组织更新了世界各国GDP总量排行榜，本书选取发达国家中GDP最高的五个国家进行比较，发现美国一直保持所得税在45%的最高比例；社会保障税成为法国税收收入最高的税种，保持在35%左右；德国、英国的税收体系中流转税占比重较高，同时，在财产税占比中，英国和美国在15%左右，法国、意大利占10%左右。从这些数据对比中可以发现，发达国家在所得税、社会保障税、财产税的税收占比上保持较为稳定的比例。

1. 具体分析发达国家的税制改革进程

以美国为例，现阶段其税制中主要包括由联邦政府、州政府、地方政府征收的所得税（约占税收总收入的55%）、消费税、遗产税、赠与税。遗产税的税负，2002年，将遗产税的免收税额从67万美元，提高到100万美元。2005年开始，美国逐步降低了所得税税率，个人所得税在原39.6%的基础上降低了4.6个百分点，企业所得税也调整到15%、25%和34%三个税率档。在英国的税制中，主要包括所得税、增值税、国民保险税、遗产税、赠与税。其税收收入以所得税为主，所得税占总税收收入的50%以上。20世纪90年代，英国的税制发生了变化，所得税税率进行调整，扩大了资产转移的免征额，加入增值税，扩大增值税范围，降低关税税率。① 从发达国家的税制改革中可以看出，国家的税负较为稳定，资本税负出现下降的趋势，流转税范围逐步扩大，社会保障税收入逐步提高到30%—50%。

2. 发达国家绿色税收体系的比较

荷兰的绿色税收体系。荷兰是世界上最早建立绿色税收体系的国家，带有绿色税收性质的税种包括燃料税、水污染税、石油等消费税、垃圾税、噪声税、超额粪便税，其中燃料税实行定额税率，对石油焦炭、煤、天然气、液化气等征收的一种税，税收收入主要用于政府每年制定的保护环境支出，是荷兰政府保护环境的主要资金链。其水污染税的征税对象为全体社会成员，对于直接或者间接排放有害于水资源任何成员，对水质中含有的污染物含量按照"人口当量"计税。为了扩大环境保护范围，荷兰在绿色税收体系中加入了税收优惠政策，如对于有利于环境保护的设备可以采取加速折旧的办法，对于环境保护方面的投资可以免税，对于开发新能源投资税额予以扣除的制度等。②

3. 美国的绿色税收体系

美国的绿色税收体系相对较为完整，税种覆盖面较广，又配合相关优惠政策，在税种类型上包括了对燃料征收的税、能源税、城市环境和生活环境污染行为税、损害臭氧化学品税四种。③ 汽油税的征税对于空气质量有很大的改善，对于破坏臭氧层的化学物质征税降低了氟利昂的使用率，对污染水的征税范围扩展到了地下水，达到节约水资源的作用。在相关优惠政策中包含税收减免、加速折旧、投资税收抵免等税式支出措施。

---

① 郎威：《我国税制优化研究》，硕士学位论文，武汉理工大学，2013年，第30—31页。
② 王卉彤：《欧盟的绿色增值税改革及借鉴》，《税务研究》2009年第2期。
③ 黄斌：《论我国绿色税收制度的构建》，硕士学位论文，华中师范大学，2007年，第21—22页。

4. 丹麦的绿色税收体系

丹麦从1992年开始征收碳税，1993年丹麦的绿色税收体系中便已经包括了16种带有环境保护的绿色税种，如与垃圾、废水、二氧化碳、塑料袋等相关会对环境产生威胁的各个方面的税。现今对水征收的税率已经达到了市场平均水价的15%—20%，同时对于一次性使用的白色污染物征税，按照塑料品中对环境污染物质含量的高低进行征税。丹麦的绿色税种可以分为两类：一类是与能源相关，另一类是与环境相关，前者主要包括污染排放税和能源税，后者主要包括车用燃油税、零售产品包装税、杀虫税等。国家对于环境征收的税额已经占总税收的10%左右。

5. 瑞典的绿色税收体系

瑞典的绿色税收体系中涵盖的范围更广，早在1991年便开征碳税和硫税，硫税很好地遏制了环境污染问题，1992年瑞典硫化物的排放量降低了16%。其环境税收收入占总税收收入的比重超过了丹麦，达到15%。同时，绿色税收收入占GDP的13%，主要针对能源和对环境产生污染的行为征税。

（二）发达国家税收代际公平的借鉴

1. 发达国家税制对我国税制结构的启示

对比发达国家与发展中国家百年税制，前者主要以所得税为主，后者主要以商品税为主，但目前发达国家开始转向所得税与商品税为双主体的税制结构。为了缩小贫富差距、解决社会公平问题，发达国家的税制中社会保障税地位逐渐提高，且在税制的设计上加入了经济、政治、社会等客观因素，保证公平与效率原则，在财政支出方面考虑到代际间的公平性问题，保证社会稳定，实现社会均衡。从发达国家的税制设计中，我国可以借鉴相关经验，并总结出一定的启示：一是我国税制的改革要注重当前的国情，税收要充分发挥其调节收入分配差距，体现公平性原则。二是在税制结构设计中，发达国家正逐步实现所得税与流转税双主体的税制结构，我国目前税制中增值税为主要税种，个人所得税比重较低，可以调整税制的结构，适当降低增值税比重，提高个人所得税比重。三是遗产税、环境保护税、社会保障税在实现税收代际公平上具有重要的意义，应尽快完善我国税收体系，保护现有资源，提高环境保护意识，以可持续发展为基础，实现代际间税收公平。

2. 发达国家绿色税收体系对我国绿色税收体系建立的启示

增加我国现行税收体系中绿色成分。充分发挥绿色税收体系对环境的保护程度，资源的合理利用率，财富的合理分配度。扩大资源税的征税范围，可以根据资源税的开采方式确定不同的税负。在消费税方面可以提高消费税负引导居民低碳、节能、环保的绿色消费意识，增加绿色消费比重。建立环境保护税，如表 6-2 所列国外设立的与环境相关的税种，吸取发达国家的经验，加入垃圾税、二氧化碳税、水污染税、能源税等，征税对象包括所有的社会成员。将环境保护税设置成中央地方共享税，对于税收收入专款专用，用于改善环境污染状况。设定绿色环保税收优惠政策，配合减税免税条款鼓励新能源的开发，新技术改造，环保设备创造，对于企业处理污水、自行解决垃圾问题、利用风能太阳能等超过企业收入一定比例的基础上给予税收优惠。

表 6-2   国外与环境保护相关税种

税种	国家
二氧化碳税	丹麦、芬兰、格鲁吉亚、意大利、荷兰、挪威、波兰、瑞典、斯洛文尼亚
二氧化硫税	比利时、意大利、捷克、挪威、立陶宛、法国、瑞点、丹麦
氧氮氢化物税	捷克、瑞典、挪威、爱沙尼亚、立陶宛、波兰、法国、斯洛伐克
能源税	比利时、德国、荷兰、丹麦、法国、奥地利、罗马尼亚

在我国绿色税收体系的建立中要注意循序渐进模式，美国、德国等在开征绿色税种初始也根据国家的经济情况、环境情况分阶段设立。在税率的设计上，现征收低税率，按照环境治理技术情况适当地提高税率。绿色税收体系的建立要与其他税种相配合，避免重复课征的情况。提高全民的参与意识，宣传代际公平的理念，树立代际关怀的消费观。

二　"双重红利"的理论借鉴与实践

目前"双重红利"的研究大多是与环境税相联系的，"双重红利"最早来源于庇古税，其包含两层含义，第一层是"绿色红利"，在税制中加入环境税，可以提高环境质量、节约自然资源即第一重红利；第二层是"效率红利"，环境税的征收有利于改善其他税种对市场的扭曲程度，刺激投资、提高经济运行效率，促进就业。[①]

双重红利的理论模型。假设市场上只有一个消费者，他购买 n 种产品，对产品征收商品税（t）和劳动收入税（T），那么产品的消费价格假定为（$1 + t$）；用 K 表示产品对环境的污染程度，即 $k = 1$，代表有一种产品会对环境产生污染，$k > 1$ 代表产品对环境没有影响。

定义 $e = f(X_1)$ 为函数，$U(X, L, e)$ 为效用函数，然后求出效用最大化函数：$\sum_{k=1}^{n}(1 + t_k)X_k = (1 - T)L$，对 $e = f(X_1)$ 求导可得，效 $de = f'(X_1)dX_1$ 用函数即为：

$$dU = U'_X dX + U'_L dL + U'_e f'(X_1)dX_1$$

此时设 α 为收入边际效用，求出：

$$U'_X = \alpha(1 + t) \qquad U'_L = -\alpha(1 + T)$$

整理可得：庇古税 $t_1^p = -\dfrac{U'_e f'(X_1)}{\alpha}$；由于生产约束函数为

$\sum_{t=1}^{n}X_k + G = L$ 进而推导出 $\sum_{t=1}^{n}dX_k = dL$，最后进行标准化处理，$\dfrac{dU}{\alpha} =$ $tdX + TdL - t_1^p dX_1$，式中 $-t_1^p dX_1$ 即表示"绿色红利"，余下部分为"效率红利"。第二重红利要加入政府的税收手段，当政府为了稳定税收收入，提高 t 减少 T 时，消费者劳动收入会下降，此时，环境税会提高市场的福利，此时，"绿色红利"大于"效率红利"。[②]

国外"双重红利"实践。罗伯特对 61 个相关研究中关于"双重红利"191 个数据进行了 Meta 分析，如表 6 - 3 所示，从表中可以得

---

① 俞杰：《环境税"双重红利"与我国环保税制改革取向》，《宏观经济研究》2013年第 8 期。

② 杨磊：《可持续发展战略下中国税制绿化研究》，博士学位论文，复旦大学，2006年，第 90—93 页。

出，如果将就业率看成是"效率红利"的话，当二氧化碳排放量下降9.7%时，就业率增加0.44%，即起到双重红利的效果，同时，GDP下降时，会导致一定程度的通货膨胀。

表 6－3   "双重红利" Meta 数据分析

指标	二氧化碳排放量 （%）	就业率 （%）	GDP （%）	企业投资 （%）	消费者物价指数
均值变化	－9.7	0.44	－0.05	－0.23	1.18
标准差	10.58	0.62	1.32	2.81	1.18

三 税制改革的基本构思

税收本身注重公平与效率的原则，我国的税制在实际中更加重视代内的公平性，对代际公平考虑较少，代际公平强调的是当代人与后代人在资源、财产共享度的公平性，本节从加大现有资源税类的改革力度、健全财产税类的征收体系两个角度对我国现行税制的改革方向进行思考。

（一）加大资源税类的改革力度

1. 对资源税重新定位

相较于其他国家，我国资源税的立法层次较低，无法起到法律强制性的作用，在资源税的设计中一直强调调节差级收入，应转向保护和治理环境的功能，提高资源税的立法层次，利用相关法律健全资源税的不足，体现资源循环利用率重要性，完善资源税的立法理念。利用税收调节经济的功能，改变企业粗犷型开采资源的方式，对企业开发提高资源利用率的行为给予税收优惠，建立以可持续发展为主的资源税制。

2. 扩大资源税征税范围

我国自然资源包括土地、矿产、森林、草场、水、海洋，土地占地面积144亿亩，其中，耕地面积占13.89%，林地面积占12.97%，由于人口的增加，人均占地面积越来越少。同时，我国淡水资源为28000亿立方米，占全球水资源的6%，淡水储量排全球第四，但是，人均只有 2200 亿立方米，仅占全球平均水平的 1/4，故在资源税的征收范围上应该在现有基础上扩大不可再生资源和可再生资源的范围。我国资源税主要包括七类①，应逐步将森林、湖泊、草原、滩涂、湿地等纳入资源税征税范围，减少企业因无须承担额外成本而发生的无序开采行为。借鉴国外税收体系，如荷兰的资源税体系中加入了水资源税②，美国的税收体系包括了森林采伐税③，丹麦的税制中加入了碳税④等，完善我国资源税征收体系。

3. 提高资源税税负

资源税税率方面，在考虑自然资源存量及再生速度的基础上加入当代人对后代人资源补偿率，体现代际间资源利用的公平性。对于企业来说，税负升高，企业会提高资源利用率或开发寻找该资源的可替代品；对于消费者来说，税负升高，可减少此类资源的使用，改变自身生活方式。提高资源税负可以从三方面入手：

（1）在征税依据上，全面推进资源税从价计征方式。2014 年 12 月 1 日起，全国范围内开始对煤炭实施从价计征，改变了一直以来我国资源税从量计征的模式，在此基础上逐步改变其他资源的计税方式，充分利用税收杠杆原理，提高资源利用率。从量计征的模式下，当市场上资源出现供不应求的现象时，在利益的驱使下开采者会增大资源的开采量，不利于代际资源的分配，从价计征可以避免市场上资源价格上涨，而地方资源税税收收入下降的现象发生。

（2）在资源税税率上，发达国家将资源税税率逐步调整到 10% 的水平，石油天然气调整到 20% 的水平，税负的升高能够增加企业开采成本，同时意识到资源的稀缺性。

---

① 我国征收的资源税主要有原油、煤炭、天然气、其他非金属矿原矿、黑色金属矿原矿、有色金属矿原矿和盐 7 个税目。

② 包括水污染税和地下水税。即向地表水及净化工厂直接或间接排放废弃物、污染物和有毒物质的单位和个人征收的一种税。

③ 对森林资源的采伐者、利用者和受益者征收的一种税，美国州与州之间征税方式不尽相同。

④ 碳税是指针对二氧化碳排放所征收的税。以环境保护为目的，希望通过削减二氧化碳排放来减缓全球变暖。

（3）我国是世界第一产煤大国，但是，税率标准却远远低于其他国家。可以学习外国的资源税改革经验，采取循序渐进的方式逐步提高资源税税率，起到提高资源使用效率，保护环境，开发资源的替代品趋势。

4. 开征环境保护税

（1）环境保护税率遵循"适度从低，稳步增长"的方案。综合考虑治理环境污染成本、环境损害成本等因素，在环境保护费的基础上设置比例税率。

（2）扩大征税范围。如对每一排放量征收环境保护税，视应税大气污染物或者水污染物的种类数，将污染当量数从大到小排序，一一征税。2013 年 1 月 1 日，欧盟国家开征航空碳税①，可适当增加环境保护税的子税目。

（3）将环境保护税设为共享税。中央可以集中一部分税收，专款专用，统筹治理全国性污染；地方可取得一部分税收，根据地方环境实际污染程度，有计划地进行环境治理，实现代际生存环境公平性。

5. 完善税制中的相关配套措施

（1）增加税收优惠。我国资源税的设计中没有考虑资源回采率的差别，回采率高意味着矿山的开发成本高，应给予一定的税收优惠。国外诸如美国、德国等发达国家资源平均回采率高达 80%，而我国平均回采率只有 35%，在税收优惠上可对不同的矿山回采率给予差别税收优惠，提高资源利用率。②

（2）建立资源耗竭补贴制度。我国目前很多资源已近枯竭，而寻找替代资源的成本高，建立资源耗竭补贴制度可以调整产业结构，加大资源的开发和勘探力度。

（二）健全财产税类的征收体系

1. 尽快将房产税整合为房地产税

将与房地产交易过程中涉及的一系列税种重新整合，减少交易环

---

① 即对国际航空碳排放征收的一种税种。
② 安体富、蒋震：《我国资源税：现存问题与改革建议》，《涉外税务》2008 年第 5 期。

节收费种类偏多的情况，统一成房地产税，简化税制，提高征税效率，避免重复计税，实现代际间个人财产税负分担平等性。同时，健全不动产登记制度，通过建立第三方房屋评估机构将房产真实价值作为计税依据，并将农村房地产一并纳入房地产税的征收范围，区别对待不同地区、不同使用用途的房产，实行差别比例税率。

2. 调整土地增值税税率

适当降低土地增值税边际税率，我国目前土地资源税有四档税率，分别为30%、40%、50%和60%，较高的税率不利于土地资源的流动，可以将最高税率设定在50%，其他几档税率依次降低10个百分点，降低征税的阻力。①

3. 改变耕地占用税的征税依据

由于缺少对土地价格的评估，导致耕地占用税的税负过低，并没有起到该税种的征税目的，可通过专门的评估机构对耕地进行评估后采用差别税率进行征税。

4. 改革车船税

针对车船的尾气排放量不同区别对待，将尾气排放量与其所造成的环境污染程度挂钩，对环境污染严重的车船采取高税率；相反，对于尾气排放量小，节能减排性能良好的车船给予低税率。此外，由于柴油在使用过程中拥有低噪声、动力好、节能减排效果明显的优点，故可对使用柴油、汽油的车船征收不同的税率。

5. 增加财产税类税种

（1）适时开征遗产税。遗产税又被称为财富转移税，开征遗产税可以改善我国贫富差距大、两极分化严重现象。

（2）开征资本利得税。资本利得税是对高买低卖资产所获得收益征收的一种税，我国目前没有建立资本利得税，缺少相关政策，只有在证券市场上转卖证券资产按照25%的税率征收企业所得税。逐步开展资本利得税，同时加快财产税配套措施的跟进，建立个人申报以及财产登记制度，提高财产税在我国税制中的比重，完善财产评估机

① 刘植才：《完善我国财产税结构的思考》，《财贸经济》2012年第2期。

制，健全财产税征收体系。

总之，前面几个章节中对税收人际公平、税收区域公平、税收代际公平的理论、现状、问题成因进行了较为深入的探讨，本章以此为基础，积极寻找在不突破现有的路径依赖之上，如何对我国现有税制进行可行性较高的补充、完善，并力争与动态变化的宏观环境相衔接，以期以较高的效率联动地建设三个维度的税收公平。

就税收人际公平目标来看，需要从三个角度进行考虑，即征税人与纳税人之间权利与义务的公平问题、自然人之间的税收人际公平问题和法人之间的税收人际公平问题。首先，讨论征税人与纳税人之间的公平问题，又必须分为三个视角来完成："征税人"角度，即政府的角度；"纳税人"角度；以及"征税人与纳税人之间应该存在怎样的关系"的相关规定的角度。其次，分析自然人之间的税收人际公平问题，重点应放在个人所得税制的改革和财产税类税制的完善上。最后，要想达到法人之间的税收人际公平目标，必须关注对企业法人所属行业无差异征收、对企业法人规模无差异征收以及对企业法人所属生命周期阶段无差别征收的税收政策建议这三个方面的内容。

笔者在讨论我国税收区域公平问题时，将着力点置于"区域税收与税源的关系"，因此，在我国现行税制下，欲达到税收区域公平，这几个方面的改革势在必行：首先，要从制度上完善税收横向分配。具体包括建立税收归属权制度和完善区域横向分配制度。其次，应完善跨区域经营管理机制。最后，还应该改革初级资源产品定价机制。

关于我国税收代际公平问题，笔者认为，需加大资源税类税制的改革力度，以逼近自然资源的可持续传承的税收代际公平目标；同时，我国财产税类的"查漏补缺"也非常重要，因为这不仅体现了税收人际公平中自然人之间的税收公平目标，更是税收代际公平目标中对于社会财富在代际利益分配的要求。

参考文献

一　中文著作

[1] 包利民:《生命与逻各斯——希腊伦理思想史论》,东方出版社1996年版。

[2] 陈凤臻、于显双:《环境问题与可持续发展》,内蒙古教育出版社2004年版。

[3] 陈清秀:《税法总论》,(台北)翰芦出版社2004年版。

[4] 陈少英:《中国税收守法基本问题》,中国税务出版社2006年版。

[5] 凡勃伦:《有闲阶级论:关于制度的经济研究》,商务印书馆1964年版。

[6] 傅思明:《中国司法审查制度》,中国民主法制出版社2002年版。

[7] 高强:《美国税制》,中国财政经济出版社2000年版。

[8] 顾建光:《公共经济学原理》,上海人民出版社2007年版。

[9] 《国语·齐语》,转引自关桐《古代社会文化探究》,中国社会科学出版社2005年版。

[10] 郝如玉、刘越:《国家税收》,中央广播电视大学出版社1998年版。

[11] 胡善恒:《赋税论》,商务印书馆1934年版。

[12] 黄桦:《税收学》,中国人民大学出版社2011年版。

[13] 蒋洪:《公共经济学　财政学》,上海财经大学出版社2011年版。

[14] 蒋云赟:《中国代际核算体系的构建与社会保险制度改革研

究》，北京大学出版社 2015 年版。

[15] 焦耘：《制度经济学视野下的税制变迁分析》，广西人民出版社 2008 年版。

[16] 康芒斯：《制度经济学》上册，商务印书馆 1981 年版。

[17] 廖小平：《伦理的代际之维》，人民出版社 2004 年版。

[18] 刘涤源：《货币相对数量说　凯恩斯经济学说评论》，武汉大学出版社 2012 年版。

[19] 刘宏杰：《中国创业板市场发展研究》，人民出版社 2015 年版。

[20] 维克塞尔：《国民经济学讲义》，载刘剑文《国际所得税法研究》，中国政法大学出版社 2000 年版。

[21] 刘剑文、熊伟：《税法基础理论》，北京大学出版社 2004 年版。

[22] 刘剑文：《税法学》第三版，北京大学出版社 2007 年版。

[23] 刘剑文：《财税法专题研究》第二版，北京大学出版社 2007 年版。

[24] 刘剑文、熊伟：《财政税收法》第四版，法律出版社 2007 年版。

[25] 刘溶沧、赵志耘：《税制改革的国际比较研究》，中国财政经济出版社 2002 年版。

[26] 陆宣：《陆宣公集卷二十二均节赋税恤百姓六条》，浙江古籍出版社 1988 年版。

[27] 马国强：《税收学原理》，中国财政经济出版社 1991 年版。

[28] 毛程连：《中高级公共经济学》，复旦大学出版社 2006 年版。

[29] 钱光人：《国际城市固体废物立法管理与实践》，化学工业出版社 2009 年版。

[30] 秦昌波、葛察忠：《环境经济研究进展》，中国环境科学出版社 2012 年版。

[31] 人力资源社会保障部人事考试中心：《财政税收专业知识与实务》，中国人事出版社 2013 年版。

[32] 孙文学、齐海鹏：《中国财政史》，东北财经大学出版社 1997 年版。

［33］ 天朝田亩制度：《中国近代经济思想资料选辑》上册，中华书局 1982 年版。

［34］ 王国清、朱明熙、刘蓉：《国家税收》，西南财经大学出版社 2008 年版。

［35］ 王美涵：《税收大辞典》，辽宁人民出版社 1991 年版。

［36］ 王泽鉴：《民法总则》，（台北）三民书局 2004 年版。

［37］ 吴忠民：《社会公平论》，山东人民出版社 2004 年版。

［38］ 许毅、沈经农：《经济大辞典》财政卷，上海辞书出版社 1987 年版。

［39］ 杨斌：《国际税收》，复旦大学出版社 2003 年版。

［40］ 杨斌：《税收学原理》，高等教育出版社 2008 年版。

［41］ 杨小凯、张永生：《新兴古典经济学与超边际分析》，社会科学文献出版社 2003 年版。

［42］ 杨秀琴：《中国税制教程》，中国人民大学出版社 1999 年版。

［43］ 姚轩鸽：《税道苍黄——中国税收治理系统误差现场报告》，西北大学出版社 2010 年版。

［44］ 王瑶：《公共债务会计问题研究》，经济管理出版社 2009 年版。

［45］ 张少春：《支持服务业发展的财政政策研究》，中国经济出版社 2008 年版。

［46］ 张松如：《老子说解》，齐鲁书社 1987 年版。

［47］ 张云莺、赵璇：《财政与税收》，中国金融出版社 2013 年版。

［48］ 章铮：《市场经济伦理与环境伦理》，人民出版社 2004 年版。

［49］ 赵弘：《总部经济》，中国经济出版社 2004 年版。

［50］ 中国国际税收发展研究报告：《2014 世界税收发展研究报告》，中国税务出版社 2014 年版。

［51］ 许善达：《区域税收转移调查》，中国税务出版社 2007 年版。

［52］ 巴曙松：《物业税改革对房地产市场的影响研究》，首都经济贸易大学出版社 2011 年版。

二 中文译著

［1］ ［美］H. G. 格鲁伯：《服务业的增长：原因及影响》，陈彪如

译，上海三联书店 1993 年版。

［2］［美］阿兰·兰德尔：《资源经济学》，施以正译，商务印书馆 1989 年版。

［3］［古希腊］柏拉图：《理想国》，郭斌和等译，商务印书馆 1986 年版。

［4］［日］北野弘久：《税法学原论》第 4 版，陈刚、杨建广等译，中国检察出版社 2001 年版。

［5］［美］布兰查德、费希尔：《宏观经济学》，王立勇译，上海人民出版社 1998 年版。

［6］［美］戴维·波普诺：《社会学》第 11 版，李强等译，中国人民大学出版社 2007 年版。

［7］［美］道格拉斯·C. 诺斯：《制度变迁与经济绩效》，刘守英译，上海三联书店 1994 年版。

［8］［美］海曼：《公共财政：现代理论在政策中的应用》，章彤译，中国财政经济出版社 2001 年版。

［9］［英］霍布斯：《利维坦》，黎思复等译，商务印书馆 1985 年版。

［10］［日］金子宏：《日本税法原理》，刘多田等译，中国财政经济出版社 1989 年版。

［11］［美］罗伯特·诺齐克：《无政府、国家与乌托邦》，何怀宏等译，中国社会科学出版社 1991 年版。

［12］［美］马斯格雷夫：《财政理论与实践》，邓子基、邓力平译，中国财政经济出版社 2003 年版。

［13］［法］孟德斯鸠：《论法的精神》上册，张雁深译，商务印书馆 1962 年版。

［14］［美］穆雷·罗斯巴德：《权力与市场》，刘云鹏等译，新星出版社 2007 年版。

［15］［美］南希·弗雷泽：《正义的尺度：全球化世界中政治空间的再认识》，欧阳英译，上海人民出版社 2009 年版。

［16］［法］让－雅克·卢梭：《民约论（社会契约论）》，何兆武译，法律出版社 1958 年版。

［17］［美］萨拜因：《政治学说史》下册，刘山等译，商务印书馆1986年版。

［18］［美］塞力格曼：《租税转嫁与归宿》，许炳汉译，（台北）商务印书馆1971年版。

［19］［美］塞利格曼：《所得税论》，王官鼎译，商务印书馆1935年版。

［20］［古希腊］色诺芬：《回忆苏格拉底》，吴永泉译，商务印书馆1984年版。

［21］［美］史蒂文·瓦戈：《社会变迁》第5版，王晓黎等译，北京大学出版社2007年版。

［22］［英］威廉·配第：《政治算术》，陈东野译，中国社会科学出版社2010年版。

［23］［美］西蒙·詹姆斯、克里斯托弗·诺布斯：《税收经济学》，马国贤译，中国财政经济出版社2002年版。

［24］［英］亚当·斯密：《国富论》，王亚南等译，中华书局1936年版。

［25］［英］亚当·斯密：《国民财富的性质和原因的研究》，郭大力、王亚南译，商务印书馆1981年版。

［26］［古希腊］亚里士多德：《政治学》，吴寿彭译，商务印书馆1965年版。

［27］［英］亚瑟·赛斯尔·庇古：《福利经济学》，何玉长、丁晓钦译，上海财经大学出版社2009年版。

［28］［美］约翰·罗尔斯：《正义论》，何怀宏等译，中国社会科学出版社1988年版。

［29］［美］约翰·罗尔斯：《作为公平的正义》，姚大志译，中国社会科学出版社2011年版。

［30］［英］约翰·穆勒：《政治经济学原理及其在社会哲学上的若干应用》下卷，胡启林、朱泱译，商务印书馆1991年版。

［31］［美］詹姆斯·M.布坎南：《民主财政论：财政制度和个人选择》，穆怀朋译，商务印书馆1993年版。

［32］［美］詹姆斯·M. 布坎南、戈登·塔洛克：《同意的计算——立宪民主的逻辑基础》，陈光金译，中国社会科学出版社 2000 年版。

［33］［美］詹姆斯·M. 布坎南：《宪法秩序的经济学与伦理学》，朱泱译，商务印书馆 2008 年版。

三　中文期刊及论文集文章

［1］安体富、蒋震：《我国资源税：现存问题与改革建议》，《涉外税务》2008 年第 5 期。

［2］安体富、刘翔：《促进现代服务业发展的税收政策研究：国际比较与借鉴》，《学习与实践》2011 年 2 月 15 日第 5 版。

［3］白万平：《碳排放增加与气温变化统计因果关系的多重检验》，《贵州财经大学学报》2013 年第 5 期。

［4］曾金华、崔文苑：《2013 年国企利润总额约 2.4 万亿》，《新快报》2014 年第 1 期。

［5］车卉淳、赵娴：《"代际公平"问题的经济学分析及其资源可持续性利用的路径选择环境代际公平及其判别模型研究》，《经济理论问题》2013 年第 2 期。

［6］陈晓、方保荣：《对增值税转型的几点逆向思考》，《税务研究》2001 年第 5 期。

［7］陈永伟、徐冬林：《高新技术产业的创新能力与税收激励》，《税务研究》2010 年第 8 期。

［8］董伟、刘玉海：《半数纳税人最关心政府税收用到哪儿了》，《中国青年报》2007 年 3 月 12 日第 3 版。

［9］范恒山：《我国促进区域协调发展的基本经验》，《人民日报》2014 年 4 月 1 日第 7 版。

［10］付刚：《A 股市场资金全面告急》，《华夏时报》2010 年 8 月 28 日第 1 版。

［11］高培勇、马珺：《现代税收管理的国际经验及对中国的启示》，《国际税收》2013 年第 10 期。

［12］高培勇：《财税改革事关国家治理体系优劣》，《经济参考报》

2014 年 9 月 26 日第 1 版。

[13] 高培勇:《论完善税收制度的新阶段》,《中国税务报》2014 年第 2 期。

[14] 高培勇:《谈贫富差距:个人所得税已成工薪所得税》,《新京报》2013 年 8 月 15 日第 1 版。

[15] 高琼:《我国资源税改革的研究——进一步完善资源税制度设计》,《市场周刊》2014 年第 8 期。

[16] 国务院发展研究中心"制度创新与区域协调研究":《税收与税源背离的情况及其对区域协调发展的不利影响》,《发展研究》2011 年第 1 期。

[17] 韩存、毛剑芬:《国外合并纳税制度及其对我国的启示》,《山东工商学院学报》2008 年第 2 期。

[18] 胡赛阳、马淞江、罗道成:《矿产资源实现代际公平配置的可能性和条件研究》,《中国矿业》2011 年第 8 期。

[19] 江涓:《税收公平原则与公债制度优化》,《中国法学会财税法学研究会 2007 年会暨第五届全国财税法学学术研讨会论文集》,2007 年。

[20] 蒋云赟:《我国增值税扩围对财政体系代际平衡状况的影响》,《财贸经济》2012 年第 3 期。

[21] 蒋云赟:《我国农民工养老保险方案的再研究》,《财经研究》2013 年第 10 期。

[22] 雷根强:《遗产税赠与税的国际比较与我国相应税制建设》,《中国经济问题》2000 年第 2 期。

[23] 李春辉、李爱珍:《环境代际公平及其判别模型研究》,《山东师范大学学报》2003 年第 3 期。

[24] 李嘉明、姚振业:《税式支出与可持续发展》,《税务研究》2009 年第 3 期。

[25] 李林木、汤群群:《1994 年税制改革以来我国直接税的收入分配效应》,《税务研究》2010 年第 3 期。

[26] 梁彤缨、冯莉、陈修德:《税式支出、财政补贴对研发投入的

影响研究》，《软科学》2012 年第 5 期。

[27] 林莉：《美国风能利用考察录》，《科学管理研究》1993 年第 1 期。

[28] 林颖：《税收竞争框架下税收与税源背离问题研究——以湖北为例》，《财政经济评论》2011 年第 6 期。

[29] 刘金山：《流转税税收税源背离与地区经济发展》，《税务研究》2014 年第 8 期。

[30] 刘俊、应益华：《代际公平、财政可持续发展与政府会计改革》，《当代财经》2012 年第 11 期。

[31] 刘荣、刘植才：《开征遗产税——我国经济社会发展的历史选择》，《税务研究》2013 年第 3 期。

[32] 刘玉池、王卫、李立群：《税收在地区间的转移》，《税务研究》1996 年第 11 期。

[33] 刘植才：《完善我国财产税结构的思考》，《财贸经济》2012 年第 2 期。

[34] 卢黎歌、李小京：《论代际伦理、代际公平与生态文明建设的关系》，《西安交通大学学报》2012 年第 7 期。

[35] 吕建锁、焦惠生：《税收制度学简论》，《税收与企业》1995 年第 5 期。

[36] 吕敏：《我国生产性服务业优化发展的税收政策选择》，《税务研究》2010 年第 9 期。

[37] 马寅初：《吾国税制亟应适用均富政策》，《民国日报·双十增刊》1927 年第 10 期。

[38] 毛蕾、王海萍：《德国的横向财政转移支付及对我国的启示》，《科技与产业》2006 年第 9 期。

[39] 潘雷驰：《纳税人权利对纳税服务边界影响的研究》，《税收经济研究》2011 年第 1 期。

[40] 潘跃：《为残疾人撑起梦想的天空》，《人民日报》2013 年 12 月 3 日第 2 版。

[41] 庞凤喜：《“营改增”与分税制财政体制重塑》，《中国财政》

2014 年第 1 期。

［42］彭分文：《不可忽略的代际公平——从可持续发展的原则谈起》，《广西社会科学》2003 年第 3 期。

［43］任寿根：《西方优化税制理论的发展及其前沿》，《财政与金融》2000 年第 3 期。

［44］史伟、魏晓平：《不可再生资源代际公平的测定及实现策略》，《商业时代》2010 年第 8 期。

［45］王苍峰：《基于我国制造业企业数据的实证分析》，《税务研究》2009 年第 11 期。

［46］王卉彤：《欧盟的绿色增值税改革及借鉴》，《税务研究》2009 年第 2 期。

［47］王萌：《国外资源租与税制度经验借鉴》，《改革与战略》2011 年第 4 期。

［48］王倩、刘金山：《我国区域税收转移的成因与影响》，《财经分析》2009 年第 5 期。

［49］王旭：《从日本遗产税税制看我国遗产税税制设计》，《国际经济》2013 年第 9 期。

［50］吴学安：《个人所得税被指已沦为工薪阶层"工资税"》，《中国青年报》2013 年 11 月 21 日第 1 版。

［51］谢平、陆磊：《资源配置和产出效应，金融腐败的宏观经济成本》，《经济研究》2003 年第 11 期。

［52］闫坤、于树一：《对"国家分配论"与"社会共同分配论"的重新认识与思考》，《中国财政》2008 年第 21 期。

［53］世界环境与发展委员会：《我们共同的未来》，载颜蕾、朱秋白《当代中国私营企业可持续发展内涵探析》，《经济问题探索》2003 年第 12 期。

［54］杨斌、雷根强：《税收制度设计和实施的基本原则》，《福建税务》1995 年第 4 期。

［55］杨成湘：《实现代际公平的可能路径》，《中南大学学报》2011 年第 2 期。

［56］杨贵荣、袁卫东：《增值税行业税负明显高于营业税行业》，《中国税务报》2009年6月2日第1版。

［57］杨宏：《总部经济模式下区域税收与税源背离的思考》，《中央财经大学学报》2009年第3期。

［58］杨杨、曹玲燕、杜剑：《企业所得税优惠政策对技术创新研发支出的影响——基于我国创业板上市公司数据的实证分析》，《税务研究》2013年第3期。

［59］杨杨、杜剑、包智勇：《促进我国经济结构服务化的税收激励政策分析》，《税务研究》2012年第2期。

［60］杨杨、杜剑、束磊：《我国间接税与收入分配公平关系的实证分析》，《税务与经济》2012年第5期。

［61］杨杨、杜剑：《我国区域税负公平探析》，《税务与经济》2011年第11期。

［62］杨杨、姜群：《代际公平视角下我国税制改革探索》，《贵州社会科学》2015年第8期。

［63］杨杨、汤晓健、杜剑：《我国中小型民营企业税收负担与企业价值关系》，《税务研究》2014年第3期。

［64］杨杨、王立：《税收负担与税收弹性的实证分析——以贵州省1978—2011年数据为例》，《会计之友》2013年第24期。

［65］杨杨、王立：《税收与税源背离的现状及原因探讨——以贵州省为例》，《会计之友》2014年第9期。

［66］那力：《从国际环境法看国际法及国际法学的新发展》，《法学评论》2009年第6期。

［67］俞杰：《环境税"双重红利"与我国环保税制改革取向》，《宏观经济研究》2013年第8期。

［68］张丰：《可持续发展中代际公平与折现率对经济学分析》，《经济科学》2002年第3期。

［69］张雪魁：《论税收正义》，《伦理学研究》2009年第4期。

［70］郑江淮、干春晖：《以服务业发展带动经济结构调整》，《人民日报》2011年1月21日第1版。

［71］ 中华民营企业联合会：《我国民营经济发展状况和经营环境问题研究》，《经济研究参考》2013 年第 44 期。

［72］ 朱平芳、徐伟民：《政府的科技激励政策对大中型工业企业 R&D 投入及其专利产出的影响——上海市的实证研究》，《经济研究》2003 年第 6 期。

［73］ 踪家峰、李蕾：《Tiebout 模型的研究：50 年来的进展》，《税务研究》2007 年第 3 期。

四　博士硕士论文

［1］ 王辉：《中国地区间税收与税源非均衡性问题对策研究》，博士学位论文，辽宁大学，2012 年。

［2］ 吴佳强：《关于构建绿色环境税收体系的研究》，博士学位论文，财政部财政科学研究所，2013 年。

［3］ 杨磊：《可持续发展战略下中国税制绿化研究》，博士学位论文，复旦大学，2006 年。

［4］ 杨杨：《和谐社会下税收公平制度选择》，博士学位论文，西南财经大学，2008 年。

［5］ 邓冉：《税收与税源背离问题研究》，硕士学位论文，首都经济贸易大学，2009 年。

［6］ 黄斌：《论我国绿色税收制度的构建》，硕士学位论文，华中师范大学，2007 年。

［7］ 郎威：《我国税制优化研究》，硕士学位论文，武汉理工大学，2013 年。

［8］ 汪勤：《目的地原则和来源地原则边境税调整下的均衡》，硕士学位论文，华东师范大学，2010 年。

五　网站及网络文献

［1］ 斯坦福创业孵化中心：《中国创业板 3 年来为社会募集资金两千亿》，思坦福创业孵化中心网站，http：//www. ezcap. cn/news/2012/10/61120. shtml，2012 年 10 月 23 日。

［2］ 国家发改委官方网站：http：//www. ndrc. gov. cn/zxqy/zhdt/t20060207＿59009. htm，2006 年 2 月 7 日。

［3］国家税务总局：《跨省市总分机构企业所得税分配及预算管理办法》，http：//www. chinatax. gov. cn/n8136506/n8136593/n8137537/n8138502/12009775. html，2012 年 6 月 12 日。

［4］法律人：《法人、法人代表和法定代表人有什么区别?》，中国网，http：//www. china. com. cn/law/txt/2008 － 09/24/content_16527997. htm，2008 年 9 月 24 日。

［5］蒋洪：《预算法》，http：//www. thepaper. cn/newsDetail_ forward_1310301，2013 年 10 月 30 日。

［6］秦华：《构建和谐税收的思考》，江西省九江市人民政府网，ht-tp：//www. jiujiang. gov. cn，2007 年 9 月 2 日。

［7］蒋洪：《预算材料近 1800 页，只有 15 分钟时间审核》，澎湃新闻，2015 年。

［8］http：//www. thepaper. cn/newsDetail_ forward_ 1310301，2015 年 3 月 1 日。

［9］楼继伟：《"财政工作和财税改革"的相关问题回答》，http：//3y. uu456. com/bp_ 1p0754sq2t7yogk1itz5_1. html，2015 年 3 月 6 日。

［10］孙玉栋：《我国税收负担水平的走势及其分析》，http：//www. jjxj. com. cn，2004 年 11 月 23 日。

［11］习近平：《在 2013 年 5 月 24 日在中共中央政治局第六次集体学习时讲话》，新华网，http：//news. xinhuanet. com/energy/2013 －05/25/c_ 124762798. htm，2013 年 5 月 25 日。

［12］证监会：《关于进一步做好创业板推荐工作的指引》（〔2010〕8 号）。

［13］宇博智业市场研究中心：《2012—2016 年房地产行业市场发展格局及投资前景调查分析报告》。

［14］张杰斌：《司法在税收法治中的角色》，中国财税法网，www. cftl. cn。

［15］《中国青年报》：http：//zqb. cyol. com/html/2014 － 02/27/nw. D110000zgqnb_ 20140227_ 1 － 07. htm。

［16］中华人民共和国：《2014 公报解读：服务业——中国经济增长

新动力》,《中国信息报》2015 年 3 月 15 日。

[17] 综合规划开发处:《贵州省 2013 年人力资源和社会保障事业统计公报》。

[18] 刘阳禾:《商务部: 我国服务贸易规模扩大国际排名名列前茅》, 中国经济网, http: //intl. ce. cn/specials/zxxx/201104/19/t20110419_ 22372004. shtml, 2011 年 4 月 19 日。

[19] OECD Publishing, "OECD in Figures 2009", Organisation for Economic Cooperation and Development.

[20] http: //www. ebooks. com/474090/oecd – in – figures – 2009/oecd – publishing/.

六 外文原著

[1] Auerbach, A. , Gokhale, J. and Kotlikoff, L. , Generational account: A meaningful alternative to deficit accounting, in Bradford, D. (ed.), Cambridge, MA: MIT Press, Cambridge, MA, 1991.

[2] Boadway, R. W. , D. Chua and F. Flatters, *Fiscal Incentives for Investment and Innovatio*, England: Oxford University Press, 1995,

[3] Brennan, G. and J. Buchanan, *The Power to Tax: Analytical Foundations of a Fiscal Constitution*, England: Cambridge University Press, 1980.

[4] R. G. Hubbard and J. Slemrod, *Studies in International Taxation*, Chicago: University of Chicago Press, 1991.

[5] Mansfield, E. and L. Switzer, *How effective are Canada's direct tax incentives for R&D?*, Canadian: Canadian Public Policy, 1985.

[6] R. C. Howarth, *Intertmporal Equilibria and Exhausible Resoures: An overlapping generation approach*, 1991.

[7] Robert M. Solow, *Technical Change and the Aggregate Production Function*, The Review of Economics and Statistics, 1957.

[8] T. Page, *Intergenerational equity and the social rate of discount*, *Environmental resources and applied welfare economics*, *Essays in honor of John*, V. Krutilla, Resourse for the future, 1988.

[9] Knut Wicksell, *Finanztheoretische Untersuchungen*, Jena: *Gustav Fischer*, 1896: *Partly Translated as*, *"A New Principle of Just Taxation"* in Richard A. Musgrave and Alan T. Peacock eds. *Classics in the Theory of Public Finance*, London: Macmiilan, 1958.

[10] David, P. A. , B. H. Hall and A. A. Toole, Is public R&D a complement or substitute for private R&D? A review of the econometric evidence, *Research Policy*, 2000.

[11] OECD, *Fiscal Measures to Promote R&D and Innovation*, OECD, 1996.

[12] Hall, B. H. , *The financing of research and development*, England: Oxford Review of Economic Policy, 2002.

[13] Z. Griliches, Patent Statistics as Economic Indicators: A Survey, *Journal of Economic Literature*, 1990.

七 外文期刊文献

[1] Bernstein, Jeffrey I. , "The effect of direct and indirect tax incentives on Canadian industrial R&D expenditures", *Canadian Public Policy*, Vol. 15, No. 3, 1986.

[2] Bloom N. R. Griffitb and J. Van Reenen, "Do R&D tax credits work? Evidence from a panel of countries 1979 – 1997", *Journal of Public Economics*, Vol. 85, No. 1, 2002.

[3] Lundmark, Mats, "Computer Servicesin Sweden: Markets, Labour Qualifications and Patterns of Location", *Human Geography*, 1995.

[4] Z. Griliches, Patent, "Statistics as Economic Indicators: A Survey", *Journal of Economic Literature*, Vol. 28, No. 4, 1990.